AN INTRODUCTION OF THE
NATIONAL CONDITIONS
SURVEY OF LANGUAGE

语言国情调查

概 论

戴庆厦◎主编

中国社会科学出版社

图书在版编目(CIP)数据

语言国情调查概论/戴庆厦主编.—北京：中国社会科学出版社，
2017.10

ISBN 978-7-5203-1973-7

Ⅰ.①语…　Ⅱ.①戴…　Ⅲ.①语言国情学－研究　Ⅳ.①H0

中国版本图书馆 CIP 数据核字(2018)第 012980 号

出 版 人	赵剑英
责任编辑	任　明
责任校对	冯英爽
责任印制	李寡寡

出　　版	中国社会科学出版社
社　　址	北京鼓楼西大街甲 158 号
邮　　编	100720
网　　址	http://www.csspw.cn
发 行 部	010－84083685
门 市 部	010－84029450
经　　销	新华书店及其他书店

印刷装订	北京君升印刷有限公司
版　　次	2017 年 10 月第 1 版
印　　次	2017 年 10 月第 1 次印刷

开　　本	710×1000　1/16
印　　张	18
插　　页	2
字　　数	251 千字
定　　价	78.00 元

凡购买中国社会科学出版社图书，如有质量问题请与本社营销中心联系调换
电话：010－84083683

目　　录

导　言

一

在当今的现代化进程中，由于社会、经济、文化的不寻常的变化，语言也随之出现前所未有的新变化。近期，我们在民族语文工作中遇到了一些新问题，促使我们从理论与实践的结合上去思考，去探讨，去寻找答案。比如：

其一，在现代化进程中我国处于弱势的少数民族语言为适应社会发展的需要，在语言功能和语言结构上究竟发生了什么变化？

其二，我国历史上早已形成的多元一体的民族格局，如今语言关系随着民族关系的变化，究竟发生了什么变化，应当怎样因势利导，发扬主流正能量，抑制或克服不利因素？

其三，我国少数民族语言中，究竟有哪些语言还稳健地发展，哪些语言出现衰退，还有哪些语言濒危，我们的语言保护政策应当怎样分门别类地应对？

其四，我国少数民族随着现代化建设的发展，民族地区的变化，学习国家通用语的热情不断增长，双语人不断增多。这是基本估计。但不同民族、不同地区除了共性外，还存在什么差异，应如何估量？我国的双语政策应当如何根据不同民族的状况对号入座，应当如何促进双语的稳定发展？

其五，应当怎样保护我国各民族语言，怎样保证强势语言和弱势语言在使用和发展中两全其美？等等。

要解决以上这些问题，需要对我国的语言国情有一个清晰的了解。对象清，主意明。了解我国的国情，这不仅是政策制定的需要，而且是语言学、民族学、社会学建设的需要。没有可靠的国情事实做依据，要科学地解决我国的语言问题，就必然会出现盲目性、一刀切的张冠李戴。所以，要应对我国新的语言问题，首先必须弄清我国的语言国情，即对我国民族地区的语言现状进行全面、系统地调查，了解我国现时的语言状况。

二

语言研究的历史告诉我们，人们对语言的研究主要集中在语言共时研究和语言历史研究两大方面，出现了历史语言学、描写语言学、形式语言学、社会语言学等不同的流派。各个流派虽然使用的方法论不同，认识语言的角度不同，但目标都指向语言的特点是什么，语言是如何演变的，都企图弄明白语言究竟是什么。

语言的内容究竟是什么？由于语言是人类认识世界的工具，是人类相互交流的工具，其属性决定了语言主要包括语言使用状况和语言本体结构特点两方面内容，二者是语言的双翼，共同发挥语言的作用，缺一不可。就是说，我们研究语言，既要了解语言结构的特点是什么，又要认识语言使用状况如何。这应该是毋庸置疑的。

但过去的语言研究，长期存在忽视语言使用状况研究的趋向。一谈起语言研究，不是共时，就是历时，不是语音，就是语法词汇，至于语言使用状况的研究则不受重视，似乎是"不登大雅之堂"，常常是做结构研究的人附带做一些，了解多少算多少。这种状况，对语言研究是有缺陷的，对语言学的发展是不利的、有害的。

事实上，语言结构研究与语言使用研究是相辅相成的，互为条件的。语言结构是语言使用的基础，而语言使用则制约着语言结构的存在和变化。一个功能大的语言，其结构的特点不同于功能小的语言。在中国这样一个多民族长期交融的地区，不同语言你中有我，我中有你，要弄清其面貌必须密切结合社会、历史的状况才有可能，只盯着结构本体忽视语言使用就会出现误差，而把结构研究与使用研究结合起来就会天外有天。所以，认识好语言，要有语言结构特征的认识为基础，但还要认识它的使用情况。使用情况包括它有多少人使用，它的功能有多大，它与别的语言的接触关系如何，母语人的语言态度如何等。

一个国家的政府或政党要妥善地解决该国的语言使用问题，健全各民族的语言生活，充分发挥语言的作用，妥善解决不同语言的矛盾，就必须全面、深入开展包括语言使用和语言结构的语言国情调查。

三

本书撰写的目的，是通过我们十多年做语言国情调查的体会，呼吁人们提高语言国情调查重要性的认识，希望能为我国民族语文政策的制定提供有用的咨询材料，为我国语言学学科的建构提供帮助。

书中除了阐述语言国情调查的一些必要的理论概念外，还提供一些如何做好语言国情调查的具体做法。

我们希望帮助读者了解：为什么要开展语言国情调查，其价值、意义是什么；语言国情调查的主要内容有哪些，方法是什么；语言功能的调查法有哪些；怎样制作调查表格；怎样进行语言结构调查；怎样做跨境语言调查；如何做语言保护调查；怎样做双语问题调查；怎样运用现代化手段开展语言国情调查；语言国情调查者应具备哪些基本素质等。

参加本书编写的成员都曾经多次参加语言国情调查。大家在田野调查的第一线艰苦地爬滚过，获得了程度不同的感性知识，思考过民族地区现代化进程的语言生活。但大家都认为构建语言国情调查的理论与方法是有难度的，需要众人的共同努力和较长时间的积累。本书只能算是一个尝试。

第一章

为什么要做语言国情调查

世界的语言多姿多彩，又富有神奇的规律。语言结构特点如此，语言使用状况也是如此。因此，科学地认识一个国家的语言状况，对于解决各民族语言文字的使用和发展问题，对于发展各民族的文化教育，以及对于语言研究、语言学科的建设等，都具有重要的理论意义和应用价值。但在我国，目前对许多地方的语言使用状况的认识仍停留在不清晰的、朦胧的状态，缺乏全面的、深入的、量化的分析和认识。甚至对不少地区的语言使用情况，至今还一无所知。所以，进行语言国情调查研究不但有其必要性，而且有其紧迫性。

我国是一个多民族、多语种、多文种的国家，约有百种以上的语言和 30 多种文字。语言文字不仅种类多，而且特点非常复杂。进入现代化建设的新时期，开展大规模的、深入的语言国情调查，是我国语文工作的一项重要任务，对我国的现代化建设有着重要的意义和作用。

第一节　什么是语言国情调查

"语言国情"是指一个国家内的语言状况，主要包括语言本体状况及语言使用状况。具体内容有：（1）语言的数量、分类、本体特点；（2）语言的使用情况（包括语言在各个领域诸如家庭、公共场所、学校教育、大众媒体等的语言使用情况）；（3）母语和兼用语的语言功能定位（包括使用场合、使用频率、使用态度的定位）；（4）制约语言功能的条件和因素（包括人口数量、分布特点、婚姻状况、经济形态、历史来源、民族关系、文化状况等）；（5）母语和兼用语的语言关系（包括二者功能的分工、互补、和谐度，以及二者的竞争）；（6）语言功能的演变趋势（包括方向、特点、速度等）等。

语言国情是一个国家国情的重要组成部分。一个国家的国情包括多方面的内容，上至民族、人口、资源、经济、文化、教育等状况，下至山川、河流、人物、疾病等具体情况和特点。语言是交流思想、传递信息的工具，又是文化、科学的载体和联络民族感情的媒介，国家的建设和发展以及和谐社会的构建，都不能离开语言。因而，语言国情在国情中占有重要的地位。

语言国情如何，是由一个国家的特点、性质决定的，受这个国家的历史文化传统和现时生态特点的制约。因此，从语言国情的反观镜中，能够看到在语言背后一个国家内部存在的许多关系和特点。正因为如此，许多国家都很重视语言国情调查，认为政府必须掌握公民使用语言的状况。如苏联的人口普查，历年都包含有语言使用情况的调查项目，所以它对公民掌握语言的语种、数量都有一定的了解。

语言国情调查即是指国家或学术团体对全国语言文字及其使用情况进行有目的、有计划、有组织的全面调查，具体内容包括法定国家通用语言文字、各民族语言文字、各种方言、特种语言文字（如聋哑语、盲文等）、外国语言文字等的种类、使用人数、使用群体、使用领域、使用地区、使用场合，还有语言关系、语言文字及其使用的问题、语言政策和语言法规及其执行、语言文字规范化标准化等情况。①

第二节　语言国情调查的理论意义和应用价值

语言的重要性和中国的国情，决定了语言国情调查研究的理论意义和应用价值。

---

① 参见陈章太《语言国情调查研究的重大成果》，《语言文字应用》2007 年第 1 期。

语言是人类文化的载体。一个使用共同语言的群体，其现实和历史的每一个实际事件都要依赖语言来表现，来保存、积累。每一种语言都独特地反映人类对世界的认识和体验，反映了使用者的价值观和世界观。所以，每种语言都可以给我们提供一种认识世界的新视角。正是由于语言是世代相传的，才使得人类的经验得以传承。

中国是一个多民族、多语种的国家，56 个民族使用 100 种以上的语言，这些语言分属汉藏、阿尔泰、南亚、南岛、印欧五大语系。普通话和规范汉字作为国家通用语言文字，是各民族沟通的纽带和国家对外交往的重要工具。各地的汉语方言是不同地区汉民族（包括部分当地少数民族）的交流工具和文化载体。少数民族语言是少数民族日常生活中必不可少的交流工具，而且凝聚着少数民族长期以来积累的文化。24 个少数民族还有 33 种文字。少数民族要依靠自己的语言进行日常生活的交流，还要通过自己的语言文字发展文化教育。因而，在我国的和谐语言生活中，国家通用语、汉语方言和民族母语均有其长期的、不可替代的作用。

一 语言国情调查的理论意义

（一）语言国情调查推动国家语文工作及相关学科的发展

语言国情调查研究能为语言政策、语言规划以及文化、教育、科技、传媒、出版等发展计划的正确制订与有效实施提供语言方面的科学依据，同时还能为语言学、应用语言学以及有关学科的发展提供珍贵的资料。世界各国都不同程度地重视本国的语言文字及其使用，有些国家还对本国语言文字及其使用情况进行了不同规模的调查，有的国家还进行跟踪调查与研究，获得各种有关资料、数据，收到显著的社会、经济效益。

中国少数民族语言文字，是中华民族重要的文化遗产，是取之不尽的资源。保护好少数民族语言文字，对于中国的发展、繁荣，以及维护世界和平和人类团结都有重要意义。少数民族语言文字状况与国家政治、经济、文化的发展息息相关。

中国民族语言文字有三个重要价值：一是应用价值，二是资源价值，三是文化价值。进入现代化新时期，民族语文这三个价值不变：少数民族语言仍然是少数民族不可或缺的交流工具，是一项重要的资源；少数民族对自己的母语仍然有深厚的感情。历史的经验已经证明：做好民族语文工作，必须先了解语言国情，只有这样才能因势利导，对症下药，避免陷入盲目性；否则，按片面了解所形成的对策，势必违反客观规律，把好事变坏。

（二）语言国情调查促进社会科学理论方法的建设

世界的语言尽管千差万别，但都是人类文化、精神的载体。每一个民族，其现实和历史的每一个事件都要依赖语言来表现、保存、积累、沟通；每一种语言都独特地反映人类对客观世界的认识和体验，反映使用者的价值观和世界观。语言是世代相传的，记载着人类长期积累的经验。所以，语言国情调查的成果对人文社会科学理论与方法的建设和发展，都能提供不可替代的重要信息。

语言国情调查是语言学理论、方法的建设不可缺少的，对共时、历时的语言学研究都能够提供新的认识。比如，语言国情研究中有关语言关系、语言接触的研究，语言功能（包括语言濒危、语言衰退、语言影响、语言互补等）的研究，对认识在特定条件下的语言演变规律，丰富发展语言演变的理论，都是必要、有价值的。

语言国情是由一个国家的特点、性质决定的，受这个国家的历史传统和现时生态特点的制约。从语言国情的反观镜中，能够看到在语言背后一个国家内部存在的许多特点。从这个意义上说，语言国情调查对其他社会科学的理论建设和发展，都能提供语言方面的信息。

在研究方法上，语言国情调查重田野调查，其田野调查的方法有自成系统的特点，不同于语言的本体结构调查。因此，语言国情的田野调查，能为语言调查方法论的建设提供新的养料。

语言国情研究必须把语言学同社会学、民族学、历史学结合在一起，才能深入揭示客体的本体特征。这种交叉学科的研究方法，是一种新的方法，对人文科学的方法论的建设能够提供一些新的思路。

二 语言国情调查的应用价值

（一）语言国情调查有助于国家语文方针的制定和实施

一个国家的语文方针政策的制定，必须建立在对语言国情科学认识的基础之上。我国的语文方针、政策涉及的内容很多，包括国家通用语的规定、语言立法、语言地位的规定，少数民族语言的使用和发展、第二语言教学（包括少数民族学习汉语、中国人学习外语）、语言规范、语文现代化等方面的规定，以及如何对功能衰退的语言、濒危的语言实行保护等。如果对语言国情的认识出现偏误，或只停留在朦胧状态，那就不能制定出符合客观实际的方针政策。没有科学的、微观的、切合实际的语言使用国情调查，就难以对语言生活有一个宏观的、整体的估量和把握，也就不可能制定出正确的、有效的对策。

回顾过去，我们对许多地方的语言使用状况长期停留在不清晰的、朦胧的状态，缺乏量化分析。某个民族究竟有多少人会自己的母语，多少人会兼用双语或多语，不同民族对自己的母语和其他语言的看法如何等，都不是很清楚，语言使用中的一些问题未能获取理智的认识。如，我国少数民族语言的生命力如何，哪些仍然旺盛，哪些已出现衰变，哪些处于濒危状态；语言关系中和谐因素有哪些，不和谐的因素有哪些；国家需要制定什么样的政策、措施才有利于各民族的团结和发展；等等。

对一个国家或一个地区的语言状况不了解或不清楚是非常有害的。它会因人们不能科学地认识语言状况而不能制定符合客观实际的政策、措施。过去在民族地区出现的一些语言矛盾，有的就是由于对语言现状及其变化不能做出科学的判断，而制定了违反客观实际，不符合民意、民心的措施，引起少数民族群众的不满和社会的不稳定。所以，语言国情调查是关系到国家稳定、社会和谐、民族团结、民族发展的大事，不是可做可不做的小事。

（二）语言国情调查为语言资源保护工作提供科学依据

《中华人民共和国宪法》第4条规定："各民族都有使用和发展

自己的语言文字的自由。"《中华人民共和国民族区域自治法》第10
条规定："民族自治地方的自治机关保障本地方各民族都有使用和发
展自己的语言文字的自由。"在我国现代化进程的新形势下，党的十
七届六中全会和十八大进一步明确提出了"科学保护各民族语言文
字""弘扬中华优秀传统文化""繁荣发展少数民族文化事业"的要
求。刘延东副总理多次就语言资源保护作出重要批示并提出明确要
求，强调要作为抢救工程制定时间表，切实做好汉语方言和少数民族
语言的整理，包括方言故事的收集、汇编等。这体现了党中央、国务
院对语言资源保护工作的高度重视。

　　我国是世界上语言资源最为丰富的国家之一。改革开放以来，随
着经济社会的快速发展、城镇化进程的加快和人口流动的增加，一些
少数民族语言和汉语方言使用人口减少，语言文化衰亡的趋势正在引
起社会的高度关注。在这种形势下，开展语言资源保护工程不仅意义
重大，而且更加紧迫。

　　语保工程要进行科学规划、有效开展，离不开对语言国情的充分
了解和认识，包括全国的方言土语和少数民族语言及其方言的数量和
分布，各汉语方言和少数民族语言的使用人口情况，功能是否已出现
衰变或濒危，哪些点的调查保护工作亟待开展，哪些点开展调查保护
的时机尚不成熟，哪些点可以稍后进行等等，这些都需要语言国情的
调查结果作为依据。据了解，中国语言资源保护工程的总体规划在全
国范围内选取 935 个汉语方言点、420 个少数民族语言点和若干语言
文化点开展调查和保护工作，其中，少数民族语言点又根据其语言功
能和使用人口等现实情况，分为 310 个一般点和 110 个濒危点。所有
调查点根据其语言或方言的实际特点，分 5 年先后完成。① 这一规划，
显然是在对我国语言国情充分掌握的基础上进行论证的结果，符合我
国当下语言使用的基本状况，语言国情调查为语言资源保护工作的开

---

① 据《中国语言资源保护工程汉语方言调查点总体规划（2015—2019 年）》和《中
国语言资源保护工程少数民族语言调查点总体规划（2015—2019 年）》。

展提供了科学的依据。

第三节　我国现代化进程中的语言生活

语言不仅是社会的交流工具，还是人们的思维工具和文化的载体，而且还附着不同民族、国家、地区的情感。语言是组成社会的有机体，语言生活状况如何直接关系到社会的发展进步。任何一个社会的发展变化，都要求语言的功能与之相适应，否则，就会影响甚至阻碍社会的进步。所以，当语言随着社会的变化而变化时，人们应该站在宏观的高度及早认识语言变化的新特点，科学地引导语言向有利于社会发展的方向发展。

一　我国的语言国情概况

我国语言的基本情况可概括为"多语种、多文种"。我国有56个民族，使用着100多种语言和33种文字。

我国语言的具体数量目前还无法确定。主要有两方面原因：其一，新语言的发现要靠语言学家进行田野调查，而全面的语言调查还没有完成。其二，语言和方言划分的理论问题还有待完善，有时候很难判断该看做是一种语言还是一种方言。

我国的语言可以按照不同的角度分为不同的类型。从语言系属上分，我国的语言分别属于汉藏语系、阿尔泰语系、南岛语系、南亚语系和印欧语系。每个语系下分为不同的语族和语支，如属于阿尔泰语系蒙古语族的有蒙古语、达斡尔语、东部裕固语、东乡语、保安语等语言，属于阿尔泰语系满—斯通语族南部语支的有满语、锡伯语等语言。从使用人口多少上看，使用人口最多的是壮语，有1300多万人，使用人口最少的是赫哲语，只有200多人。从有无文字和文字历史长短来看，有的文字具有悠久的历史，如汉字、蒙古文、藏文和维吾尔文等；有些文字历史较短，如景颇文、傈僳文、佤文等；有些语言至今没有文字，如裕固语、布朗语、东乡语、毛南语、基诺语、阿昌语等。从是否跨境来看，有的语言属于跨境语言，不仅在中国境内使用，在境外一些国家也有使用的族群，如蒙古语、藏语、哈萨克语、苗语、景颇语、拉祜语等，有的语言属非跨境语言，只在我国境内使用，如土家语、仫佬语、仡佬语、纳西语、白语等。

当代我国的 33 种少数民族文字，分别由 24 个少数民族使用。其中，有的民族使用一种文字，有的民族使用多种文字。形成一个民族使用多种文字的原因主要有三种：一是历史原因，有些民族在历史上创制过自己的民族文字，比如壮族模仿汉字创制了方块壮字，但是这种民间创字不是很完善，科学性差，使用不方便，新中国成立后，政府为壮族创制了拉丁壮文。因此，壮族就有方块壮字和拉丁壮文两种。二是地理原因，例如分布在云南省不同地区的傣族分别使用 4 种文字，其中西双版纳地区的傣族使用傣仂文，德宏傣族景颇族自治州部分地区和景谷、耿马、沧源等地的傣族使用傣哪文，德宏傣族景颇族自治州的潞西、瑞丽、遮放等地区的傣族使用傣绷文，红河哈尼族彝族自治州的傣族使用金平傣文。三是语言的原因，有的民族内部分不同的支系，使用不同的语言或差别大的方言，相互不能通话，使用一种文字有困难，不得不使用一种以上的文字。如景颇族内部的景颇支系使用景颇语，载瓦支系使用载瓦语，由于两种语言差别很大，不得不分别使用两种不同的文字——景颇文和载瓦文。再以苗族为例，新中国成立后，政府为其创制文字，因其方言差别较大，分别创制黔东、湘西和川黔滇 3 种文字。

我国少数民族文字类型多样，世界上几种主要的文字类型在我国都有分布。图画文字有东巴文，象形文字有契丹文、西夏文，音节文字有彝文，拼音文字有壮文、景颇文等。各种少数民族文字的历史长短不一，有创制于公元 7 世纪前后的藏文，有诞生于 11 世纪的蒙古文，也有百余年历史的景颇文等，还有新中国成立之后创制的侗文、哈尼文、黎文等。

我国的语言国情并不是一成不变的，在不同的历史时期存在不同的特点。我国语言国情的复杂性和多样性特点给语言文字政策的制定带来了一定难度。因此，制定语言文字政策只有把好语言国情的"时代脉搏"，才能够"对症下药"。

二 现代化进程中我国语言生活的新特点

语言国情在不同时期、不同国度、不同地区存在差异。新时期我国语言生活的特点，是由现代化进程中的国情特点及社会、经济、文化的特点决定的。现代化进程中，我国的语言生活主要呈现出以下新特点。

（一）国家通用语言文字在语言生活中的主体地位越发凸显

在现代化进程中，我国的国家通用语言文字推广取得重大进展。全国能用普通话进行交流、使用规范汉字的人口越来越多。在教育和大众传媒领域、公务场合，使用普通话和规范汉字已成为全国语言生活的主流。据教育部等国务院 11 个部委（局）于 1999 年启动的中国语言文字使用情况调查数据显示，全国能用普通话与人交谈的人口比例为 53.06%，平时写简化汉字的人占所有识字人口的比例则更是高达 95.25%。而根据最近一次调查的数据，2010 年全国能够使用普通话进行交流的人口比例已经超过 70%。① 在这个基础上，教育部、国家语委 2016 年印发的《国家语言文字事业"十三五"发展规划》中提出了"到 2020 年，在全国范围内基本普及国家通用语言文字"的宏伟目标。

以上语言事实显示，新时期以来，国家通用语言文字在我国语言生活中的地位越发凸显，在现代化进程中发挥着其不可替代的历史作用。

（二）一些语言或方言的功能出现不同程度的下降

在国家通用语言文字不断普及的同时，一些语言或方言的功能也出现了不同程度的下降。进入现代化进程的新时期，由于经济文化、

---

① 据教育部副部长、国家语委主任李卫红同志《在语用所成立 30 年暨普通话水平测试实施 20 年纪念座谈会上的讲话》，2014 年 10 月 13 日。

科技教育的大发展，社会对语言统一性的要求提高了，国家通用语——汉语普通话的使用功能也随之提高。在这样的大环境下，一些使用人口较少的方言和民族语言，以及一些虽然人口多但与汉族交往比较密切的民族语言，其功能会出现不同程度的削弱。

这种趋势具体表现在语言使用者掌握母语或方言的水平出现了代际差异，许多青少年的母语或方言能力已不及父辈，甚至有的只能对付简单的交流；有的语言或方言使用人口的比例出现下降，使用范围正在缩小；甚至有的语言或方言处于濒危状态。另外，历史上已发生衰退的一些语言如土家语、赫哲语等，在现代化进程中其衰变趋势仍在延续。在这种形势下，如何科学保护方言和少数民族语言，保存、传承地方和民族语言文化，越来越迫切地需要得到政府的重视和全社会的关注。

（三）不同语言的功能互补成为满足现代化进程中语言交流需要的重要手段

中国的不同语言，由于使用人口多少的不同以及社会经济文化发展状况的差异，其功能也必然存在差异。在历史上，我国多民族分布的地区如新疆、广西、云南等地，都采取语言兼用的手段来弥补单一语言使用的不足。在当今不同民族广泛接触、交流的现代化进程中，少数民族只使用本族语言更是不够，还必须兼用别的语言特别是通用语汉语，实现语言交流功能的互补，以便更好地满足社会交流和发展文化教育的需要。在全国各民族地区，语言互补的现象比比皆是。比如，云南省景洪县基诺乡的基诺族（共11400人），除了使用自己的母语外，还全民兼用汉语。基诺语在家庭内和村寨内使用，汉语在学校、机关、医院等场合使用。本族人在一起时说基诺语，若有其他民族在场就改说汉语。同当地其他民族在一起时说当地汉语方言，若与外省人则说普通话。每个基诺人的语言认知机制中都储备三套语音系统：一套用来拼读基诺语，一套用来拼读当地汉语方言，一套用来拼读普通话。他们能够根据实际需要随时调出使用，及时转换。基诺族就是通过不同语言的互补，满足当今社会交流的需要。[①]

又如，元江县羊街乡烧灰涧村的拉祜族（共 210 人），全民掌握三种语言：苦聪语（母语）、哈尼语（第一兼用语）和汉语（第二兼用语）。母语在家庭和村寨内使用；哈尼语在与哈尼族交流和赶集时使用；汉语则用在学校、机关、商店等场合。他们也能根据实际需要，自然地转换使用这几种不同的语言。[②] 语言互补还表现在相互从对方的语言里吸收自己所需要的成分来补充自己的不足，特别是少数民族语言从汉语里吸收补充成分，得到新的发展。

随着现代化进程的加快，人口流动、语言接触的频繁，正在引起言语交流圈的多元化，语言形式呈现出多样化趋势。人们的语言观念有较大的变化，对现有的语言状况认识各异。人们开始认识到，多语言多方言是国家宝贵的社会文化资源，不应看成国家统一和社会经济发展道路上的障碍。越来越多的人认识到语言和方言保护的重要性，各种语言资源的占有、开发和利用正在受到重视。

（四）现代化进程中语言状况的变化比任何一个历史时期都快

中国进入现代化建设的新时期，由于实行了改革开放的方针，全国各地尤其是少数民族地区的面貌发生了前所未有的、涉及各个领域的巨大变化。语言反映社会的变化最敏感、最迅速，必然也会跟随社会的巨大变化，发生前所未有的新变化。这种变化包括语言功能和语言结构两个领域，涉及语言影响、语言兼用、语言转用等几个方面。

现代化进程中少数民族语言使用的变化，比较明显的有以下两种。一种是兼用汉语的比例空前加大。据最近田野调查的材料，云南省通海县蒙古族自治乡的蒙古族已全民兼用汉语。全乡共有蒙古族5424 人，除六岁以下的和有语言障碍的人外，4985 人都已兼用了汉语。这里的儿童进了小学三年级，就都能兼用汉语。甚至有的儿童，

---

① 参见戴庆厦主编《基诺族语言使用现状及其演变》，商务印书馆 2007 年版。
② 参见戴庆厦主编《元江县羊街乡语言使用现状及其演变》，商务印书馆 2009 年版。

家长先教他们学习汉语，第一语言是汉语，本族语成了第二语言。[①]
另一种是民族语言的词汇系统里增加了大量的新词。如：云南省元江
县羊街乡的哈尼族（共 15363 人），近年来随着改革开放的逐步深入，
一些人离开本土到各个城市打工，汉语水平有了很大的提高，都能比
较熟练地兼用汉语，从而使该乡双语人口的比例大大增加，改善了原
有的语言关系结构。不仅如此，由于现代化建设的需要，这一地区的
哈尼语还从汉语里吸收了许多新词术语来丰富本族语，从而提高了语
言的表达能力。如：电气名称"热水器、冰箱、VCD、电视接收器、
电炉、变压器、粉碎机"等；农用物资"化肥、复合肥、甲胺磷、
颗粒剂、尿素、普钙、碳氨"等。这些新词都是仿汉语读音音译过来
的。在借词不断增长的同时，语义、语音和语法的特点也发生了不同
程度的变化。[②]

三　现代化进程中语言国情调查的重要性和紧迫性

现代化进程中语言国情变化快，决定了语言国情调查的重要性和
紧迫性。如果不能及时掌握现时语言国情的基本形势，就不能对我国
语言关系的现状有恰如其分的认识，也就不可能对国家通用语、民族
语言和汉语方言的使用和发展提出正确的科学的对策。无疑，这就会
使我国的民族和谐、语言和谐的局面产生不利的影响，也会阻碍现代
化进程。

语言国情调查不是一件可做可不做的小事，也不是能轻而易举就
能做好的事情，而是要从上到下重视，齐心协力、有组织地去做的一
件大事。因为它关系到国家稳定、社会和谐、民族团结、民族发展，
是我国语言文字工作、民族语文工作的一项重要的任务。

---

① 参见戴庆厦主编《云南蒙古族喀卓人语言使用现状及其演变》，商务印书馆 2008
年版。
② 参见戴庆厦主编《元江县羊街乡语言使用现状及其演变》，商务印书馆 2009 年版。

第四节　语言国情调查的历史回顾

现代意义上的语言国情调查肇始于 19 世纪后期欧洲国家的方言普查。20 世纪 80 年代以后，许多国家出于不同的需要纷纷开展语言普查，有的将语言基本指标纳入常规人口普查和社情普查中进行。20 世纪 90 年代以后，随着世界文化多样性危机的凸显，许多国家和地区陆续开展文化遗产普查和语言国情调查。1994 年，联合国教科文组织发起编制《世界语言报告》，成员国纷纷响应开展调查，为教科文组织提供本国语言状况。[①]

中华人民共和国成立之前，我国没有做过系统的、有组织的语言国情调查，因此长期以来人们对我国的语言国情所知甚少，只能说出少数一些语言的名称。新中国成立后，语言学学科建设受到重视，纳入了我国科学研究的总轨道，民族语文工作成为民族工作的一个重要组成部分。半个多世纪以来，语言国情的调查研究在持续进行，得到了前所未有的发展。从新中国成立至今，先后出现过三次语言国情调查的高潮；此外，我国港澳台地区也分别进行了各有侧重的语言使用情况调查。

一　语言国情调查的萌芽：20 世纪 50 年代语言大调查

语言国情调查的第一次高潮是根据国务院指示于 1956 年开始的汉语和少数民族语言调查，共计调查了 1849 个县市的汉语方言，同时有 7 个调查工作队共计 700 多人分赴全国各民族地区，进行了持续4 年的少数民族语言大调查。在此基础上，先后编写出版了 1200 多种方言调查报告，河北、山东、辽宁、黑龙江、内蒙古、河南、山西、陕西、甘肃、江苏、浙江、福建、广东、广西等省（自治区）都编写了省（自治区）范围的方言概况，出版了《中国少数民族语

---

① 参见范俊军、肖自辉《国家语言普查刍议》，《语言文字应用》2010 年第 1 期。

言简志丛书》。这次调查是第一次真正意义上的国家语言普查，在我国政治和文化史上具有重要的里程碑意义。通过这次调查，初步了解了我国的语言国情，为推广普通话、解决少数民族语言文字使用和发展问题，制定新中国语言、文化和教育政策提供了科学依据。同时，还推进了我国语言科学尤其是方言学和民族语言学的发展，积累了田野调查经验，培养了一批语言研究骨干。

虽然这次调查的重点是语言结构本体，包括语言结构特点、方言划分等，对语言使用情况调查不多，但经过这次调查，人们对我国的语言国情比过去有了新的了解，也更深刻地认识到掌握语言的使用情况对于国家语言、文化、教育政策制定等方面的重要性。这次全国范围内的语言大调查，为我国语言国情调查奠定了一定的基础。

二　语言国情调查的发展：《中国语言地图集》和 20 世纪 80 年代民族语言使用情况调查

语言国情调查的第二次高潮出现在 20 世纪 80 年代，是继 20 世纪 50 年代的全国语言大调查之后，再次兴起的新一轮语言国情调查。

由中国社会科学院和澳大利亚人文科学院合作编制的《中国语言地图集》（1987、1988 年）的出版突出反映了这一时期语言调查的成果。这是中国语言学界 1979 年重新开展工作之后承担的关于语言国情调查的第一项重大工程，第一次系统地向人们介绍了我国境内汉语和少数民族语言的分布情况、使用人口及其主要特点。它除了利用以前已取得的语言研究成果和调查材料，又组织力量对汉语方言及少数民族语言进行了一次大规模的面上调查和核查。仅方言调查和核实就涉及 600 多个市县和相当于市县的方言点，比较客观地反映了当时中国语言的实际面貌，比较清楚地表述了中国各种方言的重要特点。

1986 年，国家民族事务委员会和中国社会科学院民族研究所设立了《中国少数民族语言使用情况和文字问题调查研究》课题，组织队伍分赴 5 个自治区、30 个自治州、113 个自治县开展具有相当规模的语言使用情况调查。在调查的基础上，出版了《中国少数民族语言使用情况》和《中国少数民族语言文字使用和发展问题》两部著作。这次调查，提供了 20 世纪 80 年代少数民族语言使用的新情况，对认识新时期民族语文使用问题，以及如何做好民族语文工作都有许多帮助。

这一时期的调查得到了显著的发展。与前一次相比，其调查语言使用情况的目的和针对性更加明确。通过这一时期的调查，进一步厘清了我国汉语方言和民族语言的分布、使用人口和本体特点，特别是在少数民族语言文字使用情况上有了新的突破。

三　语言国情调查的全面开展：近二十年来的语言国情调查

近二十年来特别是 21 世纪以来，我国的语言国情调查全面开展，进入了一个新的历史纪元。不但政府进一步加大了主导和支持的力度，学界通过科研立项进行的专门性调查研究也大大增多。与以往的调查相比，近二十年的语言国情调查不但在全面性、科学性等方面有明显提升，其调查手段、调查方法也呈现出多样化、现代化的特点。

（一）政府主导开展语言文字使用状况和语言生活状况普查

近二十年来，国家语委十分重视我国语言生活状况，多次讨论社会语言生活问题，并先后筹划中国语言生活全面调查研究。经过比较充分的论证与准备，这项历史性的巨大工程于 20 世纪末开始进行，分别调查研究中国语言文字使用情况和中国语言生活状况。

"中国语言文字使用情况调查"于 1997 年 1 月获国务院批准立项，由教育部、国家语委、国家民委、公安部、民政部等 9 个部委协助实施，于 1999 年 8 月正式启动。调查严格采用随机抽样的方法，在全国范围内（没有包括香港、澳门、台湾）调查、了解国家通用语言普通话、民族语言文字、汉语方言、繁体汉字、简化汉字和汉语拼音的使用情况。调查、整理工作历时 6 年完成，达到了预期目的，取得了一大批宝贵的重要资料和数据。这项调查报告及有关资料和数据作为国家语委 B 类绿皮书，名为《中国语言文字使用情况调查资料》，2006 年由语文出版社正式出版。

"中国语言生活状况报告"由教育部语言文字信息管理司策划，国家语委主持，课题组实施。调查工作于 2004 年 9 月启动，主要调查、研究、论述中国同语言文字应用关系紧密的一些领域，以及社会各方面具体使用语言文字的状况，还有港澳台的语言生活状况，社会普遍关注的语言热点问题，以及海外华人华语概况等。调查数据于 2006 年 5 月 22 日由国家语委发布，研究、编写工作于 2006 年 7 月完成，同样取得了一大批重要、可靠的资料和数据，并形成近百万字的 B 类绿皮书 1《中国语言生活状况报告 2005》，2006 年 9 月由商务印书馆出版。《中国语言生活状况报告》的调查工作按年度持续进行，从 2006 年至今已连续发布、出版了 12 年。2016 年 10 月，《北京语言生活状况报告 2016》作为我国首部地域版城市版语言生活状况报告正式发布。

（二）科研立项支持语言国情调查

近二十年来，除上述由政府主导的语言国情调查外，教育部、国家语委、中国社会科学院等还通过科研立项的形式，鼓励、引导学界力量参与语言国情调查。

2005 年，由教育部主持的中央民族大学"985 工程"专门设立了"新时期中国少数民族语言使用情况调查研究"项目。该项目通过若干有代表性的个案调查研究，进一步认识我国少数民族地区的语言国情。这一项目的设立是过去所没有的，具有重要的语言学理论价值和应用价值。该项目最初下设 12 个子课题，分别是：（1）《基诺族语言使用现状及其演变》；（2）《阿昌族语言使用现状及其演变》；（3）《云南里山彝族语言使用现状及其演变》；（4）《云南蒙古族喀卓语使用现状及其演变》；（5）《贵州苗语黔东方言使用现状及其演变》；（6）《贵州布依族语言使用现状及其演变》；（7）《新疆城市化进程中各民族语言使用和语言关系调查》；（8）《人口较少民族语言使用现状及发展状况调查研究——莫旗达斡尔族个案研究》；（9）《科尔沁左翼中旗蒙古族语言使用现状及其演变》；（10）《四川凉山民族语言使用情况个案研究》；（11）《广西多语种民族自治县民族语言使用情况历时对比调查》；（12）《云南元江羊街乡语言使用现状及其演变》。目前，该项目已在全国少数民族地区开展了 20 多个语言使用情况个案调查，由商务印书馆出版"新时期中国少数民族语言使用情况研究丛书"20 部。这一系列调查，为新时期我国民族地区开展全面的语言国情调查，提供了先期的经验和成果，也为汉语的国情调查提供了参考和借鉴。

还有由中国社会科学院立项的重大课题"中国新发现语言调查研究"，以及国家语委"十二五"科研规划重大项目"中国跨境语言现状调查研究"，这两个重大课题分别对新发现语言和跨境语言进行有针对性的调查，对以往的语言国情调查研究提供了有益补充。不同的是，前者侧重于语言本体的调查描写，而后者则侧重于语言使用情况的调查分析。

（三）中国语言资源保护工程

中国语言资源保护工程是由国家财政专项资金支持的重要语言文化工程，是继 1956 年开展全国汉语方言和少数民族语言普查以来，时隔 60 年我国语言文字领域又一个由政府组织实施的大型语言文化类国家工程，是以先进理念为指导、以先进技术为支撑的高标准和具有时代性的语言调查项目，也是目前世界上规模最大的语言资源保护项目。

2008 年，教育部、国家语委在江苏启动了语保工程的前身——中国语言资源有声数据库试点工作，并相继在上海、北京、辽宁、广西、山东、河北、福建等省份开展，得到社会的广泛支持。2015 年 5 月，教育部、国家语委正式启动了语保工程建设，这标志着我国语言资源保护工作从学界的探索性研究发展为一项重大的国家语言文化工程，具有里程碑意义。

根据我国汉语方言、少数民族语言的分布和差异情况，教育部、国家语委组织专家研究制定了语保工程整体规划，计划用 5 年时间，在全国范围内开展约 1500 个汉语方言、少数民族语言和语言文化点的调查。目前，已按计划完成 2015 年度 81 个少数民族语言调查点、

53 个汉语方言调查点和 32 个语言文化调查点的工作任务；在 2015 年率先启动的 4 省市试点的基础上，2016 年已扩展到包括港澳台在内的 34 个省（区、市），在全国范围内全面展开。共有超过 250 所高校和科研机构参与工程建设，组建专家团队近 500 个，参与的专业技术人员近 1500 人，组织开展了工程层面培训共计 15 期 1000 多人次。①

语保工程的开展，是我国语言国情调查继续深化和语言资源保护工作的新探索，利用现代化技术手段全面调查保存，甚至是发展和推进我国汉语方言、少数民族语言和口头文化的实态语料，及时抢救和保护弱势与濒危的语言和方言，对保护中华语言文化遗产、传承弘扬中华优秀传统文化具有重要的现实意义和历史意义。通过实施语保工程，建立基于统一调查基础上的语言资源数据库，将为科学制定语言规划和语言政策提供科学依据，为语言文字信息化建设打好基础，有利于维护社会稳定、民族团结和国家安全，更好地服务国家发展的需要。

四　港澳台地区的语言使用情况调查

与内地地区相比，我国港澳台地区基于学术研究的语言调查较多，但就大规模的语言使用情况而言，主要做了人口普查中的语言信息调查。香港和澳门已多次在人口普查中开展语言使用信息调查，台湾于 2010 年底首次将语言信息纳入人口普查中。港澳台语言普查主要是为了了解和掌握区域内惯用语言（Usual Language）的使用情况。如澳门调查的重点是广州话、普通话、葡语和英语的使用情况；台湾调查的重点是国语、闽南话和客家话的使用情况；香港调查的重点是广州话、普通话、英语和其他汉语方言的使用情况。②

---

① 据教育部副部长、国家语委主任杜占元同志《在中国语言资源保护工程推进会上的讲话》，2016 年 10 月 13 日。

② 张天伟：《我国语言使用情况调查的回顾、问题与展望》，《中国社会语言学》2015 年第 1 期。

第二章

语言国情调查的主要内容

不同语言的使用情况是不同的，同一语言在不同时期的使用情况也是不同的。因而，语言国情调查的内容不能只有一个模式，而应根据不同民族、不同地区、不同时期的特点确定调查内容和调查重点，提出不同的要求。

一般说来，语言国情的共时特点主要包括以下四方面内容：一是语言使用状况；二是语言关系特点；三是语言结构特点；四是与语言有关的社会人文背景状况。新时期的语言国情调查，重点是语言使用状况的调查，语言结构特点调查应侧重在与语言使用状况有关的方面。

第一节　语言使用状况调查

一　概述①

语言使用状况调查的主要内容，是具体语言在特定社会生活中的活力、功能、地位及与其他语言的互补、竞争关系。包括：

1. 调查不同年龄段（可分为"老年、中年、青年、少年"四级）、不同职业（工人、农民、干部、学生等）掌握母语的水平及状况（可分为"熟练、一般、略懂、不会"四级）。

---

① 参见戴庆厦《语言调查教程》，商务印书馆 2013 年版。

不同年龄段的人使用母语的能力存在一定的差异。在西摩洛地区①，所有 60 岁以上老人的西摩洛语使用水平均为"熟练"级，即这个年龄段的西摩洛语水平是最高的。有些老人还会西摩洛唱辞和西摩洛民间故事。西摩洛人的婚丧嫁娶、红白喜事、农耕生产、为人处事等大事小事，都可以用古老的西摩洛语和西摩洛调来唱，借此表达本支系人对生活和生命的特定理解。如丧礼时，用唱辞歌颂死者、告慰生者；婚嫁时，用唱辞教自己的孩子怎么与夫家人相处。唱辞采用比喻、拟人、夸张、对偶、排比等多种修辞方式，韵律优美、生动形象、饱含真情。西摩洛老人的第一语言都是西摩洛语，在日常生活中也主要使用西摩洛语。与使用汉语相比，老人们十分乐意而且更加习惯于说西摩洛语，他们对自己的母语怀有深厚的情感，有的甚至还不会说汉语。而 20—59 岁的西摩洛人，其母语使用水平虽然都是熟练，但与 60 岁以上的老人相比，母语的使用情况主要有两个特点。一是母语能力出现一定程度的下降。他们使用西摩洛语，大多停留在口语交流上，对本民族的口头文学所知甚少。也就是说，他们把西摩洛语作为简单的交流工具，而不是当作文化的载体。二是这个年龄段的文盲很少，文化水平较上一年龄段高得多。他们大多是熟练的"母语—汉语"双语人，可以根据交流对象的语言能力自由地选择交流用语。总的看来，这个年龄段对母语的需求不及上一代强烈。

青少年的语言状况反映社会的变化最敏感，往往代表该民族、该地区语言功能演变的趋势。因而要特别重视调查青少年的语言能力，比较他们与父辈语言能力的不同特点，揭示该民族、该地区代际语言能力的差异。耿马景颇族②大多数还保留自己的母语，景颇语仍然是景颇族语言生活中重要的交流工具。但与中老年相比，青少年的母语能力出现了一定程度的下降。

由于耿马景颇族大多不会自己的文字，所以他们的景颇语水平只

---

① 参见戴庆厦主编《西摩洛语语言使用现状及其演变》，商务印书馆 2009 年版。

② 参见戴庆厦主编《耿马县景颇族语言使用现状及其演变》，商务印书馆 2010 年版。

能从"听"和"说"的能力来考察。对大多数景颇族的青少年来说，都是既能熟练地运用母语交谈，也能运用母语来表达日常生活交流中所需要的内容。青少年母语"听、说"能力的下降，主要表现在"听"的能力和"说"的能力发展不平衡以及词汇量的掌握上。一般是"听"的能力强一些，"说"的能力弱一些。一些文化词、熟语、口头文学等传承本民族文化较多的话语材料青少年能听但不能说了。与中老年人相比，青少年掌握的词汇量减少，对自己不会的词语采取了泛化、类化、回避、替代等应急手段。

2. 调查该语言在不同场合（家庭、村寨、田间、政府机关、集市贸易、医院、劳动生产、学校、婚丧喜庆、宗教等）的使用情况，在媒体中的使用情况（广播、电视、戏曲、手机等）。

在耿马景颇族地区[①]，不同的寨子语言使用情况不同。在邱山村、草坝寨这两个民族杂居村寨，有少数族内婚姻家庭使用"景颇语—汉语"双语。这两个村寨的成年人之间仍以景颇语为主要交流语言，但成人与青少年子女之间、青少年之间的交流语言主要是汉语。

景颇人聚居的村寨，田地都在一起。他们一起种植农作物、经济作物，讲的是景颇语。在商铺购买物品、在村里进行贸易活动时，景颇人之间使用的都是景颇语。

在景颇新寨、贺稳组，村民们开会也使用景颇语。除了无法对译的汉语新词术语外，会议基本上都能用景颇语贯彻始终。在那拢组，村民会议常常同时使用景颇语、汉语、佤语等多种语言进行。在草坝寨和邱山村，村民会议用语以汉语为主。

当地比较隆重的节日主要有景颇族的目瑙纵歌节、汉族的春节和傣族的泼水节等。在节日的盛会上，全乡村民载歌载舞，热闹非凡。景颇族用自己的母语景颇语尽情地歌唱，抒发自己的喜悦心情。在节宴上，大家聊天、敬酒也全都使用景颇语。在这些重要节日的聚会上，热情的景颇人会一起吹响竹笛，敲起象脚鼓，跳起传统舞蹈。排

---

① 参见戴庆厦主编《耿马县景颇族语言使用现状及其演变》，商务印书馆 2010 年版。

练中，演员们都是使用景颇语来协调指挥。

单一民族家庭和族际婚姻家庭的语言使用情况会有不同，应分别进行调查。调查这两类家庭的用语特点，以及子女的多语情况和语言能力状况等。耿马的景颇族①家庭大多是族际婚姻，而族际婚姻家庭对孩子习得母语产生较大影响。首先，在为孩子选择以哪种语言为第一语言时有多选性，存在不以母语为第一语言的可能性。其次，族际家庭一般使用两种或多种语言来交流，这样会挤占孩子在家庭内习得母语的时间，削弱其母语能力。最后，族际婚姻家庭的孩子从小就受到母语和非母语等两种或多种语言的熏陶，对母语的语言忠诚不及族内婚姻家庭的孩子坚定，对母语的使用欲望不及族内婚姻家庭高。因此，族际婚姻家庭孩子的母语能力一般不及族内婚姻家庭孩子高。

应当注意到，在现代化进程中，由于通用语汉语的普及，有的民族中少数少年儿童的第一语言已不是本族母语，而是汉语，母语成为第二语言。对这种变化及其成因应进行调查。例如：青少年不会说母语或以母语为第二语言是耿马景颇族母语使用中的新现象。改变母语习得顺序的青少年绝大多数是出生于族际婚姻家庭。可以认为族际婚姻家庭是青少年母语习得顺序改变的重要因素，但不是唯一因素。因为族际婚姻在景颇族家庭中很普遍，景颇族的大多数家庭是由景颇族与佤、汉、傈僳、拉祜等其他少数民族构成的族际婚姻家庭，但并没有普遍出现母语习得顺序的改变。如那拢寨有很多景颇族与佤族组成的家庭，并且佤语是当地的强势语言，但这些家庭的孩子还是以母语为第一语言。再者，族际婚姻家庭由来已久，但中老年人的母语习得顺序并没有改变。可见族际婚姻家庭不是改变母语习得顺序的必然因素。引起耿马景颇族青少年母语习得顺序的转变，是多方面因素综合作用的结果。

在基诺族地区②，越来越多的父母考虑到将来激烈的社会竞争，

---

① 参见戴庆厦主编《耿马县景颇族语言使用现状及其演变》，商务印书馆 2010 年版。

② 参见戴庆厦主编《基诺族语言使用现状及其演变》，商务印书馆 2007 年版。

对汉语的重视程度要超过基诺语，从小注重培养孩子的汉语能力。有的家庭在孩子开始学说话时，就主动地教汉语；有的家庭在孩子还没有上幼儿园之前，就有意识地教孩子认读汉字，学习汉语。家长们普遍表示，他们在家里不教孩子学说基诺语，也不担心孩子将来不会说基诺语，因为孩子们出去和别的小朋友一起玩就自然能学会基诺语。所以，有的基诺族家庭中的儿童出现了同时习得两种语言的现象，有的甚至是以汉语为第一语言，基诺语是第二语言。这就造成一些儿童的基诺语水平达不到"熟练"级。

族际婚姻对儿童的基诺语水平也有影响。在基诺山的非族际婚姻家庭（这里指父母都是基诺族）中，孩子的第一语言一般都是基诺语。而不同的是，族际婚姻家庭中的孩子的第一语言往往是汉语，而且他们的基诺语水平也不如非族际婚姻家庭中同年龄段的孩子。

3. 调查兼语状况：我国的少数民族，语言兼用现象很普遍。除了兼用汉语外，有的还兼用其他少数民族语言。要调查兼语人的数量、比例，以及年龄、地区、职业的分布特点，兼语使用的场合，兼语人的母语和兼用语的水平，以及语言兼用的成因及其条件等。还要调查兼语人使用兼语（当地方言和普通话）的语音系统及词汇、语法的特点。

有外来人口的村寨，还要调查外来人口兼用该地语言的状况。了解他们掌握当地语言的水平及使用特点。在基诺族地区①，外族人的基诺语水平因人而异。一般地，外族人的基诺语水平大多不如土生土长的基诺族。外族人的基诺语水平与其来到基诺山定居时间的长短成正比。时间越长，基诺语水平可能越好。反之，可能越差。基诺族老乡告诉我们，外族媳妇或女婿来到基诺山后，用不了一年的时间就能听懂简单的基诺语了。他们有的是汉族，有的是傣族、哈尼族、布朗族、彝族、佤族等其他少数民族。他们主要来自基诺乡的周边地区，比如墨江、澜沧、普洱、镇沅、景谷、景东等地，也有从四川来的。

---

① 参见戴庆厦主编《基诺族语言使用现状及其演变》，商务印书馆 2007 年版。

他们的第一语言都不是基诺语，第二语言才是基诺语。绝大多数人到基诺山定居的时间超过五年以上，外地人到基诺山一两年后，基本上都能听懂简单的基诺语。过五六年后，就学会说基诺语了，在日常生活中能够用基诺语交流。

4. 调查语言转用状况：包括语言转用者的年龄、地区、职业的分布特点，以及兼语水平及特点。还要调查语言转用者使用转用语的语音系统，及词汇、语法的特点。调查语言转用的成因及其条件。

梁河阿昌族①的语言转用现象非常普遍，除了曩宋乡、九保乡的几个阿昌族村寨母语保存尚好外，其他多数村寨都出现了程度不一的转用，有些村寨甚至已完全转用为汉语。

梁河阿昌族语言转用的类型依照转用程度大致可分为三类：局部转用型、主体转用型和整体转用型。不同转用类型在母语使用的年龄段、使用的范围、母语的传承特点以及转用的人口比例等方面都不尽相同。

局部转用型：主要以丙盖村委会的丙岗、丙盖等自然村以及弄别村委会的上弄别、南林等自然村为代表。梁河阿昌族地区目前约有30%的村寨都属于这种类型。在这类村寨里，50岁以上阿昌族的母语水平多为"熟练"。该年龄段母语人的第一语言为阿昌语，第二语言是汉语，日常交流中"汉语—阿昌语"兼用。该年龄段母语人除在本语词汇掌握的多寡、母语使用频率的高低方面同自己的父辈（70岁）略有差异外，其他并无明显的不同。30岁左右阿昌族的母语水平多为"略懂"，"听"的能力尚存，而口语表达能力基本丧失，少数人仅能说出有限的几句日常用语（像"你吃饭了没有？""你去哪里？"等）。由于该年龄段母语人的活动范围并不囿于本村本寨，因而平日交流多已转用汉语。10岁左右的少年儿童，其本族语的水平为"不会"，"听""说"能力俱已丧失，已成为彻底的汉语单语人。在这类村寨，母语的使用范围主要集中在由50岁以上母语人所组成

---

① 参见戴庆厦主编《阿昌族语言使用现状及其演变》，商务印书馆2008年版。

的语言社团内，在其他年龄段的语言社团，汉语已取代了本族语成为交流的通用语。母语在自然传承上的"断层"也十分明显。这类村寨约有30%的母语人完全转用汉语，成为汉语单语人。

主体转用型：主要以湾中村委会的部分自然村以及弄别村委会的下弄别、瑞泉村委会的张家寨、大芒丙等自然村为代表。梁河阿昌族地区目前约有40%的村寨都属于这种类型。在这类村寨里，70岁以上的老年人母语比较熟练，日常交流中母语使用频繁，语言转用的程度较低。50岁左右的母语多属"略懂"，个别为"熟练"，该年龄段母语人"听""说"能力不均衡，"听"的能力普遍高于口语表达能力。该年龄段母语人汉语的使用频率要远高于本族语，语言转用明显。30岁左右阿昌族的母语多为"不会"，个别是"略懂"，"听""说"能力基本丧失，或"听"的能力部分保留，"说"的能力基本丧失，日常交流中完全转用为汉语。10岁左右的少年儿童，本族语的"听""说"能力完全丧失，均成为汉语单语人。在这类村寨，母语的使用范围仅局限于由70岁以上和个别50岁以上母语人组成的语言社团。这类社团不仅人数有限，而且十分"脆弱"，交流中一旦有子女辈或孙辈加入，社团内部通用语就会很快转为汉语。这类村寨约有60%的母语人完全转用汉语，成为汉语单语人。

整体转用型：主要以河西乡的别董、王家寨等六个自然村以及九保乡的新城等自然村为代表。梁河阿昌族地区目前约有20%的村寨属于这种类型。这类村寨中仅有个别70岁以上的老年人尚保存一定的母语交流能力，其他年龄段的阿昌族均已全部转用汉语。即便是那些尚能用阿昌语交流的老年人，平时母语的使用频率也很低。在这类村寨，阿昌语作为信息交流、情感表达的一种工具已从各种交流场合中全然退出。母语的自然传承也近乎完全中止，儿童不仅失去了"学得"母语的机会，"习得"母语的自然环境也已消失。这类村寨目前约有90%的母语人完全转用汉语，成为汉语单语人。

语言转用与年龄、文化程度密切关联。具体而言，梁河阿昌族的语言转用与年龄成反比，与文化程度成正比。即：年龄越大，语言转用的比例越低；年龄越小，语言转用的比例越高。而文化程度越低，语言转用的比例越小；文化程度越高，语言转用的比例就越大。

5. 调查该语言与周围语言的关系：包括语言地位、语言功能的关系。与周围语言在使用功能上如何实现互补，是否存在竞争，特别要调查与通用语汉语的互补、竞争关系。中国是一个多民族、多语言、多文种的国家。不同语言在一个统一的社会中使用，每日相碰相撞，相互接触，相互影响，共同发挥交流的作用，其间必然存在一定的语言关系。语言关系涉及语言地位、语言功能的差异，不同语言的协调、互补、竞争、矛盾等。由于国家制度、民族特点、语言状况等存在差异，语言关系存在多种不同的类别。从语言群体关系上看，中国的语言关系主要有三大块：一是国家通用语言和少数民族语言的关系；二是普通话和方言的关系；三是本国语言和外语的关系。从性质上看，语言关系大致可分为两类：一类是语言和谐型。属于这一类型的不同语言，相互间和谐共处、功能互补，和谐的语言关系推动社会进步、民族发展。另一类是语言非和谐型。属于这一类型的不同语言，相互间存在矛盾和对立，在使用上相互排斥。

基诺族是一个全民型的双语民族，他们除了使用自己的母语外，绝大多数人还兼用汉语。以相对偏僻的茄玛村为例：该村语言能力稳定的有 303 人，汉语达到"熟练"级的有 253 人，占 83.5%；"一般"级的有 28 人，占 9.2%，"略懂"级的有 18 人，占 6%，"不会"的只有 4 人，占 1.3%。汉语广泛用于社会交流和文化教育，在基诺人的语言生活中发挥了重要作用。基诺族的双语具有普遍性、层次性、稳定性、互补性等几个特点。他们的日常生活，都是在多种语言的交替使用中度过的。基诺人的语言态度是开放的，既热爱自己的语言，也尊重别的民族的语言。他们除了重视母语的使用外，还重视汉语学习，普遍认为基诺族人口少，不必创造文字，汉文就是他们的文字。在基诺山，基诺族与汉、傣等民族友好相处，共同构成了一个和谐、安乐的小社会。云南省元江县羊街乡是一个多民族乡，人口较多的民族有哈尼（15357 人）、汉（1914 人）、彝（307 人）、拉祜族苦聪人（201 人）等 4 个。他们各自的母语尽管使用人口多少不同，使用功能存在差异，但都长期为各民族所热爱、所使用，而且都保持旺盛的活力。就连分布在烧灰箐寨只有 172 人的苦聪人，在家庭、村寨内也都使用自己的苦聪语。这里的少数民族除了使用母语外，多数人还普遍兼用汉语。据 9 个哈尼族聚居村寨的统计，在 2680 人中，汉语水平达到"熟练"级的有 1111 人，占 45.74%，"一般"级的有 646 人，占 26.6%，"略懂"级的有 298 人，占 12.27%，"不会"的有 374 人，占 15.39%。因为哈尼族是这里人口较多的一个民族，所以其他民族除了兼用汉语外，还有不少人兼用哈尼语。在使用上，不同语言各就各位，各司其职：在家庭、村寨内部，多使用母语；在机关、学校、医院等公共场所，则多使用汉语，有时也使用哈尼语。他们根据场合、对象，能够自如地转换语码，为了尊重对方而使用对方的语言，从不觉得不同语言之间存在什么矛盾和冲突。不同民族都彼此尊重对方的语言，根据需要兼用其他民族的语言。①

6. 调查语言态度：即对母语、兼用语的地位、作用、发展趋势的认识，以及对母语、兼用语关系的认识。语言态度，因不同人而异，老年人与青年人不同，工农大众与知识分子不同。还因不同地区、不同方言而异。在调查时，要考虑不同对象的比例。在多民族国家里，由于客观上存在着语言使用的不平衡性，少数民族对自己的母语和自己语言社区以外的更为通用的强势语言，主观上必然形成一定的态度。人们把这种态度称作"语言态度"，也有人称为"语言观念"，或者"语言心态"。语言态度包括认知（对语言实际功能的评价）、感情（对语言地位和命运的关切）、意向（对使用哪种语言作出抉择）三个方面。

从宏观上看，文化背景的异同，民族关系的变化，社会权利实现的程度，宗教信仰的影响，双语人口的多少，都会程度不同地制约语言态度。一个民族内部，不同支系、不同地区、不同阶层，其语言态

---

①　参见戴庆厦《语言关系与国家安全》，《云南师范大学学报》2010 年第 2 期。

度也有区别。从微观上看，个人的语言态度在某些情况下，并不一定跟舆论相符合，有时候一个人说的跟做的也不完全一致。随着时间的推移，社会的变迁，人们的语言态度也会发生变化。南方少数民族语言（多数属汉藏语系），其内部方言差别一般比较大，不同方言区（甚至不同土语）的人通话有困难。在长期没有文字的情况下，一般也都没有形成全民族通用的共同语。就是个别有本民族传统文字的民族（如傣），其文字也都是方言文字（只在本方言区使用，不能在全民族通用）。南方少数民族不同方言之间往往要靠汉语文才能相互沟通。久而久之，在南方少数民族心目中已经达成了一种共同认识：上学读书就要读汉文课本，识字就是学习汉字。在这些少数民族当中，语言心态是比较开放的。群众都自发地要求学习汉语文。北方少数民族当中，在一些地区（尤其是杂居区和城镇），也发生了类似的变化。有不少人认为，少数民族语言文字的社会功能开始萎缩，跟汉语文相比，已经拉开很大差距。他们更加重视汉语文的学习和使用。但是，在那些有通用的传统文字并且连片聚居的少数民族当中，本民族语言文字仍然在社会各个领域中普遍使用（中小学、大学的一些系科、出版物、报刊、广播、影视、文艺、科研、行政、立法、司法、社会用字，等等）。这些地方的少数民族干部、群众，对本民族语言文字的社会功能评价仍然比较高。有些人从维护本民族语言权利和发展本民族文化教育事业角度考虑问题，对轻视或者忽视使用少数民族语言文字的现象，仍然比较敏感。①

7. 调查该语言是否出现功能衰退或濒危。从使用人口、使用场合、代际语言能力的变化提取证据，要调查致使语言功能衰退的内外原因。

土家语②是一种濒危语言，其衰退的程度在不同地区、不同人中

---

① 参见道布《语言活力、语言态度与语文政策》，《学术探索》2005 年第 6 期。

② 参见戴庆厦、田静《从共时差异看语言濒危——仙仁土家语个案研究之三》，《中央民族大学学报》2004 年第 2 期。

表现出不同的类型，使得我们有可能通过不同类型（包括不同地区、不同年龄、不同场合、不同语言态度等）的比较，来看土家语语言濒危的特点及其演变趋势。

仙仁乡是湖南省湘西土家族苗族自治州保靖县的一个乡。位于保靖县的最东端，距县城约 25 公里，与古丈县断龙乡白溪关村和永顺县白杨乡交界。仙仁乡现辖 7 个行政村，包括科秋、他票、小白、龙头、仙仁、米溪和宋家村，乡政府设在科秋村。全乡共有 3981 人，土家族是其中人口最多的民族，有 3340 人，此外还有少量苗族、汉族等民族。仙仁乡属于汉、土双语型地区。

由于语言功能演变的不平衡性，仙仁乡土家语的保留程度大致存在三种类型。这三种类型显示了土家语濒危的几个过程及其演变脉络。保留型：这一类型的特点是，大部分人在社会生活的主要领域能够比较熟练地使用土家语，土家语在这一地区还有相对稳定的活力。属于这一类型的地区只有龙头村一个村，也就是被当地居民称为"土家语保留最好的一个村"，共有人口 718 人。龙头村地处偏僻山区，距离乡政府所在地科秋村有 10 里路，外出仅靠一条不到 1 米宽的崎岖山路，俨然是仙仁乡的一座"孤岛"。这种地理位置成为龙头村保留土家语的主要因素。局部保留型：科秋、小白、他票 3 个村属于这一类型，共有人口 1758 人。其特点是只有一部分人在部分场合、不同程度地使用土家语。科秋村是乡政府所在地，小白、他票两个村紧挨着科秋村。这一类型地区虽然是土家族聚居区，但与外界的接触相对频繁，较早地接触了汉文化，成为汉、土双语区。残存型：指只有少量人还会使用土家语，而且其语言使用能力与前两种相比较弱。属于这一类型的有仙仁、米溪、宋家 3 个村，共有人口 1505 人。这 3 个村是土家族和苗族的杂居区，两个民族之间交流时使用汉语。这里需要说明的是，在残存区仍会说土家语的人均是从其他说土家语的村子迁入的。他们原先就会说土家语，来到这些村后虽然还记得土家语，但使用机会很少，语言运用能力也下降了。如果不把这些人计算在内的话，这些地区应该算是土家语消亡区，也就是转用汉语区。这三种不同地区土家语的使用情况形成了一个立体结构，反映了土家语走向濒危的演变趋势。

语言使用人数的多寡是考察该种语言的语言活力的一个重要参项。一般说来，使用人口多，语言活力就大；反之亦然。如果一种语言的使用人口逐渐减少，只为一个民族中的少数人所使用，说明这种语言的功能已大幅度下降，有可能走向濒危。濒危语言使用人口在不同地区反映出的等级差异，是语言濒危走向的真实写照。

语言态度是指个人或集团（包括方言区、民族）对某种语言的价值及其走向的主观态度，包括如何认识和理解某种语言的地位，如何对待语言的走向等。对于濒危语言来说，语言态度是指对某种濒危语言的认识和态度，是赞成，还是反对，还是顺其自然。不同的语言态度中，有的是符合语言演变规律的，有的则不符合，有的是理智的，有的则是情感的。我们可以结合语言态度来认识语言濒危的特点。我们在调查中了解到，仙仁乡不同类型地区的土家族对母语的濒危和消亡有不同的态度。在土家语保留区和局部保留区，有三种不同的态度。第一种是"非常惋惜，但也无可奈何"。持这种态度的人一般在40岁以上，他们普遍操用汉语和土家语两种语言，对自己的母语怀有特殊的感情。但他们又觉得土家语的用处没有汉语大，所以土家语可能会失传。第二种是"无所谓"。持这种态度的多是年轻人，他们有的是土、汉双语人，有的是汉语单语人，甚至有的除了懂土、汉双语外还懂一些英语。他们在日常生活中经常使用的语言是汉语，而不是母语土家语，汉语能力比土家语要强。他们认为，土家语没有用了，所以消亡是必然的事，没有必要保留土家语。第三种是"抢救和保护"的观点。持这种观点的人数不多，多是土家族的知识分子。他们出于对民族以及民族语言的感情和理性认识，认为应该保护、保存土家语。

8. 有文字、文献的民族或地区，还要调查文字的使用情况和文献的保留情况，以及民众对文字、文献的态度。景颇文是景颇族使用的两种文字之一，是记录景颇语的一种拉丁字母拼音文字。景颇文通行于中国、缅甸、印度等国的景颇族分布地区。景颇文自创制以来，逐渐被景颇人使用，在景颇族的社会、文化、教育的发展中都起了一定的作用。但是，由于各种原因，景颇文的使用范围出现缩小的趋势。2010 年 7 月，在我们调查组所调查的个案里，掌握景颇文的只达到 50%—60%。表 2 – 1 是四个寨子掌握景颇文的人数比例：

表 2 – 1　　　　　　　　景颇族四寨村民掌握景颇文情况表

年龄段（岁）	丁林寨			迈东寨			盆都村			等噶寨		
	调查人数	人数	比例	调查人数	人数	比例	调查人数	人数	比例	调查人数	人数	比例
6—19	54	16	29.6	34	13	38.2	29	5	17.2	56	13	23.2
20—39	127	101	79.5	50	42	84	29	21	72.4	90	62	68.9
40—59	47	28	59.6	23	14	60.9	22	16	72.7	43	38	88.4
60 以上	15	10	66.7	5	4	80	6	2	33.3	18	7	38.9
合计	243	155	63.8	112	73	65.2	86	44	51.1	207	120	58

　　从上表可知，景颇族有 50% 以上掌握景颇文，但不同年龄段的掌握情况有所不同。掌握比率最高的在 20—59 岁这个年龄段，19 岁以下的孩子比较差。有双语教学的寨子，如迈东和等噶，或开办暑假培训班的寨子，如丁林情况好一些，青少年的景颇文掌握情况屡超过 20%。老年人掌握景颇文的情况不一。在丁林寨和迈东寨，比率较高，丁林寨为 66.7%，迈东寨达到 80%。但盆都村只有 33.3%，主要原因是这个村子 20 世纪 70 年代以前没有小学，所以年纪大的人没有机会在学校里学景颇文。再说，盆都村里没有进行过民族文字扫盲。此外，盆都村的地理位置比较偏僻，交通不便，人们较难出村参加别的寨子或镇里开办的培训班。

　　景颇文推行各地不平衡。有的学校有景颇文教学，如瑞丽市等噶小学长期坚持景颇文教学，效果很好。但多数学校不开展景颇文教学。在一些地方，景颇文学习仅靠民间组织，但有条件的村寨能办，没有条件的村寨就没办法办。

　　景颇文教学缺乏质量较高的统一教材。虽然云南民族出版社和德宏州民族出版社出版了一些景颇文读物，可是大多数村寨普及不到。一些边境村寨，使用的是缅甸景颇文教材。

景颇语言文字教师匮乏。许多景颇族学校因招不到合格的教师而不能实行双语教学。如盆都村小学以前有过双语教师，现在只有汉语教师，并不会景颇语①。

二　案例

案例，是对有特点的语言状况进行专门深入的描写、记录，它对人们认识语言生活有特殊的价值。在语言国情调查中要花些气力做案例调查。

案例——耿马景颇族的语言生活②

2009 年 6 月，由教育部领导的中央民族大学"985"工程创新基地语言中心设立了"耿马县景颇族语言使用现状及其演变"课题组，旨在通过对耿马县景颇语的个案调查研究，探讨中国少数民族语言在现代化进程中的语言国情、语言关系，以及支系语言的特点和演变规律。该课题组一行 8 人赴云南省临沧市耿马县进行了半个多月的田野调查。在当地景颇族干部、群众的大力支持下，获得了大量的第一手材料，并形成了对耿马县景颇族语言使用现状及其历史演变的一些认识。

景颇族主要分布在中国、缅甸、印度等地。在缅甸的景颇族被称为"克钦"（Kachin），人口共有 116 万余人。在印度阿萨姆邦的景颇族自称为"兴颇"（Singpo），人口共有 5 万余人。在我国，景颇族主要分布在云南省德宏傣族景颇族自治州，少部分散居在保山市腾冲县，临沧市耿马县，怒江州泸水县，普洱市澜沧县、勐连县，西双版纳州勐海县等地，人口共有 13 万余人。

---

① 参见戴庆厦主编《云南德宏州景颇族语言使用现状及其演变》，商务印书馆 2011 年版。

② 参见戴庆厦主编《耿马县景颇族语言使用现状及其演变》，商务印书馆 2010 年版。

耿马县地处云南省西南部。全县总人口 26.3 万人，有汉、傣、佤、拉祜、彝、布朗、景颇、傈僳、德昂、回、白等 26 个民族，少数民族人口占总人口的 51.35%。其中，景颇族只有 1004 人，占全县总人口的 0.38%，是一个人口较少的民族。居住在耿马县境内的景颇族，主要分布在耿马大山的东、南两边，大约在 1855—1883 年间从德宏洲的盈江、陇川、瑞丽、芒市、遮放和缅甸的普浪、腊戌等地迁徙而来，至今已有 150 年左右的历史。

本案例按城区、聚居区、杂居区选取了 6 个点的调查材料，介绍景颇族语言使用现状。6 个点是：耿马县城镇、耿马县贺派乡芒抗村景颇新寨、耿马县耿马镇弄巴村那拢组、耿马县孟定镇景信村贺稳组、耿马县孟定镇邱山村河边寨、耿马县孟定镇芒艾村草坝寨。

通过调查，耿马景颇族的语言情况主要有以下几个特点。

1. 耿马景颇族全民稳定、熟练使用自己的母语

入户调查显示，耿马景颇族普遍稳定使用自己的母语——景颇语。6 个点景颇族的母语使用情况见表 2－2：

表 2－2 　　　　　　　　　 景颇人母语使用情况统计表

调查点	总人口	熟练		略懂		不会	
		人口	百分比	人口	百分比	人口	百分比
芒抗村景颇新寨	217	217	100	0	0	0	0
弄巴村那拢组	52	51	98.1	1	1.9	0	0
景信村贺稳组	191	189	98.95	1	0.52	1	0.52
邱山村河边寨	23	11	47.8	10	43.5	2	8.7
芒艾村草坝寨	156	152	97.4	3	2	1	0.6
耿马县城镇	57	45	78	6	11	6	11

表 2－2 显示，6 个调查点的 696 名景颇人，除邱山村河边寨和城镇地区，耿马景颇族都能熟练使用自己的母语——景颇语。这说明景颇语在耿马县具有很强的活力。河边寨景颇族之所以出现较突出的母语能力下降现象，主要因为他们的人口过少（除未调查到的 2 户外，

共有 8 户 23 人），并与拉祜、佤、傈僳、汉等多个当地主体民族杂居一起。实际上，部分河边寨景颇人不能熟练地使用母语，是指其母语的听说能力发展不平衡，即听的能力较强，说的能力较弱。完全不懂景颇语的只有 2 人。

2. 景颇语是耿马景颇族最重要的交流工具

调查结果表明，除河边寨之外的 4 个景颇村寨，无论在村头巷尾还是在家庭里，无论在劳动中还是在休息、开会的时候，无论男女老幼，景颇人都能使用景颇语交流信息、表达感情。甚至连到景颇村寨的外族媳妇、上门女婿，在景颇语为主的语言环境下，也都逐渐掌握了景颇语。在全国通用语汉语、地方强势语言傣语、佤语的包围下，人口如此之少的耿马景颇人能稳定地传承自己的母语并在日常生活中坚持使用母语，实属难得。语言使用的具体情况如下。

在家庭内部，族内婚姻家庭与族际婚姻家庭，景颇语的使用存在一些差异。其中，绝大多数族内婚姻家庭以景颇语为唯一的交流工具。在 5 个景颇村寨里，大部分是族内婚姻家庭。族内婚姻家庭，有的是三代同堂，有的是父、母亲与子女的四（五）口之家。在这样的家庭，其成员（长辈与长辈、长辈与晚辈、晚辈与晚辈）之间的饮食起居、生活劳动，一般都用景颇语交流，景颇语是家庭成员之间最重要的交流工具。但在杂居村寨的族际婚姻家庭里，则使用"景颇—汉"双语。

耿马景颇人的家庭形式主要是族内婚，但也有一些族际婚姻家庭。这些家庭的外族媳妇或女婿主要是佤族、拉祜族、汉族，也有少数傣族、傈僳族等。族际婚姻家庭的这些非景颇族成员，受景颇语语言环境的影响，婚后三五年一般都能听懂景颇语，时间再长一点儿，则能说景颇语。

学校：景颇人崇尚教育，适龄儿童基本上都入学接受基础教育。由于景颇村寨没有学校，孩子们都需到别村上学。在学校里，景颇孩子课堂上讲汉语普通话，课后与同族孩子单独相处时主要讲景颇语，与他族孩子在一起时则讲当地汉语方言，但打电话回家时则用母语——景颇语。景颇族学生升入高中的不太多，一般读到高中的景颇族学生，其景颇语水平低于村里的同龄人。

田间生产劳动：景颇人聚居的村寨，田地相连。每到农忙季节，景颇人一起种植，一起收割，互相帮助，彼此帮忙，他们用景颇语进行交流。

商铺、集市：在商铺购买物品、在村里进行贸易活动时，景颇人之间使用的都是景颇语。

村民会议：在景颇新寨、贺稳组，村民们开会除了无法对译的汉语新词术语外，基本上都能用景颇语贯彻始终。在那拢组，村民会议常常同时使用景颇语、汉语、佤语等多种语言。在草坝寨和河边寨村民会议以汉语为主。

节日、集会：当地比较隆重的节日主要有景颇族的目瑙纵歌节、汉族的春节和傣族的泼水节等。在节日盛会上，景颇族用自己的母语景颇语尽情歌唱，抒发自己的喜悦心情，大家聊天、敬酒全部使用景颇语。

婚丧嫁娶：耿马景颇人的婚礼有的还沿用传统礼仪，有新娘过草桥等一系列仪式。在婚宴上，新人的长辈会用景颇语祝福他们"同心同德""和和美美""共同建设新家庭"。婚礼参加者通常除了景颇族亲朋好友外，还有许多是同村、邻村的其他民族村民。因此，婚宴用语景颇人之间用景颇语，景颇人与其他民族之间则说汉语。村里有人去世时，除贺稳组全组因信仰基督教不请巫师之外，其余4个村寨通常都会请本族巫师前来做法事。巫师一般都是通晓本族历史、了解村民血缘关系的长者，他们会在葬礼上用景颇语讲述逝者的生平事迹，追忆逝者家族的来历、变迁，并祝祷逝者的灵魂归属到祖先的行列之中。

3. 景颇青少年的语言能力有下降趋势

调查组对耿马县贺派乡芒抗村景颇新寨8位村民和现在城镇居住的1位市民（何文，原籍耿马孟定草坝寨）进行了400词汇测试。其统计结果如表2-3（各级词汇所占的数量表）、表2-4（各级词汇所占总词汇的百分比表）

表 2 – 3　　　　　　　　　　测试的各级词汇数量表

被测试人 级别	岳子超	杨军	杨春	岳颖	岳云飞	岳忠伟	岳志勇	岳志明	何文
A	281	283	356	304	371	367	339	359	255
B	47	2	10	25	25	25	52	6	31
C	27	57	17	50	4	7	8	28	89
D	45	58	17	21	0	1	1	7	25
合计	400	400	400	400	400	400	400	400	400

表 2 – 4　　　　　测试的各级词汇所占总词汇的百分比表（%）

被测试人 级别	岳子超	杨军	杨春	岳颖	岳云飞	岳忠伟	岳志勇	岳志明	何文
A	70.25	70.75	89	76	92.75	91.75	84.75	89.75	63.75
B	11.75	0.5	2.5	6.25	6.25	6.25	13	1.5	7.75
C	6.75	14.25	4.25	12.5	1	1.75	2	7	22.25
D	11.25	14.5	4.25	5.25	0	0.25	0.25	1.75	6.25
合计	100	100	100	100	100	100	100	100	100

　　注：被测试人按年龄可分为三段：岳子超、杨军、杨春、岳颖分别为 9 岁、12 岁、13 岁、19 岁，属于青少年段；岳云飞、岳忠伟、岳志勇、岳志明分别为 25 岁、35 岁、38 岁、38 岁，属于壮年段；何文 54 岁，属于中年段。

　　根据表 2 – 3、表 2 – 4 可知：青少年段所掌握的 A 级词汇，即能脱口而出的词汇明显少于壮年段，不会的 D 级词汇也明显多于壮年段。这说明青少年段词汇能力有所下降。在青少年段，只有杨春的词汇掌握情况达到"优秀"级别，是因为她的第一语言是景颇语，五六岁才开始说汉语，在景颇语环境生活的时间较长，掌握景颇语情况较好。岳子超和杨军的第一语言都不是景颇语，是后来才学会景颇语的，所以词汇掌握情况没有杨春好。岳颖的第一语言虽也是景颇语，但完成了高中学业，一直在学校中接受汉语教育，离开说景颇语的环境时间较长，词汇掌握情况略逊于杨春。

　　壮年段的词汇能力较之青少年好。因为这些人长期生活在景颇新寨，虽然有的也曾到外地打工，但都是短时间的，所以掌握的词汇比较全面，词汇量较大，成为景颇语词汇传承的中流砥柱。

被测试人何文虽然是在耿马孟定草坝寨出生的，但能脱口而出的景颇语词汇只有 255 个，是因为他长期远离景颇语环境到外地求学和工作。

第二节　语言关系调查

在一个多民族、多语言的国家里，构建和谐的民族关系和语言关系至关重要。这是关系到一个国家能否顺利发展的重要保证。语言关系有各种表现：强势语言与弱势语言的关系；语言竞争与语言和谐；语言接触与语言演变等。[①]

一　强势语言与弱势语言

存在于同一社会的不同语言，由于各种内外原因（包括语言内部的或语言外部的，历史的或现时的），其功能是不一致的。有的语言，功能强些；有的语言，功能弱些。强弱的不同，使语言在使用中自然分为"强势语言"和"弱势语言"。这也是客观存在的事实。多语社会的语言，语言竞争通常出现在强势语言与弱势语言之间，其关系错综复杂。这里要说明一下，这里使用"强势语言"与"弱势语言"的名称，是为了区分语言功能的大小，这是属于社会语言学的概念，与语言结构特点的差异无关，因而丝毫不含有轻视弱势语言的意味。不同语言的内部结构，各有自己的特点，也各有自己的演变规律，这是由各自语言机制系统的特点决定的，不存在"强势"与"弱势"的差异。

在我国，汉语由于使用的人口多，历史文献多，早已成为各民族语言中的强势语言。汉语的这些强势条件，使得它成为各民族之间相

---

① 参见戴庆厦《语言调查教程》，商务印书馆 2013 年版。

互交流的语言——"通用语"。少数民族语言由于人口少，使用范围窄，只在相对较小的范围内使用，与汉语相比，是弱势语言。汉语与少数民族语言在使用功能上的竞争是明显的。

但"强势"与"弱势"是相对的。汉语是强势语言，是就全国范围而言的。在我国的少数民族地区，不同的少数民族语言，其功能也不相同。其中，使用人口较多、分布较广的少数民族语言，是强势语言；使用人口较少、分布较窄的少数民族语言，则是弱势语言。其"强势"与"弱势"之分，是就局部地区而言的。如：在我国的新疆，在维吾尔、哈萨克、柯尔克孜等民族杂居的地区，维吾尔语通行最广，是强势语言，其他少数民族语言则是弱势语言。在广西，壮族人口多，壮语与毛南语、仫佬语相比，是强势语言，一些毛南人、仫佬人会说壮语，甚至转用了壮语。

我国的汉语是各民族的通用语。虽然在宪法上没有规定汉语是国语，但汉语的功能相当于国语。汉语在社会各领域广泛使用，而且是56 个民族相互交流使用的语言。学习汉语已成为各少数民族的共同要求，少数民族中已有不少人不同程度地兼用了汉语。

在一个多民族国家里，各民族语言不仅有强势语言和弱势语言之分，而且在某些少数民族聚居的地区，还有亚强势语言这一等级。如在新疆伊犁哈萨克自治州的伊宁市分布着维吾尔、汉、回、哈萨克、乌兹别克、锡伯、满等十多个民族，通用汉、维吾尔、哈萨克三种语言。汉语是国家的通用语，是强势语言，维吾尔语因其人口最多，使用广泛，是亚强势语言，其他语言都是弱势语言。[①] 在四川省凉山彝族自治州的彝族地区，由于彝族人口较多，彝语是亚强势语言，彝语被周围的汉、藏、傈僳、普米等民族的部分人所兼用。如盐源县塘泥村有藏族村民 12 户，55 人，有 24% 的人能熟练使用彝语，有 51% 的

---

①　参见戴庆厦、王远新《新疆伊宁市双语场的层次分析》，载《语言和民族》，中央民族大学出版社 1994 年版。

人略懂彝语，只有 25% 的人不懂。①

二　语言竞争与语言和谐

不同的语言共存于一个统一的社会中，相互间既有竞争的一面，还有和谐的一面。语言竞争和语言和谐是一个什么关系，各有哪些表现，能否做到统一，这是语言调查中必须研究的问题。

语言竞争是语言演变的自然法则。因为不同的语言共存于一个社会中，由于特点的不同、功能的差异等因素，相互间必然存在着相互竞争的语言关系。可以说，语言竞争是语言关系的产物，是调整语言协调于社会需要的手段。我国的各民族语言，由于语言特点、语言功能的差异，在使用中也会存在不同形式的语言竞争。

我们这里所说的"语言竞争"，是指语言功能不同所引起的语言矛盾，属于语言本身功能不同反映出的语言关系。这是语言关系在语言演变上反映的自然法则，有别于靠人为力量制造的"语言扩张""语言兼并"或"语言同化"。前者符合语言演变的客观规律，有利于语言向社会需要的方向发展，有着积极的意义；而后者是强制性的，违反语言演变的客观规律，违背民族的意志。

由于语言功能的大小不同，加上不同语言的社会历史条件不同，因而语言竞争存在不同的走向。语言是社会的交流工具，必须适应社会的需要来改变自己。能适应社会需要的，就能存在，就能发展；不太适应的，就会发生变化；很不适应的，就会出现功能衰退，甚至走向濒危。

语言竞争主要有以下几种走向。第一种走向是：互相竞争的语言长期共存，功能上各尽其职，结构上相互补充。在竞争中，各自稳定使用。虽有强弱差异，但弱者有其使用的范围，不可替代，不致在竞争中失去地位。我国少数民族语言和汉语的关系多数属于这类。第二种走向是：弱势语言在与强势语言的较量中，功能大幅度下降，走向

---

① 参见戴庆厦主编《四川盐源县各民族的语言和谐》，商务印书馆 2011 年版。

衰退。其表现是：功能衰退的语言，只在某些范围内（如家庭内部、亲友之间、小集市上等）使用；部分地区出现语言转用。这类语言，可称为衰变语言。如我国的毛南语就属于这一类型。毛南族是分布在我国广西、贵州的一个少数民族。据 2000 年人口普查资料，总人口为 71968 人。但毛南语使用人口只有 31000 人，约占毛南族总人口的 43%，有 57% 的人逐渐转用壮语或汉语。保持母语的毛南族，还普遍兼用汉语，并有相当一部分人还兼用壮语，是一个全民双语型和部分三语型的群体。毛南语虽是衰变语言，但还不会濒危，预计还会长期使用下去。第三种走向是：弱势语言在竞争中走向濒危，在使用中完全被强势语言所代替。我国历史上分布在北方的一些语言，如西夏、鲜卑、契丹、女真、焉耆、龟兹等语言，在语言竞争中消亡了。还有一些语言，目前正处于濒危状态，应引起人们的重视。如仙岛语：仙岛人是分布在云南省盈江县中缅边界的一个人群，使用属于藏缅语族的仙岛语。据 2002 年 12 月统计，仙岛人只有 76 人，分布在芒俄寨和芒缅村两地。据老年人回忆，20 世纪 50 年代以前仙岛人的人口比现在多，还坚持使用自己的母语，没有出现语言转用，但兼语现象已经出现。但 50 年代以后随着对外交流的扩大，语言兼用、语言转用的现象不断增多。仙岛语目前的使用情况是：居住在芒俄寨的大部分人已不使用仙岛语，转用了汉语；居住在芒缅村的仙岛人，虽还普遍使用仙岛语，但已普遍兼用景颇语、汉语，大多是双语人，青少年中有的已转用景颇语。总的看来，仙岛语已处于濒危状态，有被汉语、景颇语取代的趋势。导致仙岛语濒危的因素有族群分化、人口少、社会发展滞后、社会转型、语言接触等，其中最重要的是族群分化。以上三种不同的走向，反映了语言竞争的不同层次。

　　语言和谐是语言关系中的一种，属于语言功能互补、平等相处的类型，不同于语言冲突等对抗性的语言关系。过去，由于世界各地出现了语言矛盾、语言冲突，引起语言学家的重视，对语言矛盾、语言冲突做了一些研究，但对语言和谐则研究很少。但从整体情况看，在世界的语言关系中，语言冲突所占比例毕竟是少数，大多数仍是语言和谐。因为善良的人们总是希望平等与和谐。研究语言和谐，掌握语言和谐的规律，有助于遏制语言不和谐现象的产生。

必须从理论上认清语言竞争与语言和谐的关系。语言和谐与语言竞争既有矛盾，又有统一。有矛盾，是说不同的语言在统一社会的交流中，其功能的范围、大小处于不断的竞争之中。竞争之中，既有使用功能上的相互消长，又有互相排斥的一面，甚至会出现语言衰变和语言消亡。有统一，是说不同的语言在统一的社会中，虽然存在竞争，但相互间有其不可替代的作用。一种语言只要能生存下去，与别的语言在功能上总是互补的，即不同语言在统一的社会中总是各尽所能，各守其位。世界毕竟是多元社会、多元文化的，预计未来的社会也会如此。一个多彩、多样的社会，总是由大小不同的民族、大小不同的语言构成的，不会是"清一色"的。多样性是合理的，体现了客观世界的"美"。当然，在现代化进程中，"一体化"是不可避免的，但即便是一体化，也还会存在差异，差异是永恒的。

不同的语言在一个社会中能否和谐，决定于不同民族之间是否和谐。一个团结、互助的多民族家庭，不同民族之间在风俗、习惯等各方面互相尊重、互相谦让，必然在语言文字的使用上也会互相尊重、互相学习使用。

我国的语言现实可以证明，一个多语言的社会不同语言的和谐是有可能的。如云南省德宏傣族景颇族自治州居住着傣、景颇、德昂、阿昌、傈僳等少数民族，各少数民族都使用自己的语言，而且还普遍兼用汉语，其中还有不少人能兼用另一少数民族语言。这个州的语言关系呈现出一派和谐的景象。各少数民族在家庭、村寨内，都使用自己的母语，但在不同民族之间大多使用汉语进行交流，也有双方都能使用的少数民族语言。不管在什么地方，少数民族使用自己的语言都会得到尊重。同一民族内部的不同支系，也各自自由地使用自己支系语言。有本族文字的少数民族学生，在小学阶段既学本族语文又学汉语文，但从中学起主要学汉语文。少数民族语言在电视、广播、出版中得到使用。总的来说，这里的不同语言各就各位、各尽所能，和谐有序。和谐的语言关系成为和谐的民族关系的一个重要组成部分。

三 语言接触与语言演变

不同语言处在同一地区，必然会产生语言接触关系。而语言接触关系，又必然会导致语言影响，在一定程度上制约语言的演变。语言接触产生的语言影响是符合语言演变规律的，有其积极的作用。在语言调查中要研究语言接触与语言演变的关系。

观察、描写语言影响，必须注意通过不同语言接触的材料，探索语言接触中影响语言演变的因素。语言内部因素是更重要的，一般是决定性的。如果没有内部因素的支撑，外部影响再大，也难以在受语中站住脚。语言的外部影响与内部机制语言影响在语音、语法、词汇等不同领域存在不同的特点，语言内部因素对语言影响获得的制约也不均等。相对而言，语音、语法受语言内部机制制约的强度比词汇更大些。

语音的影响主要是使受语增加新音位、新的结构模式，以及增加过去未有的语音演变规则。增加新的语音成分是有可能的，但也存在一定的难度。新成分的确立，必须靠语音内部机制条件的支持，否则，源语的特点就不可能在受语上附着。比如，我国许多少数民族语言都没有 f 这个音位，但是与汉语接触后，有的语言增加了这一新音位，而有的语言则始终不吸收，都用 p 或 ph 来代替。未能吸收的原因是没有形成适合 f 植根的土壤。如维吾尔语与众多有 f 音位的语言接触已有上千年的历史，但始终没有产生这一音位。又以韵母为例。大理白语受到汉语千年以上的强烈影响，从汉语里吸收了超过 60%以上的词汇，但未能把汉语的鼻韵尾吸收到自己的语音系统中。究其原因，是因为白语的语音结构机制还未能提供增加鼻韵尾的条件。又如，过去都以为哈尼语的复合元音 ie、iu、ia、ue、ua 是受汉语借词的影响而产生的，因为只看到这些复合元音主要出现在汉语借词上，如 tie^{24} "电"、liu^{31} "刘"、lia^{31} sʅ^{31} "粮食"、xue^{24} "会"、tsha^{55} kua^{55} "参观" 等，而忽视了从哈尼语本身去寻找致使的内部条件。这就未能抓住决定语言影响获得的主要原因。其实，哈尼语能出现的这些复合元音，是有其原有语词的语音系统特点作为基础的。哈尼语在语音系统中虽无复合元音韵母，但有双唇腭化声母和舌面音声母，这两套声母与单元音结合的音节，发音上接近复合元音韵母。如：phju^{55}"白"与phiu^{55}音近，tɕa^{31}"煮"与tɕia^{31}音近。另外，哈尼语零声母音节跟在另一音节之后，容易合为一个复合元音音节。如：lu^{31}（够）a^{55}（了）"够了"，读为lua^{35}；li^{33}（去）a^{55}（了）"去了"，读为lia^{35}。有了这个基础，汉语借词的复合元音就容易被哈尼语所接受，哈尼人也就不难读出复合元音的汉语借词。哈尼语在汉语借词中使用复合元音韵母，都有其内部的条件，外部的语言影响使这些复合元音在哈尼语音系中得到巩固和发展。

　　语言影响还能使受语的语音出现不稳定性，出现自由变读。但不稳定的自由变读必须是受语原有的现象。据杨再彪研究，蹬上苗语由于受到汉语的强烈影响，汉语成分和特点已进入了苗语的深层结构，蹬上苗语的汉语借词已占词汇总量的一半以上。由于汉语词汇的大量进入，蹬上苗语的语音出现不稳定性，具体表现为音位的自由变读和半自由变读，如b与ph、d与th、dz与tsh等自由变读。比如，汉语的古全浊塞音、塞擦音声母阳平调字借入蹬上苗语后，浊音与不送气音都作为自由变读而存在。例如：ba^{22}—pha^{22}"爬"，dzõ^{22}"虫"、dʑen^{22}zen^{22}—tɕhen^{22}zen^{22}"情人"。

　　语音影响获得的实现，存在不同的层次。一般看来，属于超音段的语音成分，如声调、元音的长短松紧，不易借用。无数事实说明，无声调的语言要借用有声调语言的声调困难较大。这里以孟高棉语声调的起源为例。孟高棉语原无声调，后来萌芽了声调，但历史不长。究竟孟高棉语的声调是如何产生的？有的认为，孟高棉语如佤语、布朗语、德昂语的声调是受汉语影响而产生的。其实不然。据刘岩研究，"孟高棉语声调产生的原动力是声韵系统和音节结构的简化"[①]，

---

① 　参见刘岩《孟高棉语声调的发展》，《中央民族大学学报》1998年第2期。

是对声韵系统和音节结构简化的补偿，而不是汉语的影响。当然，汉语的影响对声调的产生和演变也起到促进作用，但绝不是决定性的。如果没有内部音韵的变化，根本不可能产生声调。安多藏语至今未能产生声调是个有价值的例证。安多藏语与汉语接触的历史已很长，借入了不少的汉语借词，而且不少安多藏人已是藏语和汉语的双语人，但安多藏语至今未产生声调。这是因为安多藏语还保留大量的复辅音声母和丰富的韵母系统，尚不具备产生声调的内部机制。而拉萨藏语已出现了声调系统，其声母、韵母已大量简化，具备了产生声调的机制。胡坦认为，"声调的产生是声韵母简化的结果"。① 朝鲜语的情况也是这样。朝鲜语中的汉字词已占 60% 以上，而且朝鲜族中不少人都是朝鲜语、汉语的双语人，但朝鲜语并未因此而产生声调。

再说，有声调的语言要向另一种语言借入一个新的调类，也是有难度的，同样需要有内部机制因素的支持。如果没有，借词再多也不可能产生声调。比如，哈尼语的高升调（35）过去一直把它当成是汉语影响产生的新调，在音系的描写中说成是"高升调是受汉语影响新增加的声调"，或"高升调只出现在汉语借词中"。诚然，哈尼语的高升调主要出现在汉语借词上，如 $te^{35}pjɔ^{33}$ "代表"、$kɔ^{55}kɔ^{35}$ "公共"等。但高升调在哈尼语的连音音变中早已出现。如：dza^{31}（吃）a^{55}（了）"吃了"，连读为 dza^{35} "吃了"；bi^{31}（给）a^{55}（了）"给了"，连读为 bia^{35} "给了"。连音为产生新的调类提供了条件。②

第三节　语言结构特点调查

一　概述③

调查一种语言或方言，应当在语言使用状况调查的同时，进行语

---

① 参见胡坦《藏语（拉萨话）声调研究》，《民族语文》1980 年第 1 期。
② 参见戴庆厦、田静《语言的外部影响与内部机制》，《民族语文》2007 年第 4 期。
③ 参见戴庆厦《语言调查教程》，商务印书馆 2013 年版。

言本体基本状况的调查，包括语音、语法、词汇等方面的特点。主要包括以下一些内容。

1. 调查新时期语言的新特点和新规律。主要调查在新时期由于社会的快速发展而产生的语言结构特点的变化。比较明显的是词汇的变化，语音、语法也会有所变化。

词汇是语言结构中最具开放性的语言要素，也是最易于受到影响的部分。社会、经济、文化的变化，都会直接反映在词汇变化上。所以，从词汇上最容易捕捉到社会变迁对语言的影响。研究语言影响，先从词汇入手是一条最直观、最便捷的途径。如汉语对喀卓语语言本体的影响很大，其中，尤以词汇受汉语影响最深。长期以来，特别是新中国成立以来，大量汉语借词进入了喀卓语词汇系统，使喀卓语的词汇系统与时俱进，始终能够满足不同时期的交流需要。借词的义类范围具有广泛性、全方位性：在我们所收集的 2453 个基本词汇中，汉语借词有 811 个，占统计总数的 33%（其中包括少部分汉语借词和本语词结合而成的借词）。有许多核心词已被汉语借词所替代。如：$ti^{33} ts\gamma^{31}$ "金子"、tho^{323} "铜"、ni^{31} "土"、$nau^{31} sui^{31}$ "脑髓"、$f\epsilon^{24}$ "肺"、ka^{33} "肝"、$khu^{31} ta^{31}$ "胆"、$k\textbardbl^{31}$ "给"、$s\epsilon^{24}$ "涩"、pa^{33} "搬"、$tsha^{24}$ "唱"、lui^{35} "累"、sua^{35} "算"、the^{31} "抬" 等[①]。汉语借词广泛分布于喀卓语的各个义类中，涵盖了喀卓人生活的各个领域。汉语借词具有两个层次：一是新中国成立以前的老借词，二是新中国成立后的新借词。二者之中，以后者的数量居多。这两个不同层次的词，还有一些至今仍在并用。如（逗号前为老借词，逗号后为新借词）："煤" —$tshau^{31} m\epsilon^{24}$ "草煤"，$m\epsilon^{31} tha^{24}$ "煤炭"；"钉子" —$\zeta a^{323} ti^{33}$ "洋钉"，$ti^{33} ts\gamma^{31}$ "钉子"；"轮子" —$ku^{33} lu^{33}$ "轱辘"，$lui^{323} ts\gamma^{31}$ "轮子"；"监狱" —$t\varphi\epsilon^{33} lau^{323}$ "监牢"，$t\varphi\epsilon^{33} zi^{31}$ "监狱" 等。新中国成立后，由于社会经济文化发生根本变化，大量表示新制度、

---

① 这些词在彝缅语支语言里，都有自己的本语词，而且不同语言的本语词之间大多具有同源关系。由此可以证明，喀卓语已经不用固有词，而是使用汉语借词。

新生活的词语进入了喀卓语。这些词语具有鲜明的时代特征，是喀卓语原有词汇系统中完全没有的，而且是无法用固有成分创造出来的。如：ko^{323}tɕa^{33} "国家"、ko^{35}tsha^{31}ta^{31} "共产党"、tho^{31}tsɿ^{35} "同志"、sɤ^{24}xui^{24}tsu^{31}zɿ^{24} "社会主义" 等。由于学校教育的普及，喀卓人得到了入学接受正规教育的机会。因而在喀卓语里也吸收了大量与文化教育有关的词。例如：ço^{323}çau^{35} "学校"、ço^{24}sɛ^{33} "学生"、zi^{33}vɛ^{31} "语文"、su^{24}ço^{31} "数学" 等。改革开放以来，随着现代化生活方式的改变，一些反映现代生活的词语也逐步进入了喀卓语中，有些甚至已经成为他们日常生活中所不可缺少的常用词语。如：tiɛ^{35}sɿ^{35} "电视"、pi^{33}ça^{44} "冰箱"、sɛ^{31}piau^{31} "手表"、sɛ^{31}tsɿ^{33} "手机" 等。喀卓语虽有一套固有的本语数词，但现在计算、称量十以上的数目、组合序数词以及表达电话、手机号码时，喀卓人都几乎毫无例外地习惯于使用汉语借词。如：tshu^{33}zɿ^{35} "初一"、zɿ^{323}ʐɛ^{323}（fɛ^{35}）"一月"、si^{33}tshɿ^{33}zɿ^{31} "星期一" 等。汉语借词融入了喀卓语的词汇系统：汉语借词适应、充实了喀卓语词汇体系，与本语固有词①构成一个系统。借词和本语词在语义上有所分工，形成互补。如：田地：m^{323}ti^{33}（大地）；m^{323}（田，本语词）；ti^{35}（菜地，汉语借词），主人：tsu^{31}zɛ^{31}（汉语借词，用于第三者向别人介绍主人）；xɯ^{33}pɛ^{33}kua^{55}la^{24}ʐo^{35}（本语词：管家庭的人，用于主人自称）等。汉语借词与本语词一起构成有活力的新词。汉语借词进入喀卓语词汇系统后，有一部分与本语词词素有机地融为一体，具有能产性，可以构成新的合成词。如：la^{53}ŋ^{35} "手指（本）" +tsɿ^{24} "指（汉）" = "手指"、tshɿ^{31}ka^{33} "屁股（本）" + phi^{53} "屁（汉）" = "屁股"。②

2. 调查语言的接触关系。在新时期，不同语言的接触关系会加速，特别是少数民族语言会受到汉语更多的影响。要着力调查少数民

---

① "本语固有词" 以下简称 "本语词"。

② 参见戴庆厦主编《云南蒙古族喀卓人语言使用现状及其演变》，商务印书馆 2008 年版。

族语言受汉语影响的广度和深度，如实地记录源语和目的语两种语言成分在语言影响中的共存并用现象，以及由于语言影响而出现的母语成分泛化或与源语趋同的现象。矮寨苗语属于湘西苗语西部次方言，地处湘西苗语分布的腹地，受汉语影响相对较小，在湘西苗语中具有代表性。小陂流苗语是湖南省湘西土家族苗族自治州泸溪县潭溪镇小陂流村苗族说的一种苗语方言，使用人口约 1600 人。这部分苗族原是土家族，说土家语，大约在 1900 年左右开始逐渐转用苗语，民族成分也改为苗族。小陂流苗语是语言转用的产物。小陂流苗语由于长期与汉语接触，受到汉语的强烈影响，使得它在许多特点上与汉语趋同，出现了许多不同于其他苗语土语的特点，与其他土语不能通话。小陂流苗语的词汇系统中，汉语借词的比例大大超出矮寨苗语，并已渗进核心词汇。在统计的 1844 个常用词汇中，借词和半借词有 848 个，占 45.98%，而矮寨苗语中的借词和半借词只有 281 个，占 15.24%。有相当一部分核心词汇，矮寨苗语用固有词，而小陂流改用汉语借词。例如："云、雾、霜、筋、心、胆、肾、父亲、母亲、舅父、舅母、侄儿、外孙、曾孙、百、千、万、丈、半、倍、层、次、架"等。除常用的固有词外，像亲属称谓词，小陂流苗语有一些也借用了汉语，如"父亲、母亲、舅父、舅母、侄儿、外孙"等。湘西苗语虚词少，但小陂流苗语大量吸收汉语的虚词作补充，如"也、才、更、太、最、得、或者、假如、如果、因为、所以"等。大量汉语借词进入小陂流苗语后，有一些或与本语词或与按汉语语序新造的词并存并用，成为同义词。如 thu^{31} tsๅ^{35}/la^{35} "兔子"、tɕy^{24} tsๅ^{31}/gu^{33} "菌子"、ta^{31} tsๅ^{31}/qu^{53} ai^{55} "坛子"等。在语法上，小陂流苗语既向汉语借用本语没有的语法成分，也向汉语借用本语里原来就有的语法成分，固有语法成分与借用语法成分呈现互补竞争的趋势，其语法体系的封闭性已被打破，具有开放性和松动性的特点。如定语与中心语的语序，苗语固有语序是定语在后，即"名词中心语＋名词定语"；而小陂流苗语由于受汉语影响，增加了定语居前的语序，定语居前与定语居后两种语序并存。如：pe^{55}（毛）qa^{35}（鸡）"鸡毛"；qo³¹（老）ne³³（人）"老头儿"。①

3. 要从不同年龄、不同职业、不同辈分等社会语言学角度，研究语言接触的不同层次，探究语言接触的方式、途径及其成因。语言接触与社会的因素密切相关，会因社会因素的差异而出现不同的层次。

喀卓语受汉语影响的层次性，主要表现在年龄层次的差异上。此外，因不同的历史时期还存在不同的历史层次，还因说话人文化素质的不同、性别的不同存在不同的影响层次。

在年龄层次上，年轻人和老年人反映出了明显的语言影响层次。即使是处于高度聚居状态的喀卓人，不同年龄社团之间的语言影响差异仍然很大。主要表现为：60 岁以上的老人本族语受汉语的影响较小；20 岁以下青少年人的本族语受汉语影响最大；20—59 岁的成年人本族语受汉语影响的程度介于前二者之间。日常生活中较少用的词语，如"臭虫、蜻蜓、桨、脚踝"等词，老人通常使用本语固有词，而青少年则通常使用汉语借词。老人表达反义概念通常使用反义本语词或本语加否定的形式，而青少年通常借用汉语的反义词来表达。喀卓青少年还经常出现固有成分与借入成分同时并用的现象。例如（例1 为通用句，例 2 为部分青少年使用的句子，句中并用了汉语借词"因为……所以"和本语词"因为"）：

（1）ŋa³³ na³²³ la³⁵ wa³³，ẓa⁵³ ni³¹ ma³¹ ẓi³²³ la³¹

　　我　病　（助）　　所以　没　去（助）

因为生病了，所以我没去。

（2）ẓi³³ ui³⁵ ŋa³³ na²⁴ ni²⁴，so³¹ ẓi³¹ ŋa³³ ma³¹ ẓi³²³ la³¹

　　因为　我　病（因为）所以　我　没　去　（助）

因为生病了，所以我没去。

在历史层次上，新中国成立前汉语对喀卓语的影响面较小，而新

---

① 参见戴庆厦、杨再彪、余金枝《语言接触与语言演变——小陂流苗语为例》，《语言科学》2005 年第 4 期。

中国成立后影响面逐渐扩大，涉及语言结构的方方面面。这一点在词汇上反映尤为明显。旧时代的汉语借词在数量上远远没有新中国成立后的汉语借词多。新中国成立以来，尤其是改革开放以来，汉语对喀卓语的影响程度日益加深，汉语借词大量增加。这种层次，主要是由新中国成立前后喀卓人社会地位及经济文化发展的差异决定的。

本族语吸收汉语成分时，文化素质较高的人，由于对汉语的理解较好，能够将汉语成分和本语特点有机地融合在一起；而文化素质较低的人，吸收汉语成分时容易出现"囫囵吞枣"的现象，外来成分与本语结构规则不甚协调。例如：

mau^{35}so^{31}sɿ^{33} tɕhɛ^{35} to^{33} ma^{31}tso^{323} wa^{31} xɛ^{35} tsa^{31}la^{24} to^{33} ma^{31}tso^{323}

别说是　钱　也　没有　（助）连　吃的　也　没有

别说没钱，连吃的都没有了。

按照喀卓语的 OV 语序规则，"别说是"应该放在句末，而上例受汉语影响把汉语的语序也照搬了进来。原有的语序应该是：

tsa^{31}la^{24} tɕi^{55} ma^{31}tso^{323}, tɕhɛ^{35} tɕi^{55} tɕo^{35} ʑi^{24}fa^{33} ŋa^{31} ma^{31} ʐo^{33} wa^{33}

吃的　（量）没有　钱　（量）就　愈发　说　不　用（助）

吃的都没有，钱就更不用说了。

在性别上，男性受汉语的影响多于女性。这是因为，男性在外的活动比女性多，而且汉语能力也较强。改革开放后，喀卓女性与外界的交流增多了，与男性的语言差异正在逐渐缩小。[①]

4. 调查不同方言语言接触出现的不同特点。阿昌语是阿昌族所使用的语言，属汉藏语系藏缅语族彝缅语支，与同语支的缅语、载瓦语最为接近。阿昌语有陇川、梁河和潞西三个方言：陇川方言主要分布在陇川县户撒乡一带；梁河方言主要分布在梁河县曩宋乡和九保乡一带；潞西方言主要分布在潞西县江东乡一带；另有少量散居在保山地区的腾冲和龙陵。三大方言在语音、词汇、语法方面均有一定的差

---

① 参见戴庆厦主编《云南蒙古族喀卓人语言使用现状及其演变》，商务印书馆 2008年版，第 100—101 页。

异。总体上看，方言间的差异主要表现在词汇和语音上，语法差异较小。三大方言呈片状分布，相互间通话较困难。相比之下，梁河方言和潞西方言接近些。阿昌语没有文字，历来使用汉文。

三个方言在使用功能上也存在较大差异。潞西方言和陇川方言的使用功能相对稳定，语言转用现象不突出，"阿昌语—汉语"双语人占绝大多数。而梁河方言的使用功能则呈明显下降态势，语言转用现象突出，汉语单语人比例较大。具体来讲，潞西、陇川方言区的阿昌族，除了一些在外地读书的学生、常年在外打工者以及居住在乡政府驻地的少数干部子女外，无论是耄耋老人还是学龄前儿童，无论是干部、农民还是商人，阿昌语都是他们在家庭、村寨、集市中的最主要的交流工具。阿昌语是维系本民族情感的一个重要纽带，在生活、工作中起着不可或缺的作用。该地区的绝大多数阿昌族都能兼用汉语，"汉语—阿昌语"语码转换自如，双语人的比例相当高。为数不多的阿昌语单语人主要是一些行动不便的老人和部分学龄前儿童。与潞西、陇川方言的情况不同，梁河阿昌语的使用情况相对复杂一些。从地域上来看，梁河县除曩宋乡、九保乡、芒东乡等所辖的部分村寨阿昌语保存得较好外，许多阿昌族村寨都存在不同程度的语言转用现象，有些村寨甚至已经完全转用汉语，汉语单语人比较多。从年龄段上看，50岁以上的阿昌族人母语使用较为熟练，日常交流中母语的使用频度明显高于汉语。35—50岁年龄段的阿昌族人，在阿昌语保存较好村寨中，阿昌族本族语表达较流利顺畅，母语的使用频度略高于汉语。而在阿昌语保存较差的村寨中，该年龄段的阿昌族母语表达能力明显偏低，并且"汉语—阿昌语"语码转换常处于不能完全自觉的状态，汉语的使用频度也远高于阿昌语。20—35岁年龄段的阿昌族，大部分"听""说"能力相对较低。在阿昌语保存较好的村寨中，阿昌族尚能使用母语进行交流，但日常生活中的交流工具主要是汉语。在母语保存较差的村寨中，处于该年龄段的阿昌族仅能使用母语进行简单的日常交流，交流场景中常常出现交流一方（母语能力较强的）使用阿昌语问话，另一方（母语能力较差的）使用汉语应答的现象。20 岁以下年龄段的阿昌族，在许多地区已大部转用汉语，对阿昌语的掌握也仅限于个别词语和句子，母语交流能力基本丧失，成为汉语单语人。[①]

二　案例

案例——片马茶山人的语言特点[②]

片马茶山人说的语言，他们自己称为 $ŋɔ^{31} tʃha^{55} ŋjəi^{33}$ "峩昌话"。汉族称为"茶山话"或"茶山语"。从与亲属语言的远近关系上看，它与景颇族勒期支系说的勒期语比较接近，二者在主要特点上大同小异，即在语音、语法的基本特点上相同，还存在超过半数的同源词，而且同源词的语音对应规律比较严整。但在用词和语音形式上，二者存在一些明显的差异。母语人反映，"我们的茶山话与勒期话有许多不同。我们听德宏的勒期话能听懂一部分，但不能完全听懂，通话有困难"。我们从听觉上也感到茶山语与德宏勒期语在语调上、用词上存在一定的差异。在支系意识上，茶山人认为自己与勒期人虽有一些共同点，但存在许多差异。而且他们分居两地，语言的演变和发展各走自己的路。从这个角度看，把茶山语看成是茶山人的支系语言也未尝不可。况且，语言和方言的界限往往存在模糊性，茶山语与勒期语的差异属于不同语言或不同方言，也存在着模糊性。

1. 语音系统

本音系是根据泸水县片马镇下片马村的茶山语整理而成。发音人是：1. 胡玉兰，1988 年 12 月生，出生于该地。高中文化程度。父母都是茶山人，都以茶山语为第一语言，她也以茶山语为第一语言。三四岁后接触汉语，开始学习汉语；十二岁又学会傈僳语。2. 董绍琴，1982 年 1 月生，出生于该地。小学毕业。父母都是茶山人，都以茶山语为第一语言，她本人也以茶山语为第一语言。两三岁起就学会汉

---

①　参见戴庆厦主编《阿昌族语言使用现状及其演变》，商务印书馆 2008 年版。

②　参见戴庆厦主编《片马茶山人及其语言》，商务印书馆 2010 年版。

语，五六岁后又学会了傈僳语。

（1）声母

声母的主要特点是：A. 塞音、塞擦音只有送气、不送气对立，没有清、浊对立，但擦音只有部分有清浊对立。B. 有腭化的舌尖中音、舌根音声母。C. 舌尖音与舌叶音相对立。D. 无清化鼻音和清化边音。E. 无复辅音声母。

声母有 28 个：p、ph、m、f、t、th、n、l、tj、thj、lj、ts、tsh、s、z、tʃ、tʃh、ʃ、k、kh、ŋ、x、kj、khj、ŋj、xj、j、w。

声母说明：

A. 舌叶音 tʃ、tʃh、ʃ 出现在 i、əi、ɛ 前时，部分人出现 tɕ、tɕh、ɕ 的变体。如：tʃəi^{31} "水" 读为 tɕɛi^{31}。

B. z 只出现在个别词上。

C. 与送气声母结合的韵母均为松元音韵母。

D. 鼻音 ŋ 能自成音节。如：ŋ^{33} "五"。

E. f 只出现在汉语借词上。

（2）韵母

韵母共有 87 个，分为 3 类：单元音韵母 12 个，ʅ、i、ɛ、a、ɔ、u、ʅ̠、i̠、ɛ̠、a̠、ɔ̠、u̠。复合元音韵母 12 个，ai、əi、au、əu、uɛ、ui、a̠i、ə̠i、a̠u、ə̠u、u̠ɛ、u̠i。带辅音韵尾的韵母 63 个，ip、it、ik、iʔ、in、iŋ、ɛt、ɛn、ap、at、am、an、aŋ、ɔp、ɔt、ɔk、ɔʔ、ɔm、ɔn、ɔŋ、up、ut、uk、uʔ、un、uŋ、ən、əŋ、uan、uaŋ、aik、aiŋ、uɔʔ、uɔp、uɔt、uɔn、i̠k、i̠ŋ、ɛ̠t、ɛ̠ʔ、ɛ̠n、a̠p、a̠t、a̠m、a̠n、a̠ŋ、ɔ̠p、ɔ̠t、ɔ̠k、ɔ̠ʔ、ɔ̠n、ɔ̠ŋ、u̠p、u̠k、u̠ʔ、u̠ŋ、ə̠ŋ、ʅ̠ʔ、a̠ik、a̠iʔ、u̠ɔt、a̠u、u̠ɛʔ。

韵母说明：

A. 带辅音尾的韵母，辅音尾有减少的趋势，在部分人的读音中出现了变体。如：–p 收尾的韵母，有的读为 –t，如：tsɔp^{55} "（一）把（米）" 读为 tsɔt^{55}，有的在 tsɔt^{55} 后再收个轻微的 –p。这显示 –p 向 –t 演变的趋势。又如：pəm^{31} Б山有的读为 pən^{31}，有的在 –n 后再收个轻微的 –m，这显示 –m 向 –n 演变的趋势。

B. 有的韵母出现频率比较低，如 in、i$^?$、ɔk、ɛ̠$^?$、ɹ̠$^?$ 等。

C. 不像勒期语那样有长短元音的对立。

（3）声调

茶山语的基本声调有 3 个：高平 55、中平 33、低降 31。还有一个 53 调出现在变调中和少量词中。例如：təŋ̠^{53} "紧"、xaŋ$^{55/53}$ "谁"。

2. 语法特点

（1）名词的性

茶山语名词本身没有表示性别的形态变化，区别性别主要靠附加成分表示。人和常见的动物名称都用表示"公、母"义的"半实半虚"词素表示。

指人的性别时，在名词词根后加 phɔ^{31} 表阳性，加 ŋji^{33} 表阴性。如：

ju$^{?31}$phɔ^{31}舅父，岳父　　　　　　ju$^{?31}$ŋji$^{31/55}$舅母，岳母

舅　阳性　　　　　　　　　　　　舅　阴性

指动物的性别时，在名词词根后加 lu^{31}、phɔ^{31} 表阳性，加 tsan^{31} 表阴性。如：

kjɔ^{31}phɔ^{31}公鸡　　　　　　　　　kjɔ$^{?31}$tsan^{31}母鸡

鸡　公　　　　　　　　　　　　　鸡　母

（2）人称代词数、格的形态变化

茶山语的人称代词分单数、双数和复数三类。有主格、宾格、领格的区别，但没有性的区别。第一、二、三人称代词的主格均无对称、引称之分。第一人称多数无包括式和排除式的区别。具体如表 2-5：

表 2-5　　　　　　　　　茶山语人称代词分类表

人称	数	主格	领格	宾格
第一人称	单数	ŋ^{31}	ŋa^{55}	ŋɔ^{31}
	双数	ŋa^{55}t a ŋ^{31}	ŋa^{55}t a ŋ^{31}	ŋa^{55}t a ŋ^{31}
	多数	ŋa^{55}mɔ$^{?31/53}$	ŋa^{55}mɔ$^{?31/53}$	ŋa^{55}mɔ$^{?31/53}$

续表

人称	数	主格	领格	宾格
第二人称	单数	naŋ³¹	na⁵⁵	naŋ³¹
	双数	na³⁵ t a̠ŋ³¹	na⁵⁵ t a̠ŋ³¹	na⁵⁵ t a̠ŋ³¹
	多数	na³⁵ mɔ⁷³¹ na⁵⁵ paŋ³¹	na³⁵ mɔ⁷³¹ na⁵⁵ paŋ³¹	na³⁵ mɔ⁷³¹ na⁵⁵ paŋ³¹
第三人称	单数	ŋjaŋ³³	ŋja³³	ŋjaŋ³³
	双数	ŋja³⁵ t a̠ŋ³¹	ŋja³⁵ t a̠ŋ³¹	ŋja³⁵ t a̠ŋ³¹
	多数	ŋja³⁵ mɔ⁷³¹	ŋja³⁵ mɔ⁷³¹ tsəi³¹	ŋja³⁵ mɔ⁷³¹

人称代词格的区别主要通过屈折手段表示。多数是元音变化和声调变化，如第一人称单数主格 ŋ³¹、领格 ŋa⁵⁵、宾格 ŋə³¹。也有通过韵尾变化表示的，如第三人称单数主格 ŋjaŋ³³ 和领格 ŋja³³。还有个别采用分析手段表示，如第三人称多数主格、宾格 ŋja³⁵ mɔ⁷³¹ 和领格 ŋja³⁵ mɔ⁷³¹ tsəi³¹，主要通过附加 tsəi³¹ 表示不同的格范畴。

人称代词单数为无标记形式。双数和多数是在单数形式上添加附加成分来表示。如：双数在单数形式的基础上附加 taŋ³¹；多数一般是在单数形式上附加 mɔ⁷³¹ 表示。第二人称多数还可以附加 paŋ³¹。有的还伴有语音变化，如：第一人称的双数、多数在附加不同词缀的同时还伴有韵母和声调的变化。

（3）个体量词的类别及特征

茶山语个体量词较多，可分为类别量词、性状量词、通用量词、反响型量词、借用量词等类别。

类别量词是用于具有同类属性名词上的量词。常见的有：ju⁷³¹ "个"、təu³³ "只"、tʃɛn⁵³ "棵"。如：

tju³¹ ta³¹ ju⁷³¹　一个人　　tʃuŋ³¹ zɔ³³ ta³¹ ju⁷³¹　一个学生

人　一　个　　　　　学生　一　个

性状量词用于具有同类性状的名词上。主要有 khat⁵⁵、khjap⁵⁵ 等。khat⁵⁵ 用于条状、根状事物名词。khjap⁵⁵ 用于薄片状、扁平状的事物名词上。如：

khjiŋ^{33} ta^{31} khat^{55}　一根线　　　xu^{55}jau^{33} ta^{31} khat^{55}　　一根稻草

线　一　根　　　　　　稻草　　一　根

xu^{ʔ55} ta^{31} khjap^{55}　一片叶子　　khu^{ʔ55} ta^{31} khjap^{55}　一个碗

叶子　一　片　　　　　　碗　一　个

通用量词是量词中使用频率最高、搭配最广泛的量词。最常用的通用量词是 m^{33}，相当于汉语的"个"。如：

ko̠k^{55} ta^{31} lɔm^{33}　一把扫帚　　lɔ^{731} kjɔp^{55} ta^{31} lɔm^{33}　一个戒指

扫帚　一　把　　　　　　戒指　　一　个

反响型量词是指量词与被限定的名词完全相同或部分相同。又称"专用量词""拷贝型量词""反身量词"或"临时量词"。茶山语有少量的反响型量词。反响型量词来源于被称量的名词本身，同时又专用于对该名词的称量。如：

nə^{33}khjap^{55} ta^{31} khjap^{55}一只耳朵　　lɔ^{731}　ta^{31}　lɔ^{731}　一只手

耳朵　　　一　耳朵　　　　手　一　手

茶山语的部分名词在称量时，既可以用反响型量词，也可以用通用量词。如：

pɔm^{31} ta^{31} pɔm^{31}　　　pɔm^{31} ta^{31} lɔm^{33}　一座山

山　一　山　　　　山　一　座

借用量词有借用有关的器具名词或动词来表量。如：

puŋ^{55}桶　tʃəi^{31} ta^{31} puŋ^{55}　一桶水　　tsɔ^{731}滴　tʃəi^{31} ta^{31} tsɔ$^{731/55}$　一滴水

水　一　桶　　　　　　水　一　滴

（4）形容词的重叠

单音节形容词重叠后可做状语修饰动词，作定语修饰名词。如：

tan^{33} tan^{33} jap^{31} tʃɔ^{31}　直直地站着　　tan^{33} tan^{33} ta^{33} tʃhɔ^{31}　直直的路

直　直　站　着　　　　　　直　直　的　路

（5）动词的使动态

茶山语的动词有自动态和使动态的区别。自动态是指某种动作行为由行为主体本身所发出，而非外力引起；使动态则是指某种动作行为由外力引起。表达使动范畴的语法形式主要有以下几种：

纯粹的屈折式在茶山语中已不多见。主要有声母送气不送气交替、声调的交替两种形式。但其中大多与分析形式合在一起使用。如：kjuk^{31}"害怕"→kjuk^{55}"使害怕"、kjau^{55}"（树）断"→ləu^{33}khjau^{55}"弄断（树）"。

分析式是茶山语动词使动态的主要表达方式，其构成方式是在自动词前加使动前缀 ləu^{33}，如：tui^{31}"摆动"→ləu^{33}tui^{31}"使摆动"、khjɔt^{55}"（鞋）脱落"→lvu^{33}khjɔt^{55}"使（鞋）脱"。

分析式与屈折式兼用。如：pəu^{731}"炸"→ləu^{33}pəu^{753}"使炸"、kjau^{55}"（树）断"→ləu^{33}khjau^{55}"弄断（树）"。

（6）动词的体

茶山语动词的"体"范畴包括将行体、进行体和完成体。"体"范畴的表达是在动词后加不同的体助词。将行体是在动词后附加 tʃha^{33}；进行体是在动词后附加 ŋji^{31}；完成体是在动词后附加 kəu^{31} 或 ku^{33}。

（7）动词的重叠

茶山话大多数动词不能重叠，但也有少量动词可以重叠，表示该动作次数、频率的增加。如：

ŋjɔ^{731} ŋjit^{31} ŋjit^{31} 　　眨眼睛

眼睛 眨 眨

naŋ^{31} xai^{755} məu^{31} sau^{55} puk^{31} ni^{31} ju^{55} ju^{55} a^{731}

你 这 书 本（宾助）看 看 吧

你看看这本书吧。

（8）名动同形

茶山话有的动词来自名词的后一音节，二者构成同形。如：

tji$^{33/31}$ kjɛn^{55} kjɛn^{55} 扣扣子　　　　　　mə̌^{31} khun^{55} khun^{55} 唱歌

扣子 扣　　　　　　　　　　 歌 唱

（9）结构助词的类别及特点

结构助词有以下类别：话题助词 ka^{31}，用在话题成分后面，指明它前面的成分是句子的话题。宾语助词 ni^{31}，用在受事名词、代词的后面，表明它前面的成分是宾语。在语义不发生混淆的情况下，可以不加宾语助词 ni^{31}。施事格、工具格、从由格、状态状语助词 ja^{33}，用在充当施事者的名词、代词后面，表示或强调动作行为是由该施事者发出的；用在作为工具的名词后面，表示动作行为是凭借该名词所表示的工具进行的；放在处所名词后作从由格助词；放在形容词或副词后作状态状语助词。定语助词 ta^{33}，用在定语和中心语之间。方所助词 phɛ^{33}、ma^{31}，用在处所名词后面，表示动作行为发生或完成的方向、处所。体助词 tSha^{33}、ŋji^{31}、ku^{33}、kəu^{31}，附加在动词后，分别用于将行体、进行体和完成体。

（10）语气助词的类别及特点

语气助词在句子里表示说话人的语气和感情，一般放在句尾。茶山话的语气助词不表示句子的人称、数、方向，仅表示语气。有表示疑问语气的 la^{33}、ljɛ^{33}，表示祈使语气的 a^{731}、naŋ^{33} a^{731}、kɛ^{55}、kɔ^{33}、pa^{33}。

3. 词汇特点

（1）构词法

合成词：合成词又可分为并列式、修饰式、支配式、附注式、附加式等类。如：

khu^{755}au^{55}	炊具	lɔ^{731} khjəi^{33}	手脚
碗　锅		手　脚	
la^{31}xɛ^{31}muŋ^{55}	中国	aŋ^{55}wan^{31}	青菜
汉族　国家		菜　青	
wu^{55}thuɔp^{55}	包头巾	tjɔ^{31}jam^{55}	篱笆
头　包		墙　围	
ʃʅ^{33}lji^{55}tʃɛn^{53}	梨树	naik^{55}lɔm^{31}	心脏
梨　棵		心　个	
a^{31}phau^{55}	爷爷	a^{31}pɔn^{33}	根
nɔ^{731}tsəi^{31}	黑的	tai^{31}tsəi^{31}	说的
nə̃u^{33}lu^{31}	公牛	khui^{55}lu^{31}	公狗
wu^{731}tsan^{31}	母猪	pu^{31}tʃap^{31}tsan^{31}	母鸭

tjɛn³¹ tʃaŋ⁵⁵ tʃɛn³¹ 朋友们　　　　sə̄³¹ lja³³ tʃɛn³¹　老师们

　　勒期话有丰富的四音格词。四音格词是由四个音节按照一定的规律搭配起来的，在语音、语法、语义和修辞上都有自身不同于复合词或短语的特点。如：

ta̠i³¹ ta̠i³¹ tʃhiŋ³¹ tʃhiŋ³¹ 说说笑笑　a³¹ khjin⁵⁵ a³¹ mun³¹　成千上万
　说　说　笑　笑　　　　　千　　万

wu⁵⁵ xui³¹ ŋɔ̠²³¹ thuə²³¹头昏眼花 lɔ²³¹ ŋjə̠p³¹ khjəi 33 ŋjə̠p³¹手勤脚快
头　昏　眼　花　　　　　手　快　脚　快

　　（2）借词

　　茶山语中的借词主要借自汉语、景颇语、缅语和英语等。其中以汉语和景颇语借词居多。茶山语中的汉语借词，以名词为主，也有部分动词、形容词、量词，以及少量的数词和副词。从汉语借用来的名词以与日常生活息息相关的居多。从自然、地理、房屋建筑、宗教、语言、文化、节日，到人物、动物、植物、食物、衣着、用具等，都有借自汉语的。如：tuaŋ³³ "洞"、ʃʅ³³ xui⁵⁵ "石灰"、kai⁵⁵ "街"、pjiŋ³³kuaŋ³¹ "宾馆"、kjui³³ tsʅ³³ "锯子"、pjɛn³¹ tan³¹ "扁担"、sat⁵⁵ "杀"、thuɔn⁵⁵ "吞"、pu³³ "薄"、lan⁵⁵ "蓝" 等。有少量词借自景颇语，如：phǎ⁵⁵ljan³¹ "蝴蝶"、məu³¹sau⁵⁵ "纸"、thɔt⁵⁵ "搬（家）"、mau⁵⁵ "奇怪" 等。还有借自缅语的，如：na³³ jui³³ "钟"、mu⁵⁵ "事情"、mju²⁵⁵ "城市"、muŋ⁵⁵tan³³ "国家"、sa⁵⁵ pja³¹ "肥皂"、sə̄³¹ lja³³ "老师"、sə̄³³kɛ̠³³ "摩托"、fɔŋ⁵⁵ "手机"、tat⁵⁵ ʃin³¹ "电视、电影"、sʅ³³ tji³³ "光盘" 等。

第四节　语言社会背景调查

一　概述①

　　语言的国情受该语言的社会人文条件的制约。因而，语言国情调

---

① 参见戴庆厦《语言调查教程》，商务印书馆 2013 年版。

查必须调查与语言有关的社会人文背景材料。要调查的主要内容有：

1. 民族分布状况

详细描写各民族的分布特点，包括聚居和杂居的情况。要有数字和比例。必须有一个直至乡一级的地图。

2. 人口数字

要有该地区各民族分布的最新数字。最好能够取得直至村寨各户的人口数字。重点调查点要有村寨各户的家庭成员状况，包括姓名、年龄、文化程度等。

3. 民族、行政区划的历史沿革

掌握该地区历史上的行政归属，包括地名的更换。以及人口的变动，新群体的迁入（迁入时间及迁入原因）。历史上不同民族的迁移状况和分化、融合状况。民族、行政区划的特点，对语言的使用有何影响。

4. 自然地理特点和交通状况

山川、河流、气候、物产等方面的特点。与其邻接、交汇的地区有哪些。目前交通状况，是否达到村村通公路，还有没有未通公路的。

5. 经济形态和生活状况

主要从事哪些生产活动，经济作物有哪些，副业是什么。新中国成立后经济生活有什么重大变化；改革开放后有何新举措。历史上经济形态的变化。

目前生活状况如何，人均年收入多少。

6. 文化教育状况

主要是中小学教育的发展情况和社会扫盲情况。适龄儿童、特别是女童的入学状况。文化教育发展中存在的问题，如经费、师资、校舍等方面存在的问题。近期，文化教育有何变化，政府有何举措。

7. 宗教状况

主要信仰什么宗教。宗教的历史沿革。宗教在社会生活中占据什么地位。宗教和文化、教育、语言的关系如何。

8. 民族关系和婚姻的特点

不同民族的关系有何特点，除了和谐的一面外有无不和谐的因素。不同民族的通婚状况如何，有何特点。族际婚姻对民族、语言的发展有何影响和制约作用。

二　案例

案例——阿昌族①

阿昌族是居住在我国云南省边疆的少数民族，为全国七种"特少"民族之一。主要分布在德宏傣族景颇族自治州的潞西市和陇川、梁河、盈江等县，保山地区的腾冲县、龙陵县及大理白族自治州的云龙县等地也有少量分布。据第五次全国人口普查资料显示，阿昌族人口有31800余人。在缅甸，阿昌族被称为"迈达"族，人口约有四万多人，集中分布在克钦邦的密支那及掸邦的南欧、景栋等地。陇川县的户撒乡与梁河县的曩宋乡、九保乡是我国目前仅有的三个阿昌族乡，也是国内阿昌族最主要的聚居地。

阿昌族历史悠久，汉文史籍中曾有"娥昌"、"萼昌"、"莪昌"、"阿昌"等读音相近的称谓。据古籍记载及有关专家考证，阿昌族是我国古代氐羌部落在向南迁徙过程中衍化融合而成的。先秦时期，部分氐羌部落开始从青藏高原一带向南迁徙，并与当地民族、部落长期杂居，最后融为一体。唐宋以后，族群的活动主要是北起金沙江、东至澜沧江上游，西至缅甸克钦境内伊洛瓦底江上游的辽阔地带。因当时该地区统称为"寻传"，故而被称为"寻传蛮"。后来，"寻传蛮"分化为两部，一部衍化为现今景颇族的祖先，另一部则继续南迁，成为今天阿昌族的先祖。至十三世纪初，汉文典籍中始以"阿昌"作为对"阿昌族"先民的统一称谓。

公元十三至十四世纪，阿昌族定居于现今潞西、盈江及户撒地

---

① 参见戴庆厦主编《阿昌族语言使用现状及其演变》，商务印书馆2008年版。

区，主要从事旱地耕作和渔猎。明朝洪武年间，云龙阿昌族向西南迁移至今德宏境内的梁河等地。明永乐年间，政府先后在今德宏地区设立长官司，加强对阿昌族的管理。正统年间，明将王骥三征麓川，裁撤麓川平缅宣慰司，改设八大土司。当时的阿昌族地区大部分处在干崖、南甸、猛卯和潞川诸土司统治之下。清朝大一统后，在滇全盘承袭明土司制度，延续前朝对阿昌族的管理方式。土司制度一直沿袭至解放初期。

阿昌族居住的地区是澜沧江与怒江两大水系相互切割交错而成的冲击地带，属于滇西高山峡谷区，海拔1000—2000米，地势北高南低。境内河流纵横，属于亚热带季风气候区，气候温和，雨量充沛，年均气温在18℃左右。温暖湿润的气候，肥沃的土地，茂盛的森林，加上平坦的坝区，为阿昌族的生存繁衍及发展创造了有利条件。

阿昌族所处的地理位置与气候条件较适宜种植水稻，水稻是当地最主要的农作物。另外，还广泛种植玉米、小麦、大豆、薏米等粮食作物以及烟草、花生、油菜、棉花、油茶、甘蔗、核桃、板栗等经济作物。户撒坝区阿昌族栽培的"户撒烟"，不仅闻名滇西，而且深受缅甸、印度等邻邦边民的喜爱。陇川阿昌族生产的犁、锄、刀，在德宏享有盛誉，尤其是"户撒刀"，美观、锋利、耐用，既是必备的生产工具和防身武器，又是收藏佳品，是国内公认的三大民族刀具之一。梁河阿昌族的纯手工织锦，图案精美，色泽艳丽，富有浓郁的民族特色，曾参加过首届中国民间艺术博览会，受到广泛好评。

阿昌族多在半山半坝区建村设寨，其寨子一般由几十或上百户人家聚居而成，住房与汉族无太大区别，一般都是砖瓦、木石结构的四合院。正屋左右两边用于住宿，中间为堂屋，设有神龛、烛台、长桌和火塘。厢房楼上用于堆放粮食和其他生活资料，楼下一般用来关鸡拴牛。

阿昌族普遍信奉宗教，宗教信仰因居住地的不同存在明显差异。陇川户撒乡的阿昌族深受傣族文化影响，主要信仰小乘佛教。梁河、潞西一带的阿昌族主要是祖先崇拜和自然崇拜。除祖先崇拜外，阿昌族还普遍信奉山神、猎神、水神、雷神、门神、灶神、树神等神灵。由于受汉文化的影响，阿昌族的祖先崇拜和自然崇拜在一定程度上带有道教文化的特点，宗教活动常以道教形式进行。

阿昌族的服饰具有鲜明的民族特色。男子着装与附近傣族、汉族相近。儿童、少年多穿白色、绿色服装，长者则偏爱黑色、蓝色。阿昌族女性的服饰主要包括包头、上衣、筒裙、花腰带、围裙、绑腿和围巾等。中老年妇女多裹以黑色或墨绿色"包头"，上身穿长袖对襟衣，开襟处常缀以四至五颗银扣，下身为织锦筒裙。年轻的媳妇一般"包头"较中年人的要稍小些，衣着以蓝、白、黑为主。节日盛会，"包头"上常裹以鲜艳棉绸制品，服装色彩艳丽，佩戴各种银饰。在杂居区，由于受周围民族的影响，服饰变化较大。云龙地区的阿昌族主要着现代汉族服饰或白族服装。梁河阿昌族的未婚女子打扮通常与汉族姑娘无太大区别。

阿昌族婚恋形式大致可分为三种。一是通过媒人介绍，父母认可，最后男女青年缔结良缘。这是一种传统的婚恋方式。二是男女自由恋爱，但婚配与否最终还要父母做主。三是当地所谓的"拐姑娘"，即"拐婚"。具体说来，就是青年男女两情相悦，但得不到父母首肯，于是，女方先行住在男方家中，造成事实婚姻，而后（通常为三天）再托媒说服双方家长（一般为女方父母）。这种婚俗历史虽并不长久，但在不少地区流行，成为青年男女恋爱婚配的形式之一。

阿昌族早先实行严格的族内婚，盛行单方姑舅表婚，即男子只能娶母亲兄弟姐妹的女儿，女子只能嫁给母亲兄弟姐妹的儿子。随着社会的发展和文化素质的提高，"族外不婚"的落后观念早已为年轻一代所摈弃，近亲结婚的陋习也日渐减少。

阿昌族盛行土葬。葬礼的轻重视死者的年龄而定，寿限愈高，仪式愈隆重。丧葬的隆重与否还与死者家庭的经济能力相关。经济条件好的，通常要隆重些；经济条件差的，就要俭省一些。若亡者死于非命，葬礼往往从简，且不可葬于祖坟之内。死者若是因染恶疾而亡，则一般要先行火化才可入棺下葬。阿昌族在墓址的选择、碑文的撰写及坟墓的建造方面都深受当地汉族影响。

阿昌族的民族传统节日丰富多彩且具特色。除了"春节"、"清明"等汉族传统节日外，还有"立秋"、"拆秋"、"进洼"、"出洼"、"白紫"、"水节"等节日，其中最具民族特色的当属"阿露节"和"窝罗节"。阿露节，又称"会街节"，每年农历的十月二十六日举行，主要盛行于陇川、户撒一带。"窝罗节"为每年农历的正月初三初四举行，盛行于梁河、潞西等地。从1994年起，两大节日合并为"阿露窝罗节"，时间定于每年的3月20日。节日到来，人们身着盛装，围绕"窝罗神台"尽情歌舞狂欢，舞蹈的动作有"日头打伞"、"月亮戴帽"、"双凤朝阳"、"双龙行路"等，这些古朴形象的舞蹈，是阿昌族先民渔猎、打谷、织布等劳作场景的形象反映。节日期间，还举行阿昌族的刀舞、棍术、拳术以及山歌对唱、春灯猜谜活动。

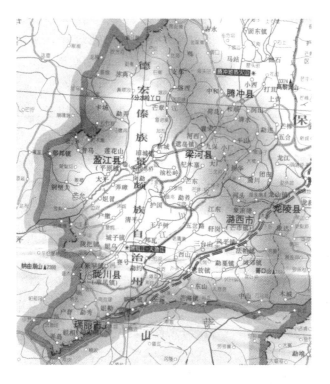

第三章

语言国情调查的方法

第一节　多学科的调查方法

语言是一种重要的社会现象，和人类社会有着紧密的联系。语言的产生、发展与人类生理、心理、族群、社会、经济、文化等因素密切相关。个人使用什么语言、如何使用也是本人、家庭、民族、社会、国家等诸多因素合力作用的结果。

语言国情调查就是要了解一个国家（或地区）的语言及其使用情况。包括语言本体的结构特征、使用人口、使用范围、语言的功能、语言的接触、语言的兼用、语言的关系、语言的传承、语言的演变等。换句话说，就是要勾勒出语言及语言使用情况的一幅全景式立体效果图。因此，语言国情调查除了运用语言学的方法外，还必须结合人类学、社会学等多学科的方法来进行。这些不同的方法常常是交织在一起综合运用的。

一　语言学的方法

要掌握一个国家、一个民族、一个地区的语言国情，首先要了解他们使用的语言，需要运用语言学的方法调查描写他们语言的语音、词汇、语法的基本特征。调查过程要先从语音入手，记录语音、整理音系。当然，语音形式主要是词汇上表现出来的语音形式，调查语音的过程也就记录了部分或大部分的词汇。有了准确的音位系统，再进入词汇、语法的调查，从而弄清楚这种语言的基本特征。

（一）用"现代声韵调分析法"描写被调查语言的语音系统

1. 什么是"声韵调分析法"

"声韵调分析法"就是把一个音节分为声母、韵母、声调三部分。声母和韵母是音节的音质成分，也可以称为音段成分，表现为线性序列上的音素组合；声调是附在音节上的音高变化形式，是非音质成分，也叫超音段成分。在组成音节的音素中，音节开头的辅音音素是声母，声母后边的部分是韵母。开头没有辅音的音节称作零声母音节，如普通话的 a^{55} "阿" an^{55} "安"。只有辅音没有元音的现象仅出现在极个别的弱化音节上，如景颇语的 $n^{31}sam^{55}$ "颜色"、$n^{55}ʒi^{51}$ "讨厌"的前一个音节。声母、韵母的常见结构类型如下：

（1）声母

在有的语言中声母只有单辅音形式，在有的语言中声母既有单辅音形式，也有复辅音形式。

单辅音声母是由一个辅音音位组成的。

复辅音声母是由两个或两个以上的辅音音位组成的，有二合辅音、三合辅音、四合辅音之分，以二合辅音最为常见，三合、四合的较少。

二合辅音常见的有以下一些结合形式：

①鼻音加其他辅音的。二者的发音部位大多相同。例如：

凉山彝语	$ndzi^{33}$	钉（钉子）
高坡苗语	nto^{13}	布
勒期语	mji^{33}	火
桑孔语	nda^{55}	痛

②塞音加边音、浊擦音的。例如：

独龙语	kla^{53}	掉
错那门巴语	$klʌ^{23}$	舔
高坡苗语	pla^{13}	五
武鸣壮语	gla^{53}	过
仫佬语	$pɣa^{53}$	山

麻窝羌语　　　　gzə　　　辣

③清擦音加其他辅音的。例如：

桃坪羌语　　　　χbu³³　　窝

麻窝羌语　　　　stəs　　　七

拉坞戎语　　　　fse⁵⁵　　　肝

④喉塞音加其他辅音的。例如：

三洞水语　　　　ʔna³³　　　脸

克木语　　　　　ʔmun　　　运气

金秀瑶语　　　　ʔbaːn¹³　 村子

羊场布依语　　　ʔva³⁵　　 盖子

⑤其他：

道孚藏语　　　　zta　　　　老虎

阿力克藏语　　　ʁlo　　　　肺

泽库藏语　　　　ɣta　　　　马

三合、四合辅音如：

拉坞戎语　　　　mbrɛ⁵³　　米、稻

金秀瑶语　　　　ʔbla²¹⁴　　摸

嘉戎语　　　　　skraŋ　　　细筛子

先进苗语　　　　mpleu¹³　 鞭子

（2）韵母

韵母有多种类别：单元音韵母、复元音韵母、带辅音尾韵母。

①单元音韵母

就是用一个元音音位充当韵母的。如汉语普通话的"pa⁵⁵（八）、kɣ⁵⁵（哥）、tɕi⁵⁵（鸡）"。

②复元音韵母

由一个以上元音组成的韵母，其中有由两个元音音位组成的，称二合元音，也有由三个元音音位组成的，称三合元音。复元音根据其构成元音的响度的差异，又可分为前响复元音、后响复元音、中响复元音。二合复元音中，如果前一个元音的开口度大于后一个元音，前一个元音的响度就大于后一个元音的响度，称为前响复元音，如普通话的"ai、ei、au、ou"；反之，后一个元音的开口度大于前一个元音的开口度，后一个元音的响度就大于前一个元音的响度，称为后响复元音，如普通话的"ia、ie、ua、uo、yɛ"。三合元音是中间的元音开口度最大，响度最大，前后两个元音的开口度小，响度也小，因此称为中响复元音，如普通话的"iau、iou、uai、uei"。

③带辅音尾的韵母

辅音韵尾的发音有两类：一类是成阻不破裂。汉藏语系的语言都属这一类。如景颇语：kjip⁵⁵"狭窄"、tset³¹"勤快"、tak̠³¹"猜"、tiʔ³¹"锅"。独龙语：pɯp⁵⁵"撒（种）"、ɛt⁵⁵"笑"、dcʔ⁵⁵"舀"、tik⁵⁵"知道"。朝鲜语也是成阻不破裂的，如set"三"、ək"亿"。另一类是成阻后破裂，阿尔泰语系、印欧语系的语言都属这一类。如维语：køk"蓝色的"、əllik"五十"、kitap"书"、tøt"四"。英语的［mæp］map"地图"、［iːt］eat"吃"、［bʊk］book"书"。

在许多语言里，边音 l、颤音 r 也能当韵尾。如：朝鲜语的 pul"火"、thal"假面具"；维语的 bir"一"、kɛldi"（他）来（了）"。又如道孚语：ftəl"降伏"、pɛr"照片"。

有些擦音、塞擦音还能当韵尾。如：维语的 iʃ"工作"、jaxʃi"好"、joldaʃ"同志"；羌语的 jis"肥皂"、qhetʃ"盒子"、haẓ"十四"、χuʂ"沟"、ʂəz"牙龈"、bəs"蛇"、zətʃ"孙子"。

有少数语言，复辅音可以作韵尾。如羌语：tɕiʂk"蒜"、tixtʂ"熊胆"、ast"插下"、jaχs"烟油"、tsəɻz"沙子"。

与韵尾结合的元音大多是单元音，但也有一些语言的复合元音也能带韵尾。如阿昌语的 tiaŋ³¹"跳"、tuŋ³¹khuaʔ⁵⁵"黄瓜"；波拉语的 lauŋ⁵⁵"约"、kjau³¹ʔ"害怕"。

（3）声调

汉藏语系语言多数是有声调语言。有的没有声调的语言也存在所谓的习惯音高或词重音。像青海黄南藏族自治州的五屯话曾被认为是没有声调只有词重音的语言，意西微萨·阿错、向洵（2015）通过实验语音学的方式证明五屯话的词重音现象实际上是一种具有对立功能的声调差异。

有声调的语言（方言）里声调的数量也不同。汉语北方方言里有3—5个声调，吴方言、闽方言有7—8个声调，粤方言一般有9个声调，个别有10个声调。常见的声调类型有平调、升调、降调、曲折调。平调还可有高平调、中平调、低平调；升调有高升调、低升调；降调有高降调、低降调；曲折调有降升调、升降调等。常用的声调标记法有符号法，如˥、˧、˧˥、˩˥、˥˩、˥˧、˧˩、˨˩˦、˨˦˨；数字法，如：55、33、11、35、13、51、31、214、242等。如：

西安话有4个声调：

阴平（21）高天发日　　阳平（24）平门达学

上声（53）顶水女有　　去声（55）叫令地序

元江苦聪话有4个声调：

高平		中平		低降		高升	
na^{55}	深	na^{33}	黑	na^{31}	病	na^{35}	早
$ɤɔ^{55}$	掰	$ɤɔ^{33}$	抱	$ɤɔ^{31}$	他	$ɤɔ^{35}$	饭
$nɔ^{55}$	戴（手镯）	$nɔ^{33}$	黄豆	$nɔ^{31}$	你	$nɔ^{35}$	葫芦丝

基诺语有6个声调：

54	ka^{54}	驱赶	mm^{54}	熏	po^{54}	亲吻
44	mi^{44}	火	$mm^{44}ne^{44}$	亲戚	$a^{44}po^{44}$	箐沟地
33	si^{33}	蹭痒	mm^{33}	生霉	po^{33}	开花
35	$a^{44}tʃϖ^{35}$	种类	ma^{35}	即将	$ŋjai^{35}$	移动
31	mi^{31}	熄灭	$tʌ^{31}$	喝	me^{31}	哭
53	$khγ^{53}$	那（水平向最远）	$lø^{53}$	那（高处最远）		

（4）声韵调配合规则

每种语言不是所有的声、韵、调都能相互配合的，其中有的能结合，有的不能。音位系统要反映声、韵、调之间的配合规则。声韵调的配合规则可以用文字说明，也可用图表显示。

　　如绿春大寨哈尼语：清浊声母与松紧元音韵母的结合有一定规则。具体是：浊声母、清擦音既能同松元音韵母结合，也能同紧元音韵母结合；不送气的塞音、塞擦音声母只能与紧元音韵母结合；送气的塞音、塞擦音声母只能与松元音韵母结合。（汉语借词除外）可用下文来表示这种关系：

	松元音韵母	紧元音韵母
浊声母	+	+
不送气声母	−	−
送气声母	+	−
清擦音声母	+	+

　　绿春大寨哈尼语清浊声母、松紧元音与声调的结合也有一定规则。具体是：浊声母、送气声母和清擦音声母在高平、中平、低降三个调上都出现；而不送气声母只在中平、低降两个调上出现。松元音韵母在三个调上都出现；而紧元音韵母只在中平、低降两个调上出现。这种结合关系可用下文示意：

	高平	中平	低降
浊声母	+	+	+
送气声母	+	+	+
清擦音声母	+	+	+
不送气声母	−	+	+
松元音韵母	+	+	+
紧元音韵母	−	+	+

　　2. "声韵调分析法"的优势

　　（1）"声韵调分析法"是在中国传统音韵学的基础上吸收现代音位学理论的方法而发展出来的语音分析方法，其继承了传统音韵学声韵调三足鼎立的音节格局的认识，又采用音位分析理论细化了声母、韵母的描写。

　　和传统音韵学相比，现代的"声韵调分析法"对音节的音段成分作了二分之后，又用分析音位的方法把声母和韵母的结构再分解为区分意义的最小单位；把现代语音学的一套名称如辅音、元音、塞音、塞擦音、擦音、鼻音、边音等，同传统音韵学的名称结合起来使用，形成一套分析汉藏语语音结构的名称。如声母可按组成成分的多少分单辅音声母和复辅音声母，可按发音方法的不同分塞音声母、塞擦音声母、擦音声母、鼻音声母、边音声母等，又可按发音部位分双唇音声母、唇齿音声母、舌尖音声母、舌根音声母等，韵母又可分为单元音韵母、复合元音韵母和带辅音尾韵母三类，带辅音尾韵母又可分为带鼻音尾韵母、带塞音尾韵母、带续音尾韵母等。

和现代音位分析法相比，声韵调分析法的一个重要特点是有明确的位置。在音节前头的是声母，在后头的是韵母。这种位置概念，对于分析汉藏语是必要的。因为汉藏语的音素在音节里受到位置的制约，同一音素在不同的位置上，不但发音特点可能不同，在语音演变上也可能不同。如汉语普通话的 n，既可作声母也可作韵尾，作声母的时候，成阻、持阻、除阻三个阶段都要发音，而作韵尾的时候，只在成阻、持阻阶段发音。音位分析法则不包含明确的位置概念。从某种语言的音位序列表上，是无法了解各个音位在音节里的位置的。辅音的 p，并不表明它是在音节的前部，或在音节的后部。因此，从音位表上只能一般地认识它在音节的前部，或在音节的后部。因此，从音位表上只能一般地认识它在音节中的属性。

（2）声韵调分析法适应汉藏语系语言

汉藏语系语言属分析性语言，形态变化少，音节结构稳定，大多有声调。声韵调的格局符合汉藏语系语言的音节结构特征，能够体现音节内部的结构关系。就是没有声调的语言，也可以从声韵两部分去分析音节的构成。

（3）声韵调分析法便于认识汉藏语的语音演变

声韵调"三足鼎立"，互相影响、互相制约，决定了音节结构的特征。从三者的相互制约中更容易清楚地看到和说明语音演变的线索和规律。

（4）从音节结构的层次上看，声韵调是低于音节高于音位的一个特殊层次。一个语音的声母表、韵母表、音节表，能够全面展现这个语言的语音结构，而音位分析法则做不到这一点。

（5）对于汉藏语系语言来说，使用"声韵调分析法"分析语言，比使用音位分析法更有利于亲属语言的历史比较。

（6）运用现代的"声韵调分析法"，分析一种语音的语音结构。这种语言的声母有几个，包括哪些，声母的结构怎样，韵母有几个，包括哪些，韵母的结构怎样，声调有哪些，声韵拼合规律是什么，整个语音系统的面貌便一目了然。

南亚语系的语言调查研究，人们也习惯于使用声韵调分析法，在描写音位系统时，也分为这三部分来描写，不约而同地认为这也是分析这些语言语音结构的一个比较好的方法。但对阿尔泰语系、南岛语系、印欧语系等语言，人们则习惯于使用辅音、元音分析法，即以辅音、元音为单位来分析一个语言的音位系统。

总之，"声韵调分析法"符合传统习惯，又能对音节进行细致准确的描写，被语言学者普遍接受，是当前的一种有效的科学的记音方法。

（二）运用"大纲调查法"记录被调查语言的语音、词汇、语法

1. 什么是"大纲调查法"

"大纲调查法"指的是调查者在调查之前，先要编写好调查大纲，然后依照调查大纲来调查，达到既定的目的。调查大纲包括语音调查大纲、词汇调查大纲、语法调查大纲以及语言使用状况的调查大纲等。

2. 语音、词汇、语法大纲的编写

（1）语音调查大纲

语音调查大纲的内容是由词汇构成，还包括一定数量的句子。由于语音的特点是通过一个个词来表现的，有的还要由句子反映出来。这就决定了记录语音要记录一定数量的词，即从大量的词汇中整理、归纳语音特点。此外，还要记录一定数量的句子，从句子中再获取一个个词上看不到的语音特点。语音调查大纲可以分为两类：一类词是按意义分类的；另一类词是按语音分类的。前者既是语音调查大纲，又是词汇调查大纲。用这种调查大纲记录，既记录了词汇，又记录了语音。后者是语音调查大纲与词汇大纲分开，只解决语音问题，另编

词汇大纲。

按意义分类的语音调查大纲收词数量以 2000 字为宜（当然多一些就更好）。若不足 2000 字的话，就有可能漏掉一些语音特点。所收的词应以基本词和常用词为主，但也要包括部分非常用词。注意不同词类、不同类别的词的比例，要兼收并蓄。除本语固有词外，还可根据不同语音的实际情况，选收一定数量的外来借词，借词多的可以多收一些。有形态变化的语言，还应收入一些反映形态变化的词，如自动词与使动词，人称代词的主格、领格、宾格，不同时态的动词，不同级别的形容词等。收录的词按意义排列便于使用。可以将词分为以下诸类：天文、地理、人体器官、人物、亲属、动物、植物、食品、衣着、房屋建筑、用品、工具、文化娱乐、宗教、意识、方位、时间、数量、代替、指代、疑问、性质、状态、动作、行为、虚词等。

对于一种已经调查过的语言（或已调查其中的部分方言），可以根据已掌握的语音系统，制定语音调查大纲。这种大纲一般按声母、韵母、声调分类（有的按元音、辅音分类）。每个音选几个例词。如果估计这个音在有的方言、土语里有可能出现分化，就应多选几个例词。这种大纲的优点是调查时间较节省，能在较短的时间里求出一个点的语音系统，而且可靠度较高。缺点是由于例词较少，难以依此比较细致地描写语音特点，对于复合词中的语流音变也未能依此调查到，甚至还有可能遗漏掉个别音位。

如果对这种语言的古代语音有了一定的认识，也可以以古代的语音为依据，选出音位例词编成语音调查大纲。这种大纲，可称为"历史音类大纲"。汉语方言调查中普遍使用的《方言调查字表》即属此类。

（2）词汇调查大纲

词汇调查大纲要包含丰富的词汇信息，反映一种语言的词汇的构成特征和基本面貌。词汇大纲的编写要处理好以下几个关系：

①基本词和非基本词的关系

大纲所收录的词应以现实生活中的常用词为主，在整体上应能反映该民族的主要特点；而不能简单地照搬另一语言的词汇本来做这个语言的调查大纲，或以"想当然"来代替语言实际。

常用词不能有过多的遗漏，应尽可能多收些。除了常用词外，还应选收一些能反映这个民族特点的古词、文学语言词、方言词等，但这类词不能过多。

②注意各类词的比例

不同语言，词类数量会存在差异。如：有的语言有介词，有的语言没有；有的语言有冠词，有的语言没有；有的语言有状词，有的语言没有。而且，每一类词的丰富程度也很不一样，如同样是量词，有的语言很丰富，有的语言则很贫乏。所以要根据具体语言的特点来确定各类词的比例。

词汇大纲收录的词一般以名词、动词为多。这是正常的。但要考虑其他实词的比例。虚词容易被忽视，要有适当比例，包括结构助词、语气助词在内。

③老词和新词的关系

老词是指长期使用下来的基本词汇；新词是指近代新产生的词汇，包括现代政治、经济、文化和科技方面的词语。词汇大纲应以老词为主，但也要收一些新词。新词的情况比较复杂，在收录时要做具体分析。由于新词出现的时间较短，在语言中的地位、功能很不一样。如：有的稳定些，有的还不太稳定；有的已被多数人所使用，有的只出现在少数人的口语里；有的符合规范，有的不符合规范。一般说来，词汇大纲所收的新词，必须是比较稳定、符合规范并为广大群众所接受的；不收那些只被少数人使用、不甚普及的词。

④词与非词的关系

词汇大纲所收录的，绝大多数都应当是词，但也应收录少量构词能力强的词素，以及比较特殊或比较固定词组。如：汉语的"老、阿、子"等词素，哈尼语的"下雨、打雷、眨眼、开花"等词组。

⑤收词数量及排序

词汇大纲收词的数量应根据不同的调查目的、不同语言而定。如果是调查一种新语言，只要求了解该语言词汇上的基本特点，收词数量在 2500 个左右即可。假如是为了深入了解一个语言的词汇特点，数量可增至 4000 个左右，或者更多一些。

词的顺序一般是分词类排列。数量多的词类，又可再分出小类，如名词类又可分出天文地理、人体器官、人物亲属、动物、植物、食品、衣着等类别。数量少的词类自成一类即可，如数词、量词、虚词等。每类词内部又可按词义的内在联系，排列先后，如人体器官类可按从"头"到"脚"的顺序排列各种器官名称，亲属名称可按辈分从高到低的顺序排列，如"祖父、祖母、父亲、母亲、伯父、伯母……"但有的词类，按意义难以排列清楚，如动词类按意义不易排列，则可按音序排列。

词的先后次序排定后，一定要编上序号，以利于查找。

另外，词汇大纲的编写还要注意到能为语言词汇研究提供各方面的素材。大致说来它必须达到几方面的要求：

①要能为词汇构成特点的研究提供必要的素材

不同的语言，由于社会特点及其所经历的过程不同，词汇构成的特点也不同。比如，畜牧社会的民族，词汇中有关畜牧社会的词比较多，有关农业社会的比较少；而农业社会的民族则与此相反。又如，由于语言接触的情况不同，语言借词的特点也不同。如中国的瑶语，由于与汉族接触较多，吸收了大量的汉语借词；而泰国的瑶语，早期居住在中国时也吸收了大量的汉语借词，后来移居泰国后又从泰语里吸收了不少的泰语借词，这是中国瑶语所没有的。

②要能为构词法的研究提供必要的素材

语言的构词法常见的有派生法和合成法两种。词汇调查大纲必须包括反映各类构词特点的词，包括复合法构词、附加法构词、变音构词、重叠构词等。

③要能为词汇发展、变化的研究提供必要的素材

新词的产生、旧词的衰亡是每个语言的普遍现象，但不同的语言各有不同的特点。如：有的语言多采用借词手段，而有的语言主要是

使用固有材料自创；有的语言只从邻近的一种语言借词，而有语言则能从多种语言借词；有的语言的旧词还在书面语言中使用，而有的语言的旧词在宗教语言中还有一定的生命力等等。所以，在选词时除主要选收常用词外，还应选收部分借词、方言词、古语词等。

④要能为研究该民族的社会文化特点提供一定的素材

词汇反映社会文化的特点最敏感、最迅速，从词汇的特点上能窥见该民族的某些社会文化特点。所以在选词时，应选择一些能够反映该民族文化特点的词，如纳西语中反映母系社会特点的词，景颇语中反映"姑爷种"婚姻特点的词，凉山彝语中反映奴隶制特点的词，藏语中反映农奴制特点的，哈尼语中反映父子连名制的词等。

以上所说的要求不一定都适合所有的语言。对于有一定了解的语言，编出的大纲会切合实际些；而对于一无所知的新语言，只能根据相近的语言编写，不可能很符合实际。对于后者，只能在调查过程中逐步修正、补充，使之接近完善。不过，即使是下了很大功夫编出的大纲，在进行调查时也还会出现一些不足，要随时作必要的修正、补充。

词汇调查大纲和语音调查大纲合一时，要能兼顾到语音大纲和词汇大纲的编写要求。

（3）语法调查大纲

语法调查大纲要尽可能涵盖各种常见的语法现象和范畴，基本句型、句类，常见的句式，包括多少个词类，每种词类可以分为几个小类，各种词类的语法功能如何等，如有特殊现象，在调查过程中及时补充。语法调查大纲常见的编写方法有：

一是以相近语言的语法特点为参考，列出调查问卷和例词、例句。这个办法用于对所要调查的语言的类型和特点已经有些了解的语言。比如：你所调查的语言若与彝语支接近，属于分析型语言，就可以找一本属于彝语支语言（彝语、哈尼语、傈僳语等）的语法书做参考，抓住各种特点制定调查大纲。

用这种办法制定的调查问卷，虽然不可能与所调查的语言百分之百地贴切，会出现一些"无的放矢"，但多数还是有用的，可以用它来获得所调查语言的基本特点。不足的或遗漏的，可以用其他办法来弥补。

但如果对所调查的语言的特点一无所知或了解得很少，不知要参考什么别的语言，那就只能使用"大网捕鱼"的办法，捞多少算多少。这种办法是根据世界语言的语法特点和语言类型学的知识，列出语言中可能出现的特点。按这种方法编写的大纲，针对性弱些。由刘丹青编著的《语法调查研究手册》是一部比较好的参考手册。

按这种办法编写的调查问卷，费力大，命中率比例小，是不得已才使用的。不然，就不编调查问卷，直接从话语语料中发现语法特点和语法规则。

二　社会学的方法

（一）量化分析法

1. 什么是量化分析法

量化分析法也简称量化法，就是将一些不具体、模糊的因素用具体的数据来表示，从而达到比较分析的目的。量化分析不仅能上升到理性认识，还能有效地避免片面性和主观性。我们这里的量化指的是可衡量性，而非一味地数据化。量化分析法是社会调查过程中的一种常见方法。

2. 量化分析法的运用

（1）运用量化分析法测试被调查者的语言能力

语言国情调查常对被调查者的语言能力进行分级，运用量化的方式进行统计分析。如云南省德宏州芒市五岔路乡弯丹村拱母组是一个载瓦支系聚居的村寨，调查组看到的现象是村民无论是聊天，还是商量事情，或是买东西，全部使用载瓦语交流。调查过程中他们大都自认为能够熟练使用载瓦语。表3-1是对不同年龄段的几位村民的随机测试，不同年龄段的载瓦语水平没有出现明显的差异，都在"优秀"等级。①

---

① 参见戴庆厦主编《云南德宏州景颇族语言使用现状及其演变》，商务印书馆2011年版。

表 3 – 1　　　　　载瓦支系不同年龄段载瓦语 400 词掌握情况

姓名	年龄	A	B	C	D	A + B	等级
何麻六	15	373	5	14	8	378	优秀
何勒南	17	357	20	29	14	377	优秀
何用	29	379	14	6	1	393	优秀
排木兰	29	379	5	13	3	384	优秀
何鲁	55	396	1	2	1	397	优秀
何当	74	396	0	4	0	396	优秀

测试结果说明载瓦语在弯丹村拱母寨这里确实具有极强的活力。

（2）运用量化分析法显示语言的代际传承趋势

调查什么语言生命力旺盛、代际传承良好；什么语言开始衰变、代际传承链条日益脱节；什么语言濒危，只在个别村寨有极少数老人仍会使用。这些情况都需要我们去做实地调查，并用具体的量化调查数据来说明情况、得出结论。只有掌握了来自一线的一个个具体的数据，才能够真实直观地显示出群体调查对象的语言使用情况。下面用实例来说明。

以喀卓人的语言使用情况为例。蒙古族喀卓人主要分布在云南省通海县兴蒙乡，与内蒙古蒙古族相比，他们在经济、文化、风俗习惯、语言等方面都有了较大的变化，特别是在语言上，他们转用了与彝语支语言相近的喀卓语。只有 5424 人的兴蒙乡喀卓人，在强势语言汉语的包围下，全民仍然稳定使用喀卓语，喀卓语仍是喀卓人日常生活中最重要的交流工具之一。兴蒙乡 6 个村民小组的 4980 名喀卓人中，有三个村民小组喀卓人的喀卓语熟练使用率是 100%，另外三个村民小组的熟练率也达到 99.8%。兴蒙乡蒙古族还是一个全民双语的民族，他们除了使用自己的语言外，普遍掌握汉语。除了 10 人汉语水平是"略懂"外，其他 4000 余人都是"熟练"。汉语对喀卓语的稳定保留起到了良好的促进作用。但青少年在母语习得和汉语学习上出现了"错序"，母语习得中有"空档"和"补足"现象。①

云南省玉龙县九河乡是一个多语区，分布在河源村的普米族的情况是，桥地坪小组还熟练地使用自己的母语，河源小组的青少年不会说自己的母语，大栗坪小组和小栗坪小组的普米族母语衰退之后又出现复苏的迹象。

小栗坪小组有 15 户，都是普米族家庭。这 15 户中有 7 户娶白族媳妇，6 户娶傈僳族媳妇，只有 2 户娶普米族媳妇。该社的东边是白族聚居的单岭小组，西边是白族聚居的二南箐社，北边是白族、傈僳杂居的大栗坪社。这三个组以白语为主要的交流工具；南边是汉族、普米族杂居河源小组，主要使用汉语。小栗坪社的普米族处于这样的语言环境下，出现了母语衰退。

表 3 – 2　　　　　　　　小栗坪社普米族母语使用情况

年龄段（岁）	人数	熟练		略懂		不会	
		人数	百分比	人数	百分比	人数	百分比
6—19	7	5	71.4	0	0	2	28.6
20—39	21	7	33.3	8	38.1	6	28.6
40—59	16	16	100	0	0	0	0
60 以上	3	3	100	0	0	0	0
合计	47	31	66.0	8	17.0	8	17.0

表 3 – 2 统计显示统计，60 岁以上和 40—59 岁这两个年龄段母语熟练比例均为 100%，但到了 20—39 岁这一年龄段，剧减为 33.3%，说明母语水平衰退。但到 6—19 岁这个年龄段，母语熟练的回升至 71.4%，比 20—39 岁高 38.4%。

---

① 参见戴庆厦主编《云南蒙古族喀卓人语言使用现状及其演变》，商务印书馆 2008 年版。

母语回升究其原因，大约与国家对待特少民族优惠政策有关。从2006 年起，九河乡的普米族每年都享受到国家特少民族项目的优惠政策，普米人切身体会到国家的关怀，有的家庭意识到丢失普米语的遗憾。可以认为，一旦本族人意识到自己母语的宝贵，母语的复苏行为是可能实现的。①

土家族分布在我国的湖南、湖北、四川、贵州诸省，人口5704223 人。目前会土家语的还不到人口总数的 3%。即便是保留土家语较好的地区如保靖县仙仁乡，不会土家语的人已占一半以上，15% 的人虽会一些，但不大使用，只有 30% 的人还用土家语，但这些人均是兼通汉语的双语人。数据显示，土家语也面临濒危。致使土家语濒危的因素有：长期受到汉族的影响并接受汉语、汉文化教育；在分布上与汉族形成"大杂居、小聚居"的分布局面，处于周围汉区对土家地区的包围之中；改土归流后的社会经济转型；民族意识不强，母语观念淡薄。这些因素导致了土家族语言选择的改变。但在诸上因素中，长期受到汉族的影响并接受汉语、汉文化教育是主要的。②

（二）问卷调查法

问卷调查法也称"书面调查法"或"填表法"。是以书面形式收集研究材料的一种调查手段。通过向被调查者发放简明扼要的征询表，请其进行"答卷"，回答表中问题。

问卷调查法的关键是设计出科学合理的调查表。问题的设计要符合客观实际，围绕课题目的；问题要简明扼要，符合被调查人的回答能力；问题应当是被调查人乐意真实回答的问题，否则，被调查人不乐意回答的问题，问卷调查也就实现不了预期目标；答题形式最好采用选择、判断、填空等形式，选择题的选项必须充分考虑到各种可能的情况，各个选项的表述要具体。

---

① 参见戴庆厦主编《云南玉龙县九河白族乡少数民族的语言生活》，商务印书馆 2013年版。

② 参见戴庆厦、田静《仙仁土家语研究》，中央民族大学出版社 2005 年版。

　　问卷调查法的优点是时间灵活，效率高，且问卷数量不受限制。问卷方式可以集中进行，也可以分散进行。

　　（三）个案研究法

　　个案研究法是指的是对某一个体、某一群体或某一组织在较长时间里连续进行调查，从而研究其行为发展变化的全过程。

　　具体到语言国情的个案研究，就是要掌握某个地区或民族的一个个具体的居民点的语言情况。在选定了某一调查点之后（调查范围以村寨或乡镇为主），调查组成员深入调查点挨家挨户进行语言及其使用情况的调查。调查内容包括调查点总人口有多少，有多少个民族（或民族支系），各个民族（或民族支系）的人口数量及其在整个调查点所占的比例，主要的经济形式是什么，教育状况怎样，调查对象的受教育水平如何，国家的各项经济、民族政策在当地执行得怎样，某个民族（或民族支系）有多少人会民族语，多少只会汉语，多少人兼用双语或多语，不同语言情况的人在本村、本族人聚居区的所占比例分别是多少，不同民族的人对自己的母语以及其他语言的语言观如何，不同年龄段的人的语言能力如何，家庭婚姻状况如何，族内婚姻和族际婚姻的比例，族际婚姻主要是哪些民族的结合，族际婚姻中进入村寨和离开村寨的数据是怎样的，有哪些民族节日和活动等。调查方式按照不同的调查内容分别来决定，如测试、访问、谈话、观察等。人口数量、民族分布、经济收入、教育水平等要根据当地最权威的数据来统计，确保各项调查内容的真实有效。调查的目标就是通过对实地调查收集到的资料，进行深入、全面、系统的分析和研究，形成多学科性的综合判断，揭示当地语言国情的基本特点。

　　个别反映一般，一般存在于个别之中。个案研究的对象是个别的，但不是完全孤立的个别，与其他个别相联系，是整体中的个别。个案对象的研究必然反映其他个体和整体的某些特征和规律。在语言国情调查中，通过综合一个个具体的个案研究来认识某个地区或民族的语言情况，揭示出一般规律，为国家制定语言政策提供一些有价值的参考。

三 人类学的方法——田野调查法

田野调查法被认为是人类学的学科标志，在社会学领域也被广泛运用，要求调查人员要学会调查群体的语言，深入调查地点进行较长时间的观察、访谈、体验，从而获得广泛、深入的第一手资料，并对获得的资料加以整理分析，上升为一定的理论认识。田野调查的过程需要运用参考文献资料、调查问卷、深入访谈等方法了解调查对象的历史背景、现状、风俗习惯、经济形式、文化特色等，实际上田野调查法是多种方法的综合运用。语言国情调查同样需要掌握使用语言的群体的历史背景、人文现状、语言能力、语言态度等第一手的信息资料。因此，田野调查也就自然成为语言国情调查必需的有效方法之一。

语言国情的田野调查大致分为四个阶段：

（一）材料准备阶段

立题，选择确定课题组成员，收集相关文献资料，制定调查词表和调查问卷，设计调查方案和经费预算，调查组成员的初步培训。

（二）田野调查阶段

通过深入调查点，按计划进行调查，积累大量的第一手原始材料。并对收集到的材料加以分类，拟出写作大纲。

（三）完成初稿阶段

根据写作大纲，分配好写作人物，调查组成员按照分工合作的方式整合已有材料，进行分析研究，同时进一步核实、补充调查材料，陆续完成各自负责部分的初稿。

（四）统稿成书阶段

统一体例；对注释、图表、标点符号等加以规范。

第二节　几种调查方法

一　穷尽式调查

所谓"穷尽式"调查，是指对所要调查的个案尽量做到微观细致的统计、分析和描写。调查组成员根据乡镇派出所提供的户籍簿，将调查村寨的村民的姓名、性别、年龄、家庭成员逐一登记下来，然后亲自到村寨，挨家挨户、一个不落地和村民面地面交谈，进行语言使用情况的调查统计。村民的实际情况和户口簿不一致的地方要标记出来，仔细核对，落实清楚。调查过程中对调查大纲列入的所有内容，要进行穷尽式的调查。例如，进行 400 词的核心词汇测试，每位测试对象对 400 词表中的每一个词的熟练程度都需要逐一记录统计。除了调查大纲的内容外还要尽量启发村民打开话匣子，知无不言，言无不尽，记录他们所了解的村寨历史、民间传说、村民信仰、风俗习惯、生产方式、家庭模式、业余生活、理想打算等。

"穷尽式"调查的优点是可以掌握调查点所有调查对象的情况，数据可靠，避免以偏概全，得出比较可靠的结论。缺点就是过于理想，实施难度大，对于超出 1000 人以上的大村寨，调查的时候组织难度大，耗时费力。更难办的就是，有的村民要出门打工、有的走亲戚、有的在外上学，短时间内难以实现面对面的调查。

"穷尽式"调查最适宜的调查点就是村民在 500 人以下，村寨相对封闭，村民流动数量少、流动范围小的村寨，便于联系到每一位村民。

如云南省盈江县卡场镇吾帕村丁林寨，是一个景颇族聚居的寨子。全寨共有 59 户，278 人，其中 6 岁以下儿童 30 人，聋哑 2 人，再除了载瓦支系的 11 人，勒期支系的 2 人，景颇族支系共 232 人。我们了解这个寨子景颇族支系的语言使用情况，就可以进行穷尽式的调查。下面分别是该寨子景颇族支系的母语、兼用汉语、兼用载瓦语情况。①

表 3 - 3　　　　　　　　　景颇族支系掌握景颇语情况

年龄段	人数	熟练		略懂		不懂	
		人数	百分比	人数	百分比	人数	百分比
6—19 岁	54	54	100	0	0	0	0
20—39 岁	121	121	100	0	0	0	0
40—59 岁	44	44	100	0	0	0	0
60 岁以上	13	13	100	0	0	0	0
合计	232	232	100	0	0	0	0

表 3 - 4　　　　　　　　　景颇族支系兼用汉语情况

年龄段	人数	熟练		略懂		不懂	
		人数	百分比	人数	百分比	人数	百分比
6—19 岁	54	40	74.1	14	25.9	0	0
20—39 岁	121	107	88.4	13	10.7	1	0.8
40—59 岁	44	21	47.7	22	50	1	2.3
60 岁以上	13	6	46.2	6	46.2	1	7.7
合计	232	174	75	55	23.7	3	1.3

表 3 - 5　　　　　　　　　景颇族支系兼用载瓦语情况

年龄段	人数	熟练		略懂		不懂	
		人数	百分比	人数	百分比	人数	百分比
6—19 岁	54	6	11.1	0	0	48	88.9
20—39 岁	121	6	5	14	11.6	101	83.5
40—59 岁	44	4	9.1	3	6.8	37	84.1
60 岁以上	13	1	7.7	1	7.7	11	84.6
合计	232	17	7.3	18	7.8	197	84.9

---

①　参见戴庆厦主编《云南德宏州景颇族语言使用现状及其演变》，商务印书馆 2011 年版。

二 抽样式调查

所谓"抽样式"调查是一种非穷尽式调查。和穷尽式调查不同，抽样式调查要从全部调查对象中选取部分的对象进行调查，并据以对全部对象作出估测和推断的一种调查方法。抽样调查只是对调查对象进行了抽取，但调查的内容还是像穷尽式调查一样，尽量全面。抽样调查要重视样本的选取。选取的样本越具有代表性，调查的结论越符合客观实际。选取样本的数量也要达到一定的比例，样本太少，不足以反映整体的一般情况。

抽样调查法适用于居民众多的调查点，并且根据初步了解的情况能够选出有代表性的样本，样本能够反映其所属群体的一般特征。在这种情况下使用抽样调查法，省时省力，经济灵活。

在语言国情调查中，语言能力的测试常采用抽样式的调查。例如，中国境内的克木人是一个人口很少的群体，主要分布在云南省西双版纳傣族自治州的景洪市和勐腊县。我们在克木人聚居的两个村寨——曼迈村和王四龙村进行了调查。两个村寨的 331 名克木人（6 岁以上）全部稳定使用母语。在调查母语使用水平是否存在代际差异的情况时，没有对调查过的 331 名克木人全部进行语言能力的 400 词测试，而是采用抽样式的方法，对不同年龄段的克木人进行测试。随机测试后 C、D 级词汇量统计如下：

表 3－6　　曼迈村、王四龙村克木人母语水平随机测试 C、D 级词汇统计

年龄段（岁）	人数	词汇总量	C、D 级词汇数量	C、D 级词数占总词汇量的百分比
6—19	4	1600	434	27.13
20—39	12	4800	144	3
40—59	9	3600	23	0.64
60 以上	3	1200	0	0

虽然被调查的克木人都能熟练使用自己的母语，但从表 3－6 中

可以看出，不同年龄段的母语词汇掌握水平有所不同，母语词汇掌握程度与年龄段的增长成反比。其词汇量掌握情况的特点是：60 岁以上的克木人词汇水平最好，400 词全部为熟练，没有出现 C、D 级词汇；40—59 岁的克木人词汇水平略有下降，但还基本保持，C、D 级词汇仅占 400 词的 0.64%；20—39 岁的克木人又要比 40—59 岁的 C、D 级词汇多一点，占到 400 词的 3%；6—19 岁的青少年词汇水平明显降低，C、D 级词汇占到 400 词的 27.13%。这些差异，可以判断克木人母语掌握情况存在代际差异。

三　观察法

语言产生于群众之中，使用于群众之中，所以要真正了解语言的使用情况和各民族语言和谐的特点，就必须深入到使用语言的人群中去观察、采集第一手语料。特别是语言活力，总是在使用现场才得到真实的反映。所以，要求调查人员深入群众的语言生活，细心观察语言和谐的表现。为此，需要把大量的时间放在田野调查上。课题组成员深入到村寨和民族父老兄弟接触。除了访问、聊天外，还要观察他们具体的语言生活。因为语言关系总是在他们的日常生活中体现。在有人交谈的地方，我们尽可能靠近，仔细观察他们是如何使用语言的。

观察要细致深入，对语料的收集应当具有高度的敏锐性，不要不经意地错过一个个鲜活的语言现象。只有观察深入，才能透过现象看本质，才有可能写出较成功的调查研究报告。如果观察不深，就不可能写出有深度的调查研究报告来。

如云南省勐腊县王四龙村的克木人，都能熟练地使用自己的母语进行交流，他们的母语得到完好的保存，并且具有很强的生命力。在寨子里走访的过程中，遇到三个 4 岁左右的克木小朋友一边玩耍，一边用克木语交流。我们问："你们吃饭了吗？"其中一个年龄较大的孩子用很不流利的汉语问："什么？"这说明，克木语是儿童最先习得的语言，而且在 5 岁以前，他们还没开始习得汉语。

还是在勐腊县王四龙村，村组长岩（读 ai 音）腊和副组长岩光都是克木人，当我们向他俩了解村里情况时，他们用汉语和我们交流，但是他们俩之间还讲克木语。当岩光用汉语问岩腊问题时，岩腊表示惊讶，并开玩笑说："我又不是汉族，你干什么和我讲汉话？"岩光当时有些不好意思。这说明，他们之间平时主要是用克木语交流，不习惯用汉语交流，克木语是他们日常生活中的主要交流工具。

第三节　语言国情调查的过程

一　调查前的准备工作

调查前的准备工作要做到尽量充分。准备工作做得充分，资料齐全、目的明确、调查条目清楚、器材方便，进入调查点工作起来就思路清楚、快速高效，调查就容易取得丰硕成果；相反，如果准备工作做得不够充分，无的放矢，甚至东一榔头西一棒槌，眉毛胡子一把抓，就很难取得好的成果。

（一）选好调查点

调查点的选择原则是要有典型性、代表性、层次性、特色性。典型性、代表性指的是能反映整体的普遍共性，层次性、特色性指的是能反映整体内部不同层次上的差异。选好调查点，对成功地调查具有关键性的意义。如云南省德宏州景颇族语言国情调查的选点情况：

云南德宏州的景颇族虽然人口不多，但分布广泛，在全州4个县各地都有分布。我们不可能跑遍全州调查所有的分布点，只能选取有典型价值的代表点作为调查重点，并兼顾面上的情况。

景颇族的分布，不同民族、不同支系呈"大杂居、小聚居"的局面，即不同民族、不同支系分寨而居；一个寨主要由单一民族或单一支系构成。

我们的选点原则是：1. 聚居与杂居并举，以聚居为主。这里所说的"聚居""杂居"既指景颇族和其他民族的分布，又指景颇族内部不同支系的分布。2. 农村和城镇并举，以农村为主。3. 寨子大小兼顾。

根据这个原则，我们选了以下 12 个点：

　1. 景颇族单一支系聚居的：

　（1）瑞丽市弄岛镇等嘎村五陆央淘宝村（景颇支系聚居）

　（2）盈江县卡场镇吾帕村丁林寨（景颇支系聚居）

　（3）盈江县卡场镇吾帕村迈东组（景颇支系聚居）

　（4）潞西市五岔路乡弯丹村拱母组（载瓦支系聚居）

　（5）潞西市五岔路乡五岔路村遮旦组景社（载瓦支系聚居）

　（6）潞西市三台山乡允欠村拱岭组

　2. 景颇族不同支系杂居的：

　（7）潞西市五岔路乡弯丹村白岩组（景颇族不同支系杂居）

　（8）潞西市三台山乡邦外村拱别组（景颇族不同支系杂居）

　3. 景颇族与其他民族杂居的：

　（9）盈江县卡场镇草坝村盆都组（景颇族和傈僳族杂居）

　（10）潞西市五岔路乡弯丹村勐广组汉寨（景颇族和汉族杂居）

　4. 不同民族、不同支系杂居的：

　（11）潞西市芒市镇

　（12）潞西市三台山乡允欠村三组

（二）做好前期资料收集工作

收集当地的历史、地理、人口、经济、文化、语言、服饰、风俗活动等文字、图片、表格资料，分门别类加以整理甄别，初步了解调查点的语言文化情况。当然，不同的调查点，可以收集到的资料的丰富程度是不一样的，有的调查点资料丰富一些，有的调查点几乎是空白。或者是同一个调查点有的方面资料丰富一些，有的方面资料很贫乏。哪些丰富、哪些贫乏，调查前要做到心中有数。

（三）撰写调查大纲、制订好调查计划

根据调查目的，首先撰写好调查大纲，包括语音大纲、词汇大纲、语法大纲、调查问卷等；确定具体的调查内容和条目、调查重点、调查难点、主要的调查方法、调查的步骤、调查的时间等；还要结合已有材料，确定哪些是需要核实的、哪些是需要补充的、哪些是需要独立调查的。据此制订详细可行的调查计划。

（四）准备好设备、材料

每位调查成员都必须配备电脑，用来录入调查资料；调查组还必须配备用于记录访谈的录音设备，拍摄村寨建筑、服饰、风俗活动的照相机（有条件的话配备上录像机）；进入村寨调查的时候，有的地方的电源、办公设备等不太方便，要准备一些电源线长度在 8 米以上的插座，电脑上的充电电池也要带好，以备停电的时候使用；打印好足量的调查表格、调查问卷，或者带上打印机、打印纸，需要用纸质调查材料时方便打印。

二　成立调查组

课题负责人要根据调查目的、调查任务、调查难度、调查时间等选定合适的人员组建调查组。通常要由课题负责人担任调查组组长，全面负责整个调查过程的领导、规划、协调工作。

课题负责人可根据调查任务的多少及难易程度确定确定调查成员的数量。调查组成员良好的素养是完成好调查任务的重要保证。调查组人员的选定要注意以下几个问题。

（一）调查成员要有吃苦精神

田野调查是很辛苦的，往往是时间短任务重。找到一些理想的调查对象也是件很不容易的事情，而且调查对象都有自己的工作事务，再加上调查经费有限，做不到给每位调查对象较高的劳动报酬，这就需要在尽可能短的时间内完成调查任务。白天调查得到的材料，晚上一定要加班整理，及时地查漏补缺，以便进行现场核实。否则的话，等到离开调查地点，发现了材料中的问题想要再核实，就不那么方便了。未能经过很好核实的材料事后就成为一堆废料，调查功夫就白下了。总之，整个调查过程中的工作强度是相当大的，而且在一些偏僻村寨调查时，食宿条件也非常有限，对于习惯了在城市生活的人来说，会觉得很艰苦。所以，调查人员没有吃苦精神，那是很难顺利完成任务的。

（二）调查成员要有良好的工作习惯

分配了调查任务之后，调查成员要迅速进入工作角色，根据自己的任务制订出切实可行的工作方案，确定自己的调查范围、调查目标、调查对象，准备好自己的调查材料、器材，明白自己要干什么、该怎么干，工作过程要井井有条，不丢三落四，不拖泥带水。

（三）调查成员要有较好的沟通能力

调查工作实际上就是调查者和被调查者之间有计划、有目的的交流。有些调查对象是通过当地的领导、熟人提前沟通过的，有些是随机调查。尤其是随机调查的情况，调查者和被调查者是陌生的，调查者知道自己在干什么，被调查者却不了解你要干什么，往往会对你的调查存有戒备心理，或者是人家手头有事，不愿意配合你。这就要求调查者具备较好的沟通能力，礼貌待人，取得调查对象的信任，说明自己的调查目的、意义，让调查对象乐意配合你的调查工作。

（四）调查成员要有强烈的团队意识

调查任务通常比较繁重，调查过程中需要对调查任务切块并分头进行，调查成员分工合作。要求调查成员能服从整体安排，积极主动，充分发挥自己的作用，不计较任务的难易、多少等。大家心往一处想、劲往一处使，以按时完成好调查任务为荣。当然，组长分配任务的时候也会考虑到调查成员的个人兴趣、长项等情况。

对于成果署名次序等问题，一般会确定一个统一的原则，大家共同遵守。个人要充分认识到，调查成果是团队成员合作的结果，没有大家的共同合作，个人是难以取得成绩的。每个人以能成为团队的一名成员而自豪。

三 调查组成员的培训

成立调查组后，要对调查成员进行培训。

1. 调查组成员熟悉调查内容、调查方式、调查流程、调查计划，保证一旦开始调查就能迅速进入角色，完成好自己的工作。

2. 连续调查是一件很累的活儿，调查组成员要礼貌待人、以情感人，让调查对象能够乐意配合你的调查，克服调查过程中的劳累。

3. 熟练操作器材设备。进行录音、录像时，负责录音、录像的人员要能够事先准备、检查好器材，保证熟练操作。一旦开始摄录，就要尽量避免因器材问题或操作不当造成延误时间的现象，让调查对象长时间等待。

四 调查过程

（一） 做好沟通联系工作

和调查点隶属的上级政府、当地的市县级文化、民族宗教、教育等行政管理部门、调查村寨的村民委员会取得联系，沟通交流，得到他们的理解与支持。请他们介绍当地的政策、经济、民族构成、发展规划、自然、地理、文化、教育、语言等情况，介绍他们的工作经验、工作过程中的注意事项，提供他们掌握的相关资料，包括当地的政策、经济、文化教育方面的现状、发展规划等文件资料。向他们介绍课题组的组成情况，说明课题性质、调查目的、调查内容、调查方式、调查计划，以便于顺利开展调查工作。

做好和调查对象的沟通联系工作，使调查对象打消顾虑，积极配合，耐心细致，力求调查内容翔实、结论可靠。如果是做人物专访，必须事先拜访调查对象，说明访谈的主题、主要内容、访谈方式，约定好时间、地点，便于调查对象提前安排准备。

（二） 选择理想的调查对象

理想的调查对象是调查组能否顺利完成好调查工作的关键。在调查过程中，调查内容往往是分块进行的。调查内容不同，对调查对象的要求也不同。

1. 对语言本体的调查，必须要有固定的发音合作人。理想的调查对象必须具备几个条件：一是必须是在当地土生土长、从小以被调查语言为母语，父母也都使用这种语言，是他们家庭中的日常交流语言；二是发音器官正常、发音清晰的。不要选声音嘶哑、缺门牙、大舌头的人当发音合作人。热爱自己的母语且热心于自己母语的保护工作。三是为了便于记录，发音人最好能懂一些汉语。但要注意如果汉语太好，有的则会影响母语的熟练程度。因而遇到汉语好的，就要仔细询问母语是如何学来的，什么时候学会的，判断是否地道。总之，要选母语程度好、从小就掌握母语的发音合作人。调查对象从事过该语言的教学推广、文艺宣传、文字编辑等工作。这样的调查对象能够原汁原味地反映调查语言的面貌，乐于配合艰辛的调查工作，能较快地理解掌握调查要求。

调查对象能够不厌其烦地回答调查问题，他们有能力认真地体会琢磨自己语言中语音、词汇、语法上的细微差别以及使用时一般人不大注意容易被忽略的现象，有一种不弄清楚不罢休的精神。

对于那些热爱自己的语言文化，有一定的文化水平和研究能力且乐意合作研究的调查对象，可以邀请他们加入课题组，随课题组一起深入调查，有利于更好地完成调查任务。

2. 人物专访对象的选择要根据专访的主题来确定。在语言国情调查中，我们需要全方位了解当地的政治、经济、文化、教育、历史变迁、民族构成、风土人情等情况。在职的政府官员，他们熟悉当地的政治、经济、文化、教育等方面的现状及政策；曾经长期在政府部门任职的离退休人员，他们亲身经历、目睹了当地的发展变化，熟悉当地的历史变迁、风土人情，也了解一些政策的形成、执行情况，他们也愿意为当地经济文化的发展献计献策；热心于当地文化传承发展的文化教育工作者、民间艺人，他们乐于挖掘、传播当地民间文化艺术，讲述民间故事，展示他们的民族特色；村寨里的长老（过去的族长、头人）能够讲述本族人的历史、习俗、村寨的变迁、来由等，他们对待本族人的语言文化的态度会对下一代人形成一定的影响。我们在云南省德宏州随机调查一个在商店当服务员的景颇族青年女子，她就说，将来以后她结婚生子，一定要让孩子学说景颇话的，否则的话，她的爸爸会生气的，就不认她是景颇人，她姐姐嫁给了傣族，但她的小孩子就会说景颇话。

3. 对语言使用现状及其演变的调查，就需要从不同的角度、不同的层次来考虑。要考虑到不同的年龄层次、不同的文化层次、不同的职业领域、母语与兼用语情况等。

从年龄层次上来看，60 岁以上的人，语言面貌是最稳定的，他们在母语习得的黄金时代，未赶上普通话的大力推广和频繁的语言接触，声像媒体缺乏，语言习得环境相对单一，受学校教育的机会相对较少，即使上学，时间也相对较短。因此，他们习得的母语当然是最地道、受到最少干扰的纯正语言。

（三）做好调查前的安排，重视调查中的总结

在整个调查过程中，团队负责人需要负责全局的安排工作。每到一个调查点，团队负责人必须首先根据调查任务进行明确的分工，确定调查的步骤，完成任务的时间等，及时解决调查成员在调查过程中遇到的各种问题。调查成员在调查过程中难免会遇到各种各样的问题，对遇到的问题要及时记录反馈，大家一起交流，总结经验，群策群力，提高调查水平。每个点甚至是每天调查前的安排和调查后的总结工作是非常重要的。

（四）切身感受当地居民的日常生活及民俗活动

调查成员的住地不能离调查点太远，条件允许的时候就住在调查点。在调查之余参与当地居民的日常活动，如果能赶上当地的风俗活动的话，一定尽量参加。参加活动的时候调查成员一定要了解清楚当地的礼仪习俗，遵照礼仪习惯去参加。如我们在勐腊县曼迈村调查的时候，得知村会计岩甩的亲戚家第二天要举行上新房活动（乔迁新居），岩甩也邀请我们参加，我们向勐腊县进修学校的依龙岗老师询问上新房的礼仪习惯，她说参加上新房的通常要准备一小袋米，她帮我们准备了，第二天去的时候带上了，结果上新房的主人对我们的到来非常欢迎。

（五）尽力收集各种资料

除了按计划调查外，还要敏锐地捕捉计划外的有价值的资料。捕捉过去不了解的新材料、新内容，特别是当地人特有的习俗、文化观念等。

五　材料的整理及保存

田野调查获取的材料是最珍贵的，具有永久保存的价值，因而需要格外珍惜。白天调查回来的材料，晚上要抓紧整理。离开调查点之前，要把所有的材料包括手稿、录音都整理好带回。

调查材料要注明出处（包括姓名、年龄、性别、文化程度、职业联系地址或电话、记录时间等），并分门别类地保存好。涉及有记音的语料，要统一核对。不同人的记音材料要统一，遇有不同处理方法的，要加说明。修改的字迹要清楚，以备多年后也能辨认。防止带回记音错误的语料。

调查材料要由专人负责保管。

第四章

语言功能调查法（上）

语言功能是指语言的使用状况，包括某种具体的语言和方言的使用人数、使用范围、使用场合，及所承载的文化教育功能。语言功能的大小关系到语言的地位，以及怎样对其进行规范和施行对策。语言功能调查法分上、下两章。本章分为三节，主要探讨怎样选点、语言能力调查及测试、母语和兼用语的关系等问题。

第一节　怎样选点

我国疆域辽阔，语种众多。语言国情调查选点时，不能全面撒网，必须选择具有典型性特征的代表点，以便通过这些代表点取得对全局的认识。

选择有典型价值的代表点，主要考虑点的大小、数量、类型几个条件。

一　选点的原则与类型

选点时必须综合考虑语言的类型，并作为选点原则，各种类型的点都要有，分布比例要合理。不同类型主要有：大语种和小语种；聚居语言和杂居语言；有文字语言和无文字语言；城镇语言和农村语言；边疆语言和内地语言；跨境语言和非跨境语言等。此外，有支系语言差异的还要调查不同支系语言的使用特点。

以绿春哈尼语选点为例：绿春哈尼族①大多是聚居居住，语言使用特点比较一致，但城镇和中越边境的哈尼语使用情况有点不同。根据这个特点，我们按与县城距离的远近选取广吗寨、车里寨、坡头寨和大寨四个聚居点。其中将地处中越边境的车里寨作为调查点，是想通过它了解跨境哈尼语的语言使用特点。绿春县城哈尼族语言使用情况与农村不同，我们也列了一个点。以上五个点，是我们这次调查的重点。

再如九河乡的普米族②共有 1150 人，主要分布在金普和河源两个村。金普村的普米族人数最多，有 584 人，其次是河源村 456 人。这两个村的普米人占了全乡普米族人口的 90.43%。其余 110 人散居在甸头、关上、中古、北高、河源等多个行政村。如果掌握这两个村普米人使用母语的情况，就可以对九河全乡普米族母语使用现状有较为全面的了解。为此，我们选取金普和河源两个村作为考察对象进行比较深入的调查统计。

二 选点的大小

语言国情调查不宜过大，因为代表点过大，不易摸透，也难以做出准确的判断。如农村是民族语言国情调查的重点，选点时以不超过"乡"为好；城镇则应以不同场合、不同家庭等为单位。重点应放在以"点"为单位的、微观的个案调查上，个案调查才便于深入，能取得真知灼见。

如九河乡③的民族分布大体上呈以下几种类型：一是单一民族为主的聚居区，比如高登组是以白族为主的聚居区，白族占该村的 91.3%，彼古组是纳西族的聚居区，纳西族占该村的 95%；二是两个或两个以

---

① 参见戴庆厦主编《绿春县哈尼族语言使用情况及其演变》，中国社会科学出版社 2012 年版。

② 参见戴庆厦主编《云南玉龙县九河白族乡少数民族的语言生活》，中国社会科学出版社 2014 年版。

③ 同上。

上的民族的聚居区，如梅瓦村以纳西族和白族为主，纳西族占该村的59.39%，白族占 36.24%。我们共选了 7 个点作为重点调查的个案：中古村雄古二组和新文一组（纳西族为主）；关上村梅瓦村组（纳西和白族为主）；南高村彼古村组（纳西族为主）；南高村易之古小村组（以白族为主）；九河村高登村组（以白族为主）；龙应村史家坡村组（以白族为主）；金普村拉普村组（普米族为主）。

三　选点的数量

数量可依照具体语言的差异情况和调查的力量、时间来决定，但原则上必须涉及各种类型，能够进行类型特征区别和分析。

为了系统说明田野调查中怎样确立选点原则以及如何考虑点的大小和数量，下面选西双版纳基诺族案例具体分析。

案例（一）：基诺族语言使用情况选点①

课题组根据地理位置的不同，一共选择了 7 个村委会的 9 个自然村和一个乡政府，共 10 个点进行调查。这 10 个点有四种类型，不同类型各有特点，第一种类型是国道沿线型，有巴朵组、巴破组、乡机关单位。第二种类型是乡（村）道沿线型，有巴亚新寨、巴亚老寨。第三种类型是橄榄坝型（地理位置上与橄榄坝傣族地区靠近），有巴秀、巴昆等村寨。第四种类型茶马古道沿线型，有么羊（普米）、洛科大寨、洛科新寨。

第二节　语言能力调查及测试

一　语言能力的评判标准

语言国情调查的一个重要任务是要掌握居民的语言能力，所以要对被测者的语言能力进行评判。语言能力的评判要有一个统一的、量化的

---

① 参见戴庆厦主编《基诺族语言使用现状及其演变》，商务印书馆 2007 年版。

标准，不能是各有各的标准。所以，在调查之前，要制定供大家共同遵守的语言能力等级划分的标准，并提前对课题组成员进行培训，统一认识。

（一）语言能力等级的划分

可依据听、说的标准，把语言能力等级划分为熟练、略懂、不会三个等级，也可以分为熟练、一般、略懂和不会四个等级。

1. 三个等级的具体标准

（1）熟练：听、说能力俱佳；日常生活中能够自如地运用被测语言进行交流。

（2）略懂：听、说能力均为一般或较差，或听的能力较强，说的能力较差；日常生活中以兼用语为主。

（3）不会：听、说能力均较为低下或完全不懂；基本上已转用兼用语。

在多语区，由于许多人能掌握两种以上的语言，所以在语言测试中，除了母语能力外，还对兼用语的语言能力进行测试。兼用语有第一兼用语、第二兼用语和第三兼用语之分。也可用上面的三个等级进行测试。兼用语的习得大多是有先后顺序的，所以在记录时必须区分先后。但族际婚姻家庭的青少年，由于语言习得的环境，有的会存在两种兼用语不分先后同时习得的情况。遇到这种情况，要加以说明。

2. 四个等级的具体标准

（1）熟练：能在日常生活中自如地运用被测语言进行交流，听、说能力俱佳。

（2）一般：指能听懂被测语言，也会说，但在日常生活中多使用别的语言。

（3）略懂：指只能听懂简单的会话，一般不说。

（4）不会：指既听不懂被测语言，也不会说被测语言。

不同等级与听说能力强弱的关系见表4－1（"＋"表示能力强，"－"表示能力弱，"○"表示不会）：

表 4 – 1 语言等级与语言能力关系对照表

等级	听的能力	说的能力	能否交流
熟练级	+	+	能
一般级	+	–	能
略懂级	–	○	部分
不会级	○	○	不能

从能否交流的能力看，四个等级的具体情况是："熟练"级和"一般"级的人具有利用被测语言的交流能力；"略懂"级具有被测语言的部分交流能力；"不会"级则完全不具有被测语言的交流能力。

（二）400 词测试

语言能力通常表现在语音、语法、词汇三个方面，其中词汇的掌握情况比较重要，而且比较容易测试。为了能够在较短时间获得被调查者的语言能力，一个可行的办法是进行基本词的测试。通过少量的词汇测试，掌握被调查者水平的词汇能力。根据多年的调查经验，设计"400词测试表"（或"500词测试表"）进行测试，是一个有效办法。

1. 400 词测试的标准

对 400 词掌握的水平应当有一个统一标准。我们将词的掌握能力分为四级：A、B、C、D。A 级：能脱口而出的；B 级：需想一想才说出的；C 级：经测试人提示后方能想起的；D 级：经提示仍想不起来的。

400 词测试中"综合评分"定为优秀、良好、一般、差四级。具体是：

"优秀"级：A 级和 B 级相加的词汇达到 350 个以上。

"良好"级：A 级和 B 级相加的词汇在 280—349 个。

"一般"级：A 级和 B 级相加的词汇在 240—279 个。

"差"级：A 级和 B 级相加的词汇在 240 个以下。

2. "400 词测试表"如何选词

400 词中大部分应是最常用的，但也可包括一些平时不太用、有一定难度的词。400 词中的每个词条都应有国际音标标音，便于测试者操作；词条按意义分类，便于被测试者回答。400 词表可根据民族分布特点、日常语言生活使用特点适当调整。

具体选词标准可参见第五章第二节内容。

二　语言能力调查的内容

（1）语言使用状况调查的主要内容，是具体语言在特定社会生活中的活力、功能、地位以及与其他语言的互补、竞争关系。包括：调查不同年龄段（可划分为"老年、中年、青年、少年"四段）、不同职业（工人、农民、干部、学生等）的人具体掌握母语的能力水平等级。可分为"熟练、一般、略懂、不会"四级或"熟练、略懂、不会"三级。

具体语言能力的判断要通过不同年龄段的统计来获得。语言调查，以具有完全语言能力的人为调查对象，不包括语言不健全或未完全学会语言的儿童。不同年龄段的语言能力存在的差异，可依据不同地区的特点划分年龄段。一般使用语言的差异可以划分出四个年龄段：（1）儿童段：6—18 岁；（2）青少年段：18—39 岁；（3）青壮年段：40—59 岁；（4）老年段：60 岁以上。由于 6 岁以下儿童的语言能力不稳定，所以我们把调查对象的年龄划在 6 岁以上。

语言能力在不同年龄段上会或多或少地出现差异，可称为语言使用的"代际性特点"。不同代际或不同辈分的人（包括祖父母辈、父母辈和子女辈以及孙子女辈等）的语言能力往往会存在差异，但差异是有规律的。少年儿童的语言状况反映社会的变化最敏感，往往代表语言功能演变的趋势。因而要特别重视调查少年儿童的语言能力，比较他们与父辈语言能力的差异，揭示代际语言能力的差异特点。对不同年龄段出现的特殊情况，应及时调查追问或分析其形成原因，进行解释。

应当注意到，由于现代化进程的加快，以及城乡差异的缩小，有些民族的儿童第一语言已不是母语，而是汉语，母语成为第二语言。对这种变化及其成因也应进行调查。

（2）调查该语言在不同场合（家庭、村寨、工厂、田间、学校、政府机关、集市贸易、医院、劳动生产、婚丧喜庆、宗教等）的使用情况，在媒体中的使用情况（广播、电视、戏剧、电脑、手机、电话等）。单一民族家庭和族际婚姻家庭的语言使用情况会有不同，也应列专项进行调查，调查这两类家庭的用语，以及子女多语情况和语言能力状况。

三　母语能力调查及测试

关于什么是"母语"，学者存在两种不同观点：一种是以语言习得的顺序为依据，把母语定义为"最先习得的语言"；另一种是以语言使用者的民族成分为依据，把母语定义为"本民族的语言"。我们采纳后一种观点，但究竟是根据父亲还是母亲的语言确定其母语是哪种，不同人、不同地区会存在差异，我们一般依据本人意愿填写。母语能力调查内容有：母语使用现状及特点、现状成因、400 词测试等。

（一）母语使用现状及特点

母语使用现状的类型有：全民熟练使用母语型（又称"母语强势型"）；母语衰退型；母语转用型；母语复苏型等。

全民熟练使用母语型表现为母语保留具有全民性，是族内交流最重要的语言工具，母语水平无明显代际差异，不同村寨、不同代际的母语人所掌握的母语词汇量大致均衡。母语衰退型表现为熟练使用母语的人数比例低、母语水平出现代际差异。母语转用型表现为母语衰退人数比例高，甚至部分人出现语言转用。母语复苏型指由于受到国家特少民族政策的优惠，唤醒了本族人母语意识，使得一些家庭开始教孩子学母语，出现了母语水平上升的良好势头。详见案例（二）。

通过语言使用水平等级可初步判断母语代际差异。差异表现为：有的语言使用人口比例出现下降，使用范围正在缩小；有的语言处于濒危状态。具体差异程度体现在 400 词测试及等级情况、家庭语言使用情况等。

家庭不同代际间选择的交流用语，也能用来判断母语代际的差异。如第一代和第二代都用母语，第三代主要用通用语，这说明母语的使用功能正在衰退。

少数民族出现青少年母语能力下降的趋势。具体表现为母语词汇量有所下降，许多青少年的母语能力已不及父辈，甚至有的只能应付简单的交流；汉语借词的增多、口头文学的失传、不能熟练使用母语等，还有个别青少年母语习得的顺序改变、对自己民族的传统文学所知不多等。

（二）母语使用现状的成因

各少数民族地区母语使用现状的成因主要有以下两种。

1. 母语完整保留的成因

一般是：民族高度聚居或小聚居的分布格局、交通较闭塞、周边有人数较多的同一民族分布、对本民族传统语言文化深厚的感情、民族内部的认同、和谐的语言关系、互相尊重各自语言的使用、稳定的民族政策、本民族文化的完整保留、族内婚为主的婚姻结构等。

2. 母语代际差异或母语衰退的成因

进入现代化进程的新时期，由于经济文化、科技教育的大发展，社会对语言统一性的要求提高了，因而国家通用语——汉语的使用功能也随之提高。在这样的大环境下，一些使用人口较少或杂居的、族际婚姻家庭较多的，以及一些虽然人口多但与汉族交往比较密切的民族，其语言功能特别是下一代的语言功能会出现不同程度的衰退。

案例（二）云南九河乡金普村普米族母语使用情况①

九河乡的普米族共有 1150 人，主要分布在金普和河源两个村。金普村共有 1210 人，其中普米族人口最多，占全村总人口的 48.26%，主要分布在拉普、小马坪、大马坪、大梨树、冷水沟、大麦地、通海乐、老佐落等 8 个小组。这 8 个小组的普米人母语使用现状基本相同，都属于母语保留型。

但河源村的情况不同。该村共有 2068 人，其中白族人口最多，占全村总人口的 36.99%。其次是纳西族，占总人口的 24.66%；再次是普米族，占 22.05%。普米族主要分布在桥地坪小组、河源小组以及大

---

① 参见戴庆厦主编《云南玉龙县九河白族乡少数民族的语言生活》，中国社会科学出版社 2014 年版。

栗坪小组小栗坪社①。河源村普米族的母语使用具有不平衡性，三个小组分属三种不同的类型。桥地坪小组属于母语保留型，河源小组属于母语衰退型，大栗坪小组小栗坪社属于母语复苏型。下面分别加以论述。

（三）400 词测试

1. 母语保留型

这一类型是九河乡普米族母语使用的基本类型，金普村和河源村桥地坪寨的普米人的母语使用状况都属于这一类型，这是九河乡普米人母语使用的主流形态。表现为：

（1）普米语具有很强的语言活力

金普村拉普寨是普米族聚居的自然寨，普米族占该寨人口82.95%。我们随机抽取的 68 人，除了 2 人的母语水平为"略懂"以外，其余的 66 人均能熟练使用自己母语。母语略懂的两位是长期在丽江生活的孩子，年龄分别是 8 岁、10 岁。虽然他俩长期脱离拉普寨这一普米语社区，但寒暑假在拉普寨的短暂生活仍能帮助他们习得母语。这可以证明普米语在拉普寨语言社区中的强势地位。

河源村桥地坪小组普米族的母语使用现状也属于母语保留型。该小组共有 46 户，181 人，其中普米族 35 户，140 人。该小组的普米人全民熟练使用母语。

桥地坪小组母语保留的原因主要与普米族在桥地坪小组人口占优势有关。普米族人口占该村人口的 77.35%，这个人口比例使普米语成为桥地坪寨的强势用语。

（2）母语是族群内部首选的语言交流工具

九河乡的大多数普米人除了掌握自己的母语以外，还兼用汉、纳西、白等多种语言，是一个全民多语的语言群体。我们抽查金普村拉普小组的 68 位普米人，发现他们全是会说普米、汉、纳西等三种语言的多语人，有的人会说的语言甚至多达 7 种。

---

① "社"是行政区划单位，隶属于小组。如大栗坪小组辖大栗坪、小栗坪、二郎清三个社。

　　虽然同族人在交流时存在语言使用的多选性，但实际的情况是只要是族内交流，普米人都不约而同地使用母语。母语的选用只受到交流对象族群身份的制约，不受交流场合的制约。无论是在家庭，还是在村寨、学校、卫生院等公共场合，无论是日常闲聊，还是正式会议，只要交流对象是普米人，普米语便成为首选的交流工具。

　　在金普村拉普寨和桥地坪寨这样的普米族聚居寨，普米语是村落强势语言。红白喜事、饭后闲聊，只要大家聚在一起都说普米语。

　　（3）不同代际的母语水平差距不大

　　拉普寨6—19岁、20—39岁、40—59岁、60岁以上四个不同年龄段的普米人绝大多数都能熟练使用自己的母语。我们所调查的68位普米人，母语熟练的人数比例达97.05%。

　　母语400词测试也显示不同代际的词汇量大致均衡。如16岁的熊凤娟、37岁的李福限、61岁的和完全、76岁的熊占仁A级词汇分别是367、385、388、400。四位不同代际者的词汇量没有明显的差距。

　　2. 母语衰退型

　　母语衰退表现为熟练使用母语的人数比例低、母语水平出现代际差异，甚至部分人出现语言转用。如河源村河源小组的普米人母语水平出现了衰退。

　　河源小组共有41户，其中只有6户是普米族，其余35户都是汉族。根据调查，我们认为河源小组普米人的母语水平可分为母语水平保留型、母语水平弱化型和母语水平丢失型三类。这三种类型与年龄段有关。母语水平保留型主要是中老年群体以及从金普嫁进来的普米族媳妇，这一群体之间都用普米语交流。母语水平弱化型主要是20岁以下的青少年，他们能听但不能说。母语丢失型也在20岁以下的青少年中，他们都听不懂普米语。

　　河源村河源小组普米语衰退跟普米族在河源小组的人口比例太小有关。6户普米族与35户汉族的数量比，普米语在河源小组居于绝对劣势地位，必然导致语言功能的衰退。

3. 母语复苏型①

小栗坪社是河源村大栗坪小组所辖的三个社之一。该社有 15 户，都是普米族。小栗坪社和河源小组有类似之处，也有不同之处。类似之处是都出现了母语衰退，不同之处是小栗坪社衰退之后又出现了母语复苏。不同年龄段的母语水平数据统计体现了这一变化：60 岁以上、40—59 岁、20—39 岁、6—19 岁四个年龄段母语熟练比例分别为：100%、100%、33.3%、71.4%，这四个数字显示普米人的普米语水平由衰退到复苏变化趋势。

导致小栗坪普米人母语衰退的原因主要与族际婚姻和周边的民族分布有关。小栗坪社所隶属的大栗坪小组有 60 多户，大多是白族，而且小栗坪社的 15 户中有 7 户娶了白族媳妇。外围的民族分布与寨内的族际婚姻合力削弱普米语在小栗坪社语言社区的语言势力，导致小栗坪社 20—39 岁的普米族母语水平衰退，有的甚至转用白语。

小栗坪社 6—19 岁的普米族母语得以复苏的原因主要是得益于国家的特少民族政策。从 2006 年起，九河乡的普米族每年都享受到国家特少民族项目的优惠政策。国家的关怀唤醒了普米人的母语意识，有的家庭开始教孩子学普米语，于是出现了普米语水平上升的良好势头。

四　兼用语能力调查及测试

中国的不同语言，由于使用人口多少的不同、社会经济文化发展状况的差异，其功能也必然存在差异。我国的少数民族，语言兼用现象很普遍，除了兼用汉语外，有的还兼用其他少数民族语言。调查中要记录兼语人的年龄、地区、职业的分布特点，兼用语使用的场合，兼语人的母语和兼用语的水平比较，以及语言兼用的成因及其条件等。还要调查兼语人使用兼语（当地方言和普通话）的语音、词汇、语法的特点。有外来人口的村寨，还要调查外来人口兼用该地语言的状况。了解他们掌握当地语言的水平及使用特点。

---

① "母语复苏型"概念是课题组成员余金枝教授首先提出的。

（一）兼用语的类型

划分兼用语的类型可以从不同的角度做不同的划分：根据兼用语言的种类，可分为兼用汉语型和兼用少数民族语言型；根据少数民族掌握和使用语言的数量，可分为双语型和多语型；根据村寨兼用不同语言的人数可分为普遍兼用汉语型和局部兼用少数民族语言型；此外还可以根据兼用语言的习得顺序进行分类。详见案例（三）。

双语是指个人或语言（方言）集团除能熟练使用自己的母语外，还能用另一种语言进行日常交流活动。民族语国情调查的双语，多指兼用汉语，调查内容包括：少数民族兼用汉语的特点，少数民族兼用汉语的功能分析，少数民族兼用汉语的学习途径。详见案例（四）。一些人除熟练掌握自己的母语外，不懂汉语，但能熟练使用另一种地域性的民族语言。我们把这种同时掌握两种语言的现象也称为"双语型"。

"多语型"是指除母语外，还能兼用两种或两种以上语言的现象。部分少数民族出于生存和交流的需要，不但能兼用汉语，还能不同程度地兼用别的少数民族语言。少数民族兼用别的民族语言与兼用汉语是不同的类型，存在不同的特点，详见案例（五）。民族间能够相互兼用语言，其兼用途径多是自然习得的。其形成的原因既有历史因素，也有现实因素。但总的来看，这里的少数民族兼用另一民族语，首先是为了满足自我生存交流的需要，选择兼用地区语言功能价值较大的语言，即地域优势语言。其次是这些民族具有包容的民族心理。最后是受其家庭、日常学习、生产或生活环境等因素的制约。

人们在选择交流语言时，总是遵循语言交流的经济原则进行，即在交流过程中，人们倾向于选择语言交流功能最强的语言。当两种语言功能大致相当时，有的人就选择兼用两种或其中一种；当其中一种语言功能逐渐缩小，另一种语言功能逐渐扩大时，人们则倾向于选择语言功能更强大的语言。因此，我们可以对不同地区复杂的兼用语情况进行趋势预测。如随着少数民族地区各项经济的不断发展，各民族、地区间的交往日趋频繁，再加上外出打工的人逐年增多，族际婚姻和跨地域婚姻也会越来越多。从发展趋势来看：兼用的类型发生变化，有的由兼用多种语言到兼用单一语言，还有的是兼用民族语的水平出现下降，汉语的通用语地位逐渐凸显。

此外，个别地区的民族语学习出现升温现象。近年来，国家对一些少数民族特别是特少民族加大了照顾扶持的力度，出台了优惠政策。这既保障了少数民族的经济利益，又极大塑造了一些民族的民族自豪感。出于民族感情和经济发展的需要，很多少数民族越来越意识到民族语言的重要性，一些有识之士开始注意培养年轻一代掌握民族语言，同时鼓励年轻一代利用学习等机会，尽量多学会些当地的民族语言。

案例（三）：云南九河乡少数民族兼用语类型①

1. 根据兼用语言的种类，九河乡少数民族兼用语类型有：普遍兼用汉语，兼用周边其他民族的语言两大类。

（1）兼用汉语型

九河乡少数民族不管是聚居区还是杂居区兼用汉语比较普遍，但兼用其他民族语言的情况有所不同，聚居区只有个别人能够兼用其他少数民族语言。由此可以得出这样一个认识：聚居村落的民族成分较为单一，绝大部分人不能兼用其他民族语言，语言兼用类型为兼用汉语型。

（2）兼用民族语言型

九河乡少数民族杂居的村民大部分人能兼用相邻民族的语言。彼古小组以纳西族为主体，白族占少数，周边毗邻白族村寨，处在相对杂居的环境中。彼古小组的大部分纳西族、白族能兼用对方的语言。易之古小组白族占绝大多数，有351人，纳西族只有18人。但易之古与纳西族村寨彼古、南高相邻，处于相对杂居的大环境中，所以易之古的白族绝大多数都能兼用纳西语。

2. 根据村寨兼用不同语言的人数进行划分，可分为普遍兼用汉语型和局部兼用少数民族语言型。白族、纳西族、普米族共1981人中只有38人不会汉语。就是说九河乡少数民族兼用汉语具有普遍性，属于

---

① 参见戴庆厦主编《云南玉龙县九河白族乡少数民族的语言生活》，中国社会科学出版社2014年版。

普遍兼用汉语类型。我们调研的 9 个点中，除了普遍兼用汉语，还有几个村寨的人能够兼用少数民族语言。如彼古、易之古、梅瓦、拉普、大栗坪小组大部分人能够兼用其他少数民族语言。九河乡部分地区能够兼用少数民族语言，兼用少数民族语言具有局部性，属于局部兼用少数民族语言型。

3. 根据使用语言的多少，九河乡少数民族语言使用可分为双语型和多语型两种类型。

（1）双语型

九河乡各少数民族多数能熟练使用自己的母语，还能兼用汉语。有些人除熟练掌握自己的母语外，不懂汉语，但能熟练使用另一种地域性的民族语言。"双语型"多出现在民族集中聚居的村寨，如高登、史家坡是白族聚居的村寨，中古是纳西族聚居的村寨，这三个小组绝大部分村民除熟练掌握母语外，还兼用汉语，不会其他民族语言，是典型的"双语型"。

还有个别人除熟练掌握自己的母语外，还能兼用另一种民族语言，不会其他语言。如彼古 77 岁的白族刘阿算，除了能熟练使用母语外，还能熟练使用纳西语，不会其他语言。这种类型也属于"双语型"。这种类型并不常见。

可见，这三个村寨大部分人只能熟练使用两种语言，一是母语，二是汉语。他们使用语言的类型属于典型的"双语型"。

（2）多语型

九河乡少数民族有些村处于杂居的环境中，这部分人除能使用母语、汉语外，还能兼用邻近民族的语言。如易之古小组 351 名白族中，有 350 人能熟练使用母语，345 人熟练掌握汉语，还有 287 人能熟练使用纳西语，有大约三分之二村民熟练掌握三种语言；彼古的纳西族有402 人能熟练使用自己的母语，有 360 人熟练使用汉语，还有 393 人能熟练使用白语，绝大部分纳西族是三语人。拉普 68 名普米族中有 66 位能熟练使用自己的母语，68 人全部能够熟练使用汉语，其中 65 人能熟练使用纳西语，还有 13 人熟练掌握白语，可见拉普小组少部分人能够熟练使用四种语言。小栗坪 47 名普米族，其中 31 人能熟练使用母语，43 人能熟练使用汉语，38 人能熟练使用白语，还有 12 人能熟练使用纳西语，可见小栗坪小组小部分人能熟练使用四种语言，大部分人能熟练使用三种语言。

综上所述，这五个村寨大部分人能够熟练使用三种语言，少部分人能熟练使用四种语言，使用语言的类型属于"多语型"。

4. 我们还可以根据兼用语言的习得顺序划分兼用语的类型。九河乡白族兼用语类型大致可分为：白 – 纳西 – 汉型、白 – 汉 – 纳西型、白 – 汉型三种类型。高登、龙应小组属于白 – 汉型，彼古、梅瓦、易之古的白族部分人属于白 – 纳西 – 汉型，部分人属于白 – 汉 – 纳西型。纳西族兼用语言类型大部分可分为：纳西 – 白 – 汉型、纳西 – 汉 – 白型、纳西 – 汉型三种类型。中古村属于纳西 – 汉型，彼古、梅瓦的纳西族部分属于纳西 – 白 – 汉型，部分属于纳西 – 汉 – 白型。普米族兼用语类型大致可分为普 – 纳西 – 汉型、普 – 汉 – 纳西型、普 – 汉 – 纳西 – 白型、普 – 纳西 – 汉 – 白型四种类型。

案例（四）：云南省九河乡少数民族兼用汉语特点[①]

1. 九河乡少数民族兼用汉语具有普遍性

课题组经过对九河乡白族、纳西族及普米族三个民族兼用汉语情况的调查，结果是九河乡无论哪个少数民族，绝大多数能够用汉语进行交流，汉语是九河乡少数民族的生活中不可缺少的语言工具。其总体情况是 93.22% 的白族都能熟练使用汉语进行交流，只有 0.76% 的人不会汉语；80.03% 的纳西族能熟练使用汉语，96.06% 的人能用汉语进行交流，3.94% 的人不会汉语；68 名普米族无论年龄大小，全部能熟练地使用汉语。

2. 九河乡少数民族兼用汉语的学习途径

九河乡各少数民族无论居住在哪个村寨，无论何种文化程度，大部

---

① 参见戴庆厦主编《云南玉龙县九河白族乡少数民族的语言生活》，中国社会科学出版社 2014 年版。

分人能用汉语进行交流。他们是在自然的语言环境中习得汉语，不知不觉地获得汉语使用的规则，还有部分人通过学习掌握汉语。

九河乡少数民族学习汉语根据有无人为干预，可分为自然习得汉语和刻意学习汉语两种类型。不同的年龄阶段和不同的家庭对这两种方式的采用有所差异。

（1）自然习得汉语指通过沟通意义的交流活动，不知不觉地获得汉语使用规则。人们自然习得汉语的方式主要有：

与村寨孩子们玩耍、看电视习得汉语。这种习得方式主要针对未上学的儿童。九河乡少数民族儿童在未上学之前没有系统学习过汉语知识，他们习得汉语的方式主要是看电视，比如动画片，与村寨孩子们的玩耍也是他们学习语言的一个途径。

外出或与外乡人做生意时的交流习得汉语。外出使得九河乡少数民族有了学习汉语的良好环境，外乡人的到来也使他们能够接触学习并使用汉语。

赶集时的互相交流习得汉语。女性外出的机会少，使用汉语的机会相对就少一些。但集市使得她们有了学习汉语的环境和平台，在这里，她们开始通过手势身体语言，然后慢慢地接触了解，在交流中掌握了汉语。

（2）人为干预习得汉语是指在习得汉语的过程中加入了人为因素，主要指有意识地提供说汉语的环境，还指进行较为系统的汉语学习。人为干预习得汉语的方式主要有：

学校教育学习汉语。学校教育中的汉语学习虽然不是单纯的语言教学，但也提供了学习、使用汉语的环境。九河乡少数民族掌握汉语的一个主要途径就是学校教育。

家庭刻意教授学习汉语。汉语是国家的通用语，学好汉语对学习、工作都很重要。现在很多村民开始重视孩子的汉语学习问题，在孩子没上学之前，有意识地教孩子说汉语。

3. 九河乡少数民族兼用汉语的原因

九河乡少数民族大多数能够用汉语进行交流，一是因为汉语的地位和功能，二是因为各少数民族对汉文化的接纳和认同。对汉文化的接纳和认同反映在人们生活的方方面面。在节日方面，九河乡纳西族、白族、普米族都过清明节、端午节、中秋节、春节等中华民族的传统节日。在风俗习惯方面，我们所到之处，无论白族家庭、纳西族家庭还是普米族家庭，家家都贴春联，贴"福"字，梅瓦一家照壁上还写着"清白传家"四个大字。九河白族、纳西族等少数民族还深受儒家文化的熏陶，十分重视教育，龙应村一直供奉文庙，龙应完小迄今已有百年历史，培养了一批优秀人才。纳西族自古有"天雨流芳"之说，意思是教育后代应该去读书、去学习，这是他们崇尚和谐的文化的一个见证。

对文化的认同影响到对语言的态度。白族、纳西族等民族对汉文化的接纳使得他们对汉语也持接受认同态度。

多元文化的交融，使得他们对语言使用持开放态度。九河乡少数民族不仅能兼用汉语，还有相当一部分人能够兼用少数民族语言。在这里，我们看到多个民族的文化、语言互相交融，构成了一个和谐的文化、语言圈。在节日方面，白族、纳西族都过"二月八""七月半""火把节"。过节时，各个民族聚在一起，共同打跳。在服饰方面，白族服饰融入了纳西族服饰的因素，如白族服饰也有纳西族"披星戴月"的披肩，彼古纳西族和白族穿一样的服饰。九河乡各民族生活在一起，他们彼此都向对方敞开怀抱。语言方面也是如此，他们在接触中不知不觉地学会了对方的语言。拉普小组 23 岁的普米族小伙子金松说，他的纳西语是和同学交流学会的。

案例（五）：九河乡少数民族相互兼用语言的类型①

九河乡少数民族兼用民族语言，可以根据兼用语言的功能、数量、范围进行分类。

1. 按兼用语的功能划分

根据兼用语的功能不同，可分为兼用区域优势语言、兼用其他民

---

① 参见戴庆厦主编《云南玉龙县九河白族乡少数民族的语言生活》，中国社会科学出版社 2014 年版。

族村落优势语言两种类型。

"区域优势语言"是指在某一地区范围内，通用于各种交流场合的语言。通常是该区域内主体民族的语言。白族和纳西族是九河乡的主体民族，白语和纳西语的功能大体相当，二者都是九河乡的区域优势语言。并在一些地区存在功能互补。

"村落优势语言"是指在某个民族聚居村落中，占有优势交流语地位的语言，通常也是该村落主体民族的语言。包括"主体民族的村落优势语言"和"其他小民族的村落优势语言"两类。前者是指该地区主体民族聚居的村落所使用的主要交流用语，则该语言既是区域优势语言，也是村落优势语言。如彼古小组的纳西语既是九河乡的区域优势语言，又是彼古小组的村落优势语言。"其他小民族村落优势语言"是指在除主体民族以外的其他小民族聚居村落中使用的主要交流用语。这里指非白族、纳西族的民族聚居村落的优势交流语言。如拉普小组是普米族聚居的村落，普米语是拉普小组的村落优势语言。其中以兼用区域优势语言居多，少数能兼用其他村落优势语言。

（1）兼用区域优势语言型

民族杂居区、处于不同民族聚居区域过渡带及其他小民族聚居的村民，多数能兼用区域优势语言。所兼用的民族语言与其母语构成功能互补。还以丽江九河乡为例，在我们所选取的调查点中，有5个点的村民能兼用区域优势语言，这5个调查点的村民所兼用的民族语都是九河乡的区域优势语言。即梅瓦小组是以纳西族、白族为主的杂居区，其中白族多集中于南社，白族村民主要兼用纳西语；彼古小组和易之古小组都处于不同民族聚居区域过渡带，彼古小组的纳西族村民主要兼用白语，易之古小组的白族村民主要兼用纳西语；拉普小组是小民族——普米族聚居村，普米族主要兼用纳西语，有的还能兼用白语；小栗坪社也是小民族——普米族聚居区，这里的民族绝大多数都能兼用白语，部分村民还能兼用纳西语。

（2）兼用村落优势语言型

在九河乡的小民族聚居的村落，其村落强势交流语多为该村落主体民族的母语，生活在里面的其他少数民族，一般都能兼用该强势交流语。以普米族聚居的金普村拉普小组为例：在拉普小组，普米语是村落的优势语言，不管什么民族，只要生活在拉普小组，就得学会普米语，这样才能进入普米语社区，融入拉普小组的语言生活中去。课题组随机选取了拉普小组的 4 位纳西族、1 位傈僳族作为调查对象，这 5 位村民都能兼用村落优势语言普米语。

2. 按兼用语的数量分类

根据兼用民族语数量的不同，可分为兼用单一民族语和兼用多民族语两种类型。九河乡少数民族兼用民族语，多数只能兼用一种，有的还能兼用两种或两种以上，但人数较少。

（1）兼用单一民族语型

九河乡能兼用民族语的村民，以兼用一种区域优势语的居多。以上文中能兼用民族语的 3 个村落为例，能兼用民族语的 838 名村民中，有 769 人是兼用单一民族语言，占总人数的 91.8%，而另外的 69 人有的是单语人，有的是母—汉双语人，都不会其他少数民族语言。这一情况也与这 3 个村组兼用区域优势语言的情况相吻合。

此外，聚居村落中的其他小民族也多能兼用单一民族语。

民族聚居村的外族村民，多数是婚配到本村的。那些外来的小民族村民，只要生活在村里，就会受强势交流语地位影响。为了迅速地融入该村的社区生活，他们都能掌握该村的村落强势交流语，从而成为该民族的兼用语之一。如高登村组是白族聚居村，白语是村落强势交流语。村里有 5 名傈僳族和 1 名纳西族，都是外嫁来的媳妇，她们都能熟练兼用白语。

（2）兼用多民族语型

九河乡还有一些村民能兼用多民族语，这种类型多出现在小民族聚居区。

位于九河乡高寒山区的有金普村委会和河源村委会，这两个村委会的民族分布特点多是民族大杂居、小聚居。金普村的拉普小组和河源村的小栗坪小组都是普米族聚居区，多数能兼用其活动区域内的区域强势语言。九河乡的区域强势交流语是纳西语和白语。

拉普小组的普米族，全民兼用纳西语，35 岁以上的中老年人多数还能不同程度地兼用白语。小栗坪 47 名普米族，有 38 人能熟练使用白语，还有 12 人能熟练使用纳西语。可见这一地区的小民族，大多能兼用纳西语或白语，属兼用多民族语型。

3. 按兼用范围大小分类

根据民族语兼用的范围大小不同，可分为村民普遍兼用和部分兼用两种类型。九河乡少数民族兼用民族语，以村落为单位，其兼用范围有的是全民性的，有的则是部分村民兼用。大多数兼用的为"普遍兼用型"，部分兼用的为"部分兼用型"。

（1）普遍兼用型

"普遍兼用型"是指村落的大多数村民都能兼用一种或一种以上的民族语言。在我们所选的几个调查点中，有的地方是白族较为普遍地兼用纳西语，如梅瓦小组南社是白族聚居处，82 名白族村民中，有 97.6% 共 80 人能兼用纳西语。易之古小组是白族聚居处，只要是土生土长的易之古白族，都能说一口流利的纳西语，两种语言可以自由、灵活地转换。

有的地方是纳西族普遍兼用白语，如彼古小组是纳西族聚居处，405 名纳西族被调查者中，有 98.8% 共 400 人能兼用白语。

（2）部分兼用型

"部分兼用型"是指村落中的部分村民能兼用民族语言。如梅瓦小组北社是纳西族聚居处，纳西族是梅瓦小组的世居民族，多数不懂白语，有的只能听懂，但能用纳西语回答。梅瓦小组北社共有 129 名纳西族，会白语的人有 52 人，占总人数的 40.3%；不会白语的有 77人，占总人数的 59.7%。其中熟练兼用白语的仅 20 人，只占总人数的 15.5%。

就其兼用民族语的范围看，还有兼具普遍兼用和部分兼用两种类型的。拉普和小栗坪小组的普米族就是这种情况。其中，拉普小组村民普遍兼用纳西语，部分兼用白语（35 岁以上的中老年人多数熟练兼用白语，部分年轻人能听懂白语）；小栗坪小组村民普遍兼用白语，部分兼用纳西语（47 名普米族有 38 人兼用白语，14 人兼用纳西语）。这受两个小组周边村寨的民族成分影响。

第三节　母语和兼用语的关系

在我国，少数民族母语与兼用语之间存在和谐互补与矛盾竞争的关系。调查中要明确该民族语言与周围语言的关系：包括语言地位、语言功能的关系。比如与周围语言在使用功能上如何实现互补，是否存在竞争，特别要调查与通用语汉语的互补、竞争关系。还要调查他们的语言态度：即对母语、兼用语的地位、作用、发展趋势的认识，以及对母语、兼用语关系的认识。语言态度，因不同人而异，老年人与青年人不同，工农大众与知识分子不同，还因不同地区、不同方言而异。在调查时，要考虑不同调查对象的比例。

一　功能互补

母语能够用于族内交流。但在当今不同民族广泛接触、交流的现代化进程中，少数民族只使用本族母语是不够的，还必须兼用别的语言特别是通用语汉语，实现语言交流功能的互补，以便更好地满足社会交流和发展文化教育的需要。二者分工明确。在全国各民族地区，语言互补的现象比比皆是。语言互补还表现在相互从对方的语言里吸收自己所需要的成分来补充自己的不足，特别是民族语言从汉语里吸收补充成分，越来越得到新的发展。详见案例（六）。

历史上，我国多民族分布的地区如新疆、广西、云南等地，都采取语言兼用的手段来弥补单一语言使用的不足。比如，云南省景洪县基诺乡的基诺族（共 11400 人），除了使用自己的母语外，还全民兼用汉语。基诺语在家庭内和村寨内使用，汉语在学校、机关、医院等场合使用。本族人在一起时说基诺语，若有其他民族在场就改说汉语。同当地其他民族在一起时说当地汉语，若与省外人则说普通话。

每个基诺人的语言认知机制中都储备三套语音系统：第一套用来拼读基诺语，第二套用来拼读当地汉语，第三套用来拼读普通话。他们能够根据实际需要随时调出使用，及时转换。基诺族就是通过三种语言的互补，满足当今社会交流的需要。

又如，拉普小组的普米人之所以兼用多种语言，是由于其人口少，需要兼用九河乡使用人口较多的纳西语和白语，以满足族际交流的需要。其中普米语既是族内交流的最重要的交流工具，也是维系民族情感的重要纽带。纳西语、白语则用于族际交流。

二　矛盾竞争

兼用语尤其是通用语汉语必然对民族语言形成较强冲击力，但这也是社会发展必然出现的趋势。要用发展眼光正视母语与兼用语的矛盾竞争关系。

在调查过程中，要调查该民族母语是否出现功能衰退或濒危甚至转用。从使用人口、使用场合、代际语言能力的变化提取证据，要调查致使该语言功能衰退的内外原因。调查语言转用状况包括语言转用者的年龄、地区、职业的分布特点，以及兼语水平。还要调查转用者使用转用语（当地方言）的语音系统，及词汇、语法的特点。调查语言转用的成因及其条件。在有文字、文献的民族或地区，还要调查文字的使用情况和文献的保留情况，以及民众对文字、文献的态度。

案例（六）：九河乡少数民族兼用语汉语的功能分析①

九河乡各少数民族普遍能够兼用汉语，是由于汉语是各民族的通用语。它在人们的生活中发挥着重要作用，有着其他语言不可替代的功能。在九河乡，汉语通用语的作用主要表现在以下几个方面：不同民族的交流需要使用汉语，母语功能的不足需要汉语来补足，少数民

---

① 参见戴庆厦主编《云南玉龙县九河白族乡少数民族的语言生活》，中国社会科学出版社 2014 版。

族的发展需要掌握汉语。

1. 汉语满足不同民族交流的功能

九河乡生活着 6 个民族，各民族不仅要和本民族的人交往，还要和其他民族的人交往，民族语言往往具有一定地域性，不能满足所有交流需求。而汉语是通用语，能够满足九河乡少数民族之间的相互交流需要。汉语满足不同民族交流需要的功能主要体现在不同场合中。

村寨内：在聚居或杂居村寨内，一般的村内交流用语是民族语。但他们面对远方而来的陌生人，只能用通用语——汉语进行沟通交流。

集市：九河乡有些村寨经常定期举行集会，人们可以就近买些生活生产资料，实现物资的交流，这也是村民一次较大的社交活动。比如南高寨每周六举行集会，周围村寨的村民都去赶集。九河与大理州的剑川距离很近，每周五剑川的货商会拉着蔬菜、水果、干货等日用品来白汉场摆摊叫卖。河源、金普村离剑川较近，很多村民也会去剑川赶集。每到这种集会时，各个民族在买卖东西时什么语言都说，但汉语是一个十分重要的通用交流工具。

学校：九河乡每一个行政村基本上都有一个完小，初中都到九河中学上学。小学设在村子里，学生之间用民族语交流较多，中学则是通用语使用的一个重要场合。九河的行政村民族分布比较聚居，如龙应村、九河村都是白族聚居村，龙应完小白族学生较多，中古村是纳西族聚居区，中古完小纳西族学生较多。学生上小学的时候，学生之间交流用民族语较多。但是升入初中后，都到九河中学来读，各个民族的学生都有，学生之间交流主要用汉语。

开会：九河民族乡是最基层的政府行政单位，乡下设行政村，行政村下设自然村小组。平级单位、上下级指导单位的基层干部聚在一起开会的时间很多，开会时基层干部有可能是同一民族，但更多时候是不同民族在一起开会，这时选择何种语言，就要看怎样才能达到畅通交流的目的。民族干部可能懂母语但不懂另一民族语言，这时汉语就充当了重要的交流角色。

外出:"外出"包含两方面意思,一是走出村寨到九河乡的其他村寨,二是走出九河乡,到更远的地方去工作、生活或逗留,这里指前者。九河乡各民族相对聚居,但自然小组之间、各村委之间民族各异,无论去哪里,都要接触别的民族的人们。民族语言作为一种地区性用语,毕竟具有一定的地域性,如果外出就要使用大家都会说的汉语。

2. 汉语补足母语的功能

汉语对母语使用的补充功能主要是语言结构的补充,包括复杂句子、新词术语、成语等方面。如有些句子或表达方式用民族语言不好表达时,就会用汉语来表达。有的意思用民族语言表达不了,也会借用汉语的词汇表达。这些都是汉语对民族语言的补充功能的体现。

3. 少数民族的发展进步需要掌握汉语

随着社会的发展,现代化进程的加快,九河乡也愈加开放,越来越多地接受外界的新鲜事物。少数民族要发展自己,就要和外部多接触联系。近年来,为了发展经济,农村劳动力输出越来越多,很多九河人到丽江、昆明、广东、深圳等地打工。打工时要使用汉语,这也使得这部分打工回来的人汉语水平更好。

第五章

语言功能调查法（下）

本章分为五节，主要讨论《语言使用情况入户普查表》《母语水平 400 词测试表》《家庭内部语言使用情况调查表》《不同场合语言使用情况调查表》《语言态度调查问卷》等表格的设计与填写问题。

第一节　《语言使用情况入户普查表》的设计与填写

入户普查是调查者对调查点的全部或大部分人员进行语言使用情况的微观调查。调查得到的数据是提炼观点的客观依据。能否获得语言使用情况的准确数据，关系到对调查点语言使用状况的客观评估和准确预测，所以，在整个调查过程中，入户普查占有重要的地位。

一　《语言使用情况入户普查表》的设计

对语言使用情况作入户普查之前，要设计好《语言使用情况入户普查表》（简称"入户普查表"）。入户普查需要调查的项目主要有：家庭成员的关系（以下简称"家庭关系"），调查对象的姓名、年龄、性别、民族、文化程度、第一语言及水平、第二语言及水平、第三语言及水平、其他语言及水平、文字掌握情况等。如果调查点是城市，还要把职业作为重要的调查项目列入。

1. 家庭关系。指的是家庭成员之间的关系。通过家庭成员之间的关系，可以了解一个家庭中不同成员之间语言使用情况的差异及成因，进而可以探究一个家庭乃至一个调查点语言的使用情况及变迁。如 2010 年"澜沧拉祜族语言使用现状及其演变"课题组对澜沧县城镇和农村的拉祜族语言使用情况进行了调查。[①] 其中，对生活在澜沧县城的胡开贵一家三代人的语言使用情况进行了微观记录。结果显示，胡开贵一家三代人语言使用存在明显的变迁。如表 5 - 1 所示：

表 5 - 1　　　　　　　　　胡开贵一家三代语言使用情况

	拉祜语		汉语		是否掌握拉祜文	
第一代（2人）	熟练	2人	熟练	2人	是	2人
	略懂	0人	略懂	0人	否	0人
	不会	0人	不会	0人		
第二代（5人）	熟练	5人	熟练	5人	是	5人
	略懂	0人	略懂	0人	否	0人
	不会	0人	不会	0人		
第三代（6人）	熟练	2人	熟练	6人	是	2人
	略懂	1人	略懂	0人	否	4人
	不会	3人	不会	0人		

表 5 - 1 显示，母语在第一代和第二代之间没有差异，都能熟练使用。但第三代的母语使用情况明显衰退，6 人中只有 2 人熟练，1 人略懂，另有 3 人不会，占第三代的 50%。而拉祜文的掌握情况在第一、二代和第三代人中也存在较大差异。第一代 2 人和第二代 5 人都掌握拉祜文，而第三代 6 人中无 1 人掌握拉祜文。

在家庭成员关系分析的基础上，我们进一步探讨导致这些差异产生的原因。比如：胡开贵家第三代中，拉祜语熟练的 2 人，父母都是拉祜族，家庭中经常使用拉祜语。而不会拉祜语的 3 人中，有 2 人生长在族际婚姻家庭，父母只有 1 人是拉祜族，另 1 人是别的民族，还有 1 人虽然父母都是拉祜族，但是只有父亲会拉祜语，母亲不会拉祜

[①] 参见戴庆厦等《澜沧拉祜族语言使用现状及其演变》，商务印书馆 2011 年版。

语，所以这 3 人都没有条件学习自己的民族语。

2. 年龄。年龄是制约语言使用差异的一个重要因素。在过去的调查中，我们发现，许多调查点同一民族不同年龄段的调查对象在母语和兼用语的使用方面存在显著差异。如 2009 年"耿马景颇族语言使用现状及其演变"课题组对耿马县孟定镇邱山村河边寨 23 名景颇人的母语使用能力进行调查，发现母语熟练的比例与年龄大小呈正比，年龄越大，母语熟练者比例越高，年龄越小，母语熟练者比例越低。6—19 岁年龄段有 28.6% 的人能熟练使用景颇语，20—39 岁年龄段的比例是 50%，40—59 岁年龄段的比例是 60%，60 岁以上的人达到了 100%。①又如 2010 年"澜沧拉祜族语言使用现状及其演变"课题组对澜沧县拉祜族的语言使用情况进行了走村入户的调查。调查结果显示，不同年龄段的拉祜族在兼用汉语方面差异显著，且存在规律性，即熟练使用汉语的人口比例与年龄成反比，年龄越小，能熟练使用汉语的人数比例越大，年龄越大，能熟练使用汉语的比例越低。6—19 岁年龄段有 49.01% 能熟练使用汉语，20—39 岁年龄段是 36.67%，40—59 岁年龄段为 24.67%，60 岁以上人口只有 6.76%。②

3. 性别。性别对语言使用能力也有影响。比如在 20 世纪 50 年代，红河州绿春县哈尼族地区，由于女性出门少，其掌握汉语的比例不如男性。但近几十年，随着该地区的对外开放以及初等教育的普及，男女的语言能力差距缩小，有的地区已不太明显。所以在现阶段的语言国情调查中，性别成为调查的可选项目。此外，根据家庭关系就可以判断出大多数人的性别来，有些民族的姓名也能看出性别。所以在表格调查项目太多的情况下，可以忽略这一项目。当然，如果在作初步调查时发现某个调查点的语言使用情况在不同性别间差异显著，就应该在表格中列出这一项。

4. 民族。民族成分关系到调查对象的母语语种、母语和兼用语

---

① 参见戴庆厦等《耿马县景颇族语言使用现状及其演变》，商务印书馆 2010 年版。
② 参见戴庆厦等《澜沧拉祜族语言使用现状及其演变》，商务印书馆 2011 年版。

的使用特点及成因、语言态度等，所以民族成分是进行语言使用情况
调查的一个关键因素。有些民族还分多个支系，不同支系各有自己的
支系语言，遇到这种情况还应该列出"支系"这一内容。

　　5. 文化程度。文化程度对语言使用情况有较大的影响，尤其是
对能否兼用国家通用语，以及国家通用语的水平如何，在一定程度上
可以说起着决定性的作用。以澜沧县拉祜族兼用汉语情况为例。澜沧
拉祜族的汉语主要是通过学校教育获得的。文化程度不同，使用汉语
的能力也不一样。我们统计了澜沧县唐胜新村、松山岭、茨竹河达的
寨和勐滨村龙塘寨四个村子的文盲、脱盲①、小学、初中、高中和中
专毕业生人数（在读生没有统计在内），以及他们的汉语使用情况，
结果显示，文化程度越高，汉语熟练的比率越高。具体统计结果见表
5－2：②

表 5－2　　　　　　　　　不同文化程度拉祜族的汉语使用情况

文化程度	总人口	熟练		略懂		不会	
		人口	百分比	人口	百分比	人口	百分比
文 盲	237	21	8.9	28	11.8	188	79.3
脱 盲	210	18	8.6	43	20.4	149	71
小 学	494	167	33.8	309	62.6	18	3.6
初 中	143	140	97.9	3	2.1	0	0
高 中	3	3	100	0	0	0	0
中 专	4	4	100	0	0	0	0
合 计	1091	353	32.4	383	35.1	355	32.5

　　6. 语言及水平。这是入户普查的核心内容。在设计《语言使用
情况入户普查表》之前，需要对调查点的基本情况作初步调查，大
致了解这个调查点的语言使用群体一般掌握几种语言，然后根据实

————————

　　① 这里的"脱盲"是指拉祜文脱盲，但汉文仍是文盲。

　　② 参见戴庆厦等《澜沧拉祜族语言使用现状及其演变》，商务印书馆 2011 年版。

际情况进行设计。如：有的调查点大部分人只会说两种语言，有少数人掌握三种语言，那么在表格中只需设计"第一语言及水平""第二语言及水平""第三语言及水平"三项即可。有的调查点大多数人掌握三种语言，只有少数人掌握四种或四种以上语言，这就要在表格中设计"第一语言及水平""第二语言及水平""第三语言及水平""其他语言及水平"四项。语言情况更复杂的调查点可以依此类推。第一语言、第二语言、第三语言等是根据语言习得顺序来确定的。多数情况下，第一语言就是母语，但也有例外，一般是出现在母语转用或母语衰退的语言使用者中。如云南省通海县里山乡大黑冲村委会下辖的 6 个彝族村民小组中，50 岁以下的彝族大都已转用汉语，他们的第一语言并不是母语彝语，而是国家通用语汉语。这是因为在彝族家庭内部，父母一代基本上不再给孩子传授彝语，整个语言社区内，也已经没有彝语的语言环境，彝语的传承已出现断层。[1]

7. 文字掌握情况。这一项目包括掌握母语文字、国家通用语文字、外文、其他民族文字等的情况。有些民族语言有记录该语言的文字体系，有的语言没有，可以根据实际情况和调查目的，只记录其中一种文字的掌握情况，也可以记录几种文字的掌握情况。

二　《语言使用情况入户普查表》的填写

填写入户普查表时，需要注意以下问题：

1. 普查时以户为单位进行。在入户普查表中，要给每户家庭进行编号，一般按调查的先后顺序排号。编号的目的有两个：一是在调查结束后可以快速确定调查家庭的总户数。二是在统计分析时可以观察到家庭内部小环境对个人语言使用情况的影响因素。

2. 对家庭中每个成员的语言使用情况及相关背景逐一进行询问，并在表中记录。在询问的过程中，如果发现某个人的语言使用情况不

---

[1]　参见戴庆厦等《云南里山乡彝族语言使用现状及其演变》，商务印书馆 2009 年版。

同于该调查点多数人的情况，需对其经历或背景详细询问，弄清情况特殊的原因。

3. 在家庭关系中，一般将"户主"作为每户的第一个调查对象，填写在每户表格的第一栏，其后的调查对象则依辈分高低、年龄大小依次填写，在"家庭关系"项中均指与户主的关系，如"父亲/母亲"，"妻子/丈夫"，"长子""长女""次子""次女"，"孙子""孙女"等。

4. 调查对象的姓名，尽量填写与其身份证件上一致的姓名，或调查点多数人熟知的姓名，而不要填写其在家中使用的小名或在其个人交流圈中使用的别名。

5. 在调查民族成分时，如果该民族有不同的支系，把民族和支系名称都记录下来。

6. 年龄在 6 岁以下的儿童，由于语言能力尚未完全稳定，语言状况还存在较大的变化，所以在调查时可以了解一下基本情况，但不纳入数据统计。

7. 文化程度要注意区分"在读"和"已毕业"两种情况，如果是还在读的，要加上"在读"二字。如一个 10 岁的儿童和一个 40 岁的中年人，文化程度都是"小学"，若前者不在"小学"后加"在读"二字，就不能与后者区别。

8. 在调查掌握的语言及水平时要注意区分语言的习得顺序，根据习得顺序确定第一语言、第二语言、第三语言等。

9. "第×语言及水平"考察的是该语言的口语水平，通常分为以下三个等级：熟练、略懂、不会。各个等级的标准如下：

①熟练：听、说能力俱佳；日常生活中能够自如地运用该语言进行交流。

②略懂：听、说能力均为一般或较差，或听的能力较强，说的能力较差；日常生活中较少使用该语言。

③不懂：听、说能力均低下，只会听/说几个词语或几句简单的日常用语，或完全不会该语言；日常生活中不使用该语言。

但也有分为"熟练、一般、略懂、不会"四个等级的。用三分法还是四分法可根据具体情况而定。

10. "掌握何种文字"中，"掌握"的标准是能够较熟练地认读、书写、理解该文字系统。

附：《语言使用情况入户普查表》样例

表 5 - 3　　　　　　　《语言使用情况入户普查表》样例

家庭编号	家庭关系	姓名	性别	民族（支系）	年龄	文化程度	第一语言及水平	第二语言及水平	第三语言及水平	掌握何种文字
13	户主	何勒干作	男	景颇（载瓦）	46	小学	载瓦语，熟练	浪峨语，熟练	汉语，略懂	汉文
	妻子	孔况色	女	景颇（浪峨）	42	小学	浪峨语，熟练	载瓦语，熟练	汉语，熟练	汉文
	弟弟	何勒准	男	景颇（载瓦）	42	小学	载瓦语，熟练	浪峨语，熟练	汉语，熟练	汉文、载瓦文
	长女	何麻六	女	景颇（载瓦）	15	初二在读	载瓦语，熟练	浪峨语，熟练	汉语，熟练	汉文

一个调查点的《语言使用情况入户普查表》填写好之后，要及时整理材料。在整理的过程中如发现有疑问要及时调查了解清楚，否则会影响后续数据统计的准确性和研究分析的透彻性。如：从表5-3的信息来看，何勒干作、孔况色、何勒准3人都是小学文化程度，年龄也相差不大，为什么何勒干作的汉语水平是"略懂"，而另2人的汉语水平是"熟练"？表中4人，只有何勒准掌握了载瓦文，他是怎么学会的？其他3人为什么没有掌握载瓦文？这些调查表中无法体现出来的问题，需要调查者在调查的过程中及时发现问题，当面询问清楚，并在调查表上作好备注。如果当时没有发现，在整理材料时才发现，要在离开当地之前，及时与调查对象取得联系，作好补充调查。

第二节 《母语水平 400 词测试表》的设计与填写

一 《母语水平 400 词测试表》的设计

（一）为什么要做母语水平 400 词测试

词汇掌握能力是语言使用能力的重要方面。由于语言国情调查所涉及的调查对象众多，而调查时间有限，因此，为了在较短时间内基本把握调查对象的语言能力，进行基本词的测试是一个行之有效的方法。这些年，我们在多次调查中国少数民族语言国情的实践中，总结出一套"母语能力 400 词测试"的调查方法。这项测试是根据不同民族语言的特点，从基本词汇中筛选出 400 个词来，设计《××语水平400 词测试表》（以下简称《400 词表》），作为语言水平测试的依据。通过这 400 词的测试，能够从一个侧面了解被测者的母语水平。

（二）选择 400 词的标准

每种语言的词汇量不一样，常用的词汇也存在一些差异，如北方游牧民族的语言中，反映游牧文化的词汇很丰富，而南方农耕民族的语言中，反映稻作文化的词汇丰富。所以，《400 词表》不能用一个表来调查所有的语言，而要根据调查对象的语言特点设计《400 词表》。

设计《400 词表》时，首先要确定选词标准。

1. 选择大多数人都能说出的基本词汇。

自然现象类的如"天、太阳、月亮、星星、风、雨、雪、雹子、霜、露水"等；

身体部位类的如"头、头发、辫子、额头、眼睛、鼻子、耳朵、腮、胡子、下巴、脖子、肩膀、脚、手、手指、指甲"等；

人物称谓类的如"男人、妇女、成年人、小孩儿、姑娘、士兵、乞丐、贼、瞎子、聋子、哑巴、主人、客人"等；

动物类的如"牛、黄牛、牦牛、马、绵羊、驴、猪、狗、猫、鸡冠、翅膀、鸭子、猴子、象、熊、野猪、老鹰、麻雀"等；

植物类的如"树、树枝、叶子、花、水果、柳树、松树、竹子、芭蕉、甘蔗、水稻、辣椒、黄豆、花生、蘑菇"等；

饮食类的如"米饭、粥、蛋、酒、茶、药"等；

衣着类的如"线、布、衣服、扣子、裤子、帽子"等；

工具类的如"刀、碗、筷子、针、锄头"等；

数量词类的如"一、二、三、七、八、九、百、个（人）、个（碗）、个（蛋）、条（河）"等；

代词类的如"我、你、他、这、那"等；

方位词类的如"旁边、左边、前边"等；

时间类的如"今天、明天、昨天、从前、晚上"等；

形容词类的如"高、大、长、短、远、近、厚、多、黑、白、红、黄"等；

动词类的如"包（药）、编（辫子）、踩、炒、吃、舂、穿（衣）、打（人）、点（火）、叠（被）、饿、飞、缝、给、关、害羞、害怕、看、看见"等。

副词如"很、太、还、非常、不、勿"等。

虚词如"的、地、和、跟、在、因为、所以、即使、但是、因而"等。

有些青少年不很熟悉的词，如"锈、腰带、编（辫子）、蚂蟥、池塘、草木灰"等也应适当收入，以显示语言水平的差异。

2. 少收现代外来借词。因为外来词测不出一个民族掌握自己母语的实际能力。但日常生活中已普遍使用的可少量收一些。如："电视、电话、手机、汽车"等。

3. 不收调查对象难以确认的词。如：在测试景颇族的母语能力时，不要收"霹雳"一词，因为有的景颇族青少年分不清它与"雷""电"的区别，认为"打霹雳"跟"打雷"是一样的。

4. 不收在现代生活中已不使用的词。如："妾、麻风病"等。

在制作《400 词表》时，每个词条都要用国际音标标音，并有汉语对照。如果是作境外语言的调查，还应有该国国语或官方语言文字的对照。

二　《母语水平400词测试表》的填写

做400词测试时，要注意挑选不同年龄段、性别、文化程度、职业的测试对象。进行测试时，如果测试对象的通用语或国语的水平好，测试者可以用它说出每个词，让测试对象说出相应的母语词；如果测试对象不懂通用语或国语，就需要有懂通用语或国语的双语人协助进行测试。测试中根据测试对象对词语的熟练情况，给出相应的等级，填写在每个词的后面。

400词的掌握能力可分为四级：A、B、C、D。具体标准是：能脱口而出的为A级；需想一想才说出的为B级；经测试人提示后才想起的为C级；虽经提示但仍不知道的为D级。

在进行母语400词测试的过程中，除了给每个词评定等级之外，还要注意分析C、D两级词汇中掌握得不好的词语，观察语言使用者的词语使用特点。

以耿马县景颇族青少年杨军的400词测试为例。[①] 杨军12岁，小学六年级学生。父亲是景颇族，母亲是佤族。家里还有哥哥杨兵，19岁，姐姐杨云，16岁。杨军是景颇、汉、佤三语人。像杨军这样出生于族际婚姻家庭的孩子在耿马景颇族家庭里很普遍，因为耿马景颇族的总人口只有1004人，并且散居在3个乡镇的5个自然村和县城以及孟定镇2个城区，与其余的25个民族杂居在一起，因此耿马景颇族坚持族内婚姻的不多。杨军的语言使用情况具有较强的代表性，我们可以通过分析杨军测试结果为C级和D级的词来了解青少年在词语使用上的一些特点。

杨军的400词测试结果是：A级词283个，B级词2个，C级词57个，D级词58个。通过考察C级和D级词，发现这些掌握不好的

---

① 参见戴庆厦等《耿马县景颇族语言使用现状及其演变》，商务印书馆2010年版。

词大致可分为四类：一是自己生活环境中没见过的物体，如 mǎ³¹kui³³ "象"、tsap̯⁵⁵ "熊"、sǎ⁵⁵ku⁵¹ "绵羊"、thum³¹ "臼"、thu³¹mun³³ "杵"、pǎ̯⁵⁵la⁵⁵ "箭" 等；二是自己的生活环境中存在但不关注的物体，如 poŋ³¹ "秧"、n⁵⁵sʅ⁵¹ "穗"、pǎ³¹sʅ³³ "棉花"、lǎ⁵⁵sʅ⁵¹ "黄豆"、tçiŋ⁵⁵nam⁵¹ "芝麻"、mǎ⁵⁵kʒat̯⁵⁵ "木耳"、lǎ⁵⁵khon⁵¹ "手镯"；三是自己不使用的称呼，如 ta³¹maʔ⁵⁵ "女婿"、tsa̯⁵¹ "岳父"、ni³³ "岳母" 等；四是虽然常见但不常说的物体名称，如 mǎ⁵⁵tçi̯⁵¹ "苍蝇" phǎ̯⁵⁵lam⁵¹laʔ⁵⁵ "蝴蝶、ʒi³³ "藤子" 等。

　　还要注意分析用词不当的情况，以此来了解测试对象的词语使用能力。如耿马景颇族青少年在用词上存在以下几个特点：一是用词泛化，区分不细。用词泛化，是指用一个词统称与其语义特征相关的一类词，即用意义相关或相近的甲词替代乙词。例如：用 sai³¹lam³³ "血管" 代替 lǎ⁵⁵sa⁵⁵ "筋"；用 kha⁵⁵ "苦" 替代 khup³¹ "涩" 等。二是自造词语。有的词青少年不知道怎么说，就按汉语意义自造一个词来替代。如：waʔ³¹tu³¹ "野猪" 不会用，而自造成 nam³¹waʔ³¹ "野外＋猪"。sun⁵⁵ "菜园" 不会说，说成 çɛt³¹mai⁵⁵jiʔ⁵⁵ "菜＋地"。三是记忆模糊。有些词汇单独问，想不起来怎么说，但放在句子中就能说出来。如 n³¹tan³³ "弓" 和 la³¹li³¹ "箭" 分开不会说，连在一起会说。lǎ³¹kjiŋ³¹ "树枝" 不会说，但放在 "砍树枝" 里就会说了。有些词记忆不清，认真想一会儿以后才想起来。如 n³¹tan³³ "弓"，一开始说成 lǎ⁵⁵pho⁵⁵ "小孩子玩儿的弹弓"，想了一会儿以后才说 n³¹tan³³ "弓"。四是固有词和汉语借词并用。有些概念在固有词和汉语借词的选择使用上，青少年更倾向于使用汉语借词，而中老年更习惯于使用固有词或汉语的老借词。例如："自己" 固有词是 ti̯ʔ⁵⁵naŋ³³，但青少年经常说成汉语借词 tsʅ³¹tçi³³；"船" 固有词是 li³³，青少年经常说成汉语借词 tçhuaŋ³¹。

　　对一个调查对象作 400 词测试，大约需要两至三小时。母语能力强或认识通用语或国语的会顺利一些，一般在一个小时内就能完成。通过 400 词测试，能够看到不同人母语能力的差异，并从中发现语言使用差异的规律和原因。

附：《母语水平 400 词测试表》样例

表 5 - 4　　　　　　　　景颇语水平 400 词测试表①

序号	汉义	新寨景颇语	一	二	三	四	五	六	七	八	九
1	天	$lă^{31}mu^{31}$	A	A	A	A	A	A	A	A	A
2	太阳	$a^{31}tɕan^{33}$	A	C	A	A	A	A	A	A	A
3	月亮	$să^{33}t\underline{a}^{33}$	A	A	A	A	A	A	A	A	C
4	星星	$tsă^{33}kan^{33}$	C	A	A	A	A	A	A	A	C
5	云	$să^{33}mui^{33}$	D	C	A	A	A	A	A	A	C

第三节　《家庭内部语言使用情况调查表》的设计与填写

一　《家庭内部语言使用情况调查表》的设计

家庭是母语使用和传承的最重要场所，也是了解语言使用现状和变迁的一个必要的观察点。在家庭内部使用母语与否，体现着母语在人们日常生活中所占的地位，也体现了母语的活力。

调查项大致包括：长辈对晚辈（父母对子女、祖辈对孙辈、公婆对儿媳），晚辈对长辈（子女对父母、孙辈对祖辈、儿媳对公婆），同辈之间（父亲与母亲、兄弟姐妹之间、儿子与儿媳），主人对客人（对本族客人、对非本族客人）等。可以根据调查点语言使用的实际情况适当增减调查项目。

---

① 一张调查表通常可以记录好几个调查对象的结果，表 5 - 4 第一行"一、二、三"等数字是调查对象的编号，每个调查对象的基本信息，如：姓名、年龄、性别、民族、文化程度等可另纸记录。

　　"长辈对晚辈"和"晚辈对长辈"这两个调查项目的交流双方相同，为什么还要作这样的区分？这是由于在这两个调查项中，说话者和听话者的角色不同，所使用的语言也会不同。"长辈对晚辈"中，说话者是爷爷奶奶、父亲母亲等长辈，而听话者是孙子孙女、儿子女儿等晚辈；而"晚辈对长辈"则相反，说话者是晚辈，听话者是长辈。在调查中常常发现，有些家庭的语言交流，不同辈的人语言使用不对等。如泰国素攀武里府乌通县有些黑泰族家庭里面，孙辈的黑泰语衰退明显，有的已转用泰语，而祖辈以说黑泰语为主，泰语水平不高。祖辈与孙辈双方进行交流时，出现母语使用不对等的情况。如：乌通县班东乡的 Nittaya 和 Somjai 这两个家庭中，祖辈对孙辈说话时，都使用黑泰语，而孙辈对祖辈说话时，则使用泰、黑泰双语。Narin-thip 家，祖辈对孙辈说话时，都使用泰语和黑泰语两种语言，而孙辈对祖辈说话时，只使用泰语。这说明，在这几个家庭中，长辈在交流中更倾向于使用母语，而晚辈更倾向于使用泰语，母语在晚辈中的使用呈现衰退趋势。

二　《家庭内部语言使用情况调查表》的填写

　　使用《家庭内部语言使用情况调查表》进行调查时，要选取不同年龄段、性别、文化程度、职业的调查对象依据各项调查内容逐一进行询问，并将相关情况记录在调查表上。如果发现与该调查点一般情况不太一致，要进一步询问相关对象的家庭背景、教育背景、工作经历、生活经历等有可能导致差异性的情况，并做好记录。

　　以泰国清莱府孟清莱县班都镇普凯村拉祜族的家庭内部语言使用情况为例，课题组随机选取了 12 个拉祜族调查对象进行家庭内部语言使用情况的调查，表 5 - 5 是其中 5 个家庭的调查结果记录：

表 5 – 5　　　　　　　　普凯村拉祜族的家庭内部语言使用情况

交流双方		调查对象及所选语言①				
		$tɕa^{31}na^{53}$	$na^{33}xɛ^{31}$	$tɕa^{31}sɔ^{35}$	$tɕa^{31}na^{53}$	$na^{33}ɲi^{53}$
长辈对晚辈	父母对子女	拉祜语	拉祜语	拉祜语	拉祜语	拉祜语
	祖辈对孙辈	拉祜语	拉祜语	拉祜语	拉祜语	拉祜语
	公婆对儿媳	拉祜语	拉祜语	拉祜语	拉祜语	拉祜语
晚辈对长辈	子女对父母	拉祜语	拉祜语	拉祜语	泰语	泰语，拉祜语
	孙辈对祖辈	拉祜语	拉祜语	拉祜语	拉祜语	泰语，拉祜语
	儿媳对公婆	拉祜语	拉祜语	拉祜语	泰语	拉祜语
同辈之间	父亲与母亲	拉祜语	拉祜语	拉祜语	拉祜语	拉祜语
	儿子与儿媳	拉祜语	拉祜语	拉祜语	泰语	拉祜语
主人对客人	对本族客人	拉祜语	拉祜语	拉祜语	拉祜语	泰语，拉祜语
	对泰族客人	泰语	泰语	泰语	泰语	泰语
	对本族老师	拉祜语	拉祜语	泰语，拉祜语	泰语	泰语
	对泰族老师	泰语	泰语	泰语	泰语	泰语

填写此表需要注意和说明的问题：

1. 调查对象的姓名采用国际音标标注。该调查点的拉祜族都有拉祜名和泰语名两个名字，但村民们平常相互之间称呼都用拉祜名，对泰语名字不太熟悉。采用国际音标标注拉祜名，能够节省调查时间，因泰语名较长，调查对象对其他成员的泰语名字不太熟悉，课题组懂泰文的成员也不多，填写起来费时间。

2. 在"主人对客人"这一项中，为什么要增加"对本族老师"和"对泰族老师"这两项？这是因为我们在调查中发现，如果客人是老师，有些调查对象所使用的语言与对待一般客人不太一致。如：$tɕa^{31}$

---

① $tɕa^{31}na^{53}$（扎纳），男，44 岁，文盲，务农，拉祜语熟练，泰北方言略懂。$na^{33}xɛ^{31}$（娜嘿），女，62 岁，文盲，务农，拉祜语熟练，泰北方言略懂。$tɕa^{31}sɔ^{35}$（扎索），男，68 岁，文盲，务农，拉祜语熟练，泰北方言熟练。$na^{33}ɲi^{53}$（娜妮），女，14 岁，小学，务农，拉祜语熟练，泰北方言熟练。$tɕa^{31}na^{53}$（扎娜），女，14 岁，小学，务农，拉祜语熟练，泰北方言熟练。

sɔ³⁵对本族普通客人说拉祜语，但对本族老师说泰语和拉祜语两种语言。而 na³³ŋi⁵³对本族普通客人说泰语和拉祜语两种语言，但对本族老师说泰语。

3. 调查对象的基本信息，如年龄、性别、文化程度、职业等必须及时记录，以供以后使用。

4. 若发现语言使用有特殊情况，要弄清其原因。如：tɕa̠³¹ na̠⁵³一家，子女对父母、儿媳对公婆、儿子与儿媳之间都是说泰语，这与其他家庭都说拉祜语的情况不一致，是什么原因，需要与调查对象深入交谈，作进一步的调查。

第四节　《不同场合语言使用情况调查表》的设计与填写

一　《不同场合语言使用情况调查表》的设计

"到什么山上唱什么歌"，是语言使用的客观规律。即语言使用往往在不同的交流场合，与具有不同语言背景的交流对象打交道时，会使用不同的语言。考察不同场合的语言使用情况，是评估语言功能和语言活力的重要指标之一。

设计《不同场合语言使用情况调查表》时，要尽可能全面地将该调查点语言使用群体的所有交流场合考虑进来。就农村地区而言，主要包括以下交流场合：见面打招呼、聊天、生产劳动、买卖、看病、开会、公务、学校、节日集会、婚嫁、丧葬等。开会时，有的人在开场白、传达上级指示、讨论等各个场合语言使用会有变化，可以作为不同的子调查项目列出；学校这一交流场合由于课堂和课外的语言使用情况差异较大，所以也可以作为两个子项目来分别调查。如果调查点是城市，交流场合可根据城市人群经常出入的场所来设定。如：办公室、银行、商场等。

在不同的交流场合，由于交流对象可能是本族人也可能是非本族人，在面对不同民族的交流对象时，使用的语言有可能不同，所以必须加以区分。母语保留情况较好的调查点，调查对象一般面对本族人时倾向于选择使用母语，而面对非本族人时倾向于使用国家通用语或其他民族语言；而母语保留较差的调查点，有些调查对象即使在与本族人交谈时也转用国家通用语或其他民族语言。

二　《不同场合语言使用情况调查表》的填写

填写《不同场合语言使用情况调查表》跟填写《家庭内部语言使用情况调查表》一样，都要选取不同年龄段、性别、文化程度、职业的调查对象，对各项调查内容逐一询问，将相关情况记录在调查表上。

以云南通海县兴蒙乡兴蒙五组普丽娟不同场合语言使用情况的调查为例。普丽娟是蒙古族喀卓人，1972 年出生，小学文化程度，喀卓语是其第一语言，能够熟练使用喀卓语和汉语。课题组成员通过询问普丽娟《不同场合语言使用情况调查表》上的各项内容，对其在不同场合，面对不同交流对象时的语言使用有了清晰的认识。调查结果记录如表 5 –6：[①]

表 5 –6　　　　　　　　　普丽娟在不同场合的语言使用情况

交流对象 交流场合		本族人	非本族人
见面打招呼		喀卓语	汉语
聊天		喀卓语	汉语
生产劳动		喀卓语	汉语
买卖		喀卓语	汉语
看病		喀卓语	汉语
开会	开场白	喀卓语	汉语
	传达上级指示	汉语	汉语
	讨论、发言	喀卓语	汉语

---

① 参见戴庆厦等《云南蒙古族喀卓人语言使用现状及其演变》，商务印书馆 2008 年版。

续表

交流对象　　交流场合	本族人	非本族人
公务	喀卓语	汉语
学校　课堂	汉语	汉语
学校　课外	喀卓语	汉语
节日、集会	喀卓语	汉语
婚嫁	喀卓语	汉语
丧葬	喀卓语	汉语

第五节　《语言态度调查问卷》的设计与填写

语言态度是指人们对语言使用价值的看法，其中包括对语言的地位、功能以及发展前途等的看法。[①] 语言态度会对语言使用者的心理以及语言行为产生影响，如果人们对某种语言持积极肯定的态度，认为其有很高的价值，就会对学习和使用这一语言有较大的动力，愿意积极主动地去学习、使用这种语言；相反，如果人们对某种语言持消极否定的态度，认为其没有价值或社会地位低下，就会对学习、使用这种语言产生抵触情绪，即使已经掌握了这种语言，也不愿意使用，甚至会选择放弃。

《语言态度调查问卷》的设计要求目的明确、内容易懂、回答简便。它可以采用量表的方式，进行定量化的测定，也可以运用提问方式，让受试者自由地作出书面回答。从问卷的结构形式来看，《语言态度调查问卷》一般采用结构式问卷，即：在调查开始之前，"研究人员根据研究需要对调查的内容、问卷中问题的设计、调查的时间、调查方式、抽样方法、问卷发放的数量等事项进行认真的谋划设计，使问卷调

[①]　参见戴庆厦《社会语言学教程》，中央民族大学出版社 1993 年版。

查严格地按照事先设计好的方案进行。"① 这种类型的问卷有利于发现人们在语言态度方面的规律性，有利于数据的比较，调查的结果相对更便于分析。

作为语言国情调查的一个重要内容，《语言态度调查问卷》主要涉及以下几个方面：语言功能、语言习得与学习、语言能力、语言选择、母语保护、语言发展趋势等。确定调查内容之后，需要对问题进行具体设计。一般来说，问卷调查中的问题有多种类型，如：诱导式问题、封闭式问题、开放式问题。封闭式问题又包含是非式问题、多项式问题、等级序列式问题和程度序列式问题等。在设计问题时，要尽量避免提出诱导式问题，以保证研究的客观公正性。

一份《语言态度调查问卷》可以由多种不同类型的问题组成，分别说明如下：

1. 是非式问题：这类问题只提供两个答案：是/否，要求调查对象根据自己的实际情况和真实想法选择"是"或"否"作答。如为了解广西靖西县壮族对壮文的掌握情况，我们设计了一个是非式问题：

你是否掌握壮文？

A. 是　　　B. 否

由于是非式问题只有两个答案可供调查对象选择，所以在研究中比较便于对结果进行统计分析，但是也存在局限性，并不能为研究提供全部的信息。所以在设计调查问卷时，是非式问题一般不作为整个问卷的唯一问题形式，而应结合其他类型的题目。

2. 多项式问题：这类问题会提供三个或三个以上答案，要求调查对象选择其中的一个或几个。如为了解泰国黑泰族习得母语的途径，根据我们事先的调查了解，将其设计成一个多项式问题：

你的黑泰语是怎么学会的？（可以从所给答案中选择一项或几项）

A. 父母教的

---

① 张廷国、郝树壮：《社会语言学研究方法的理论与实践》，北京大学出版社 2008 年版。

B. 爷爷奶奶教的

C. 在村里跟小伙伴玩学会的

D. 学校学的

多项式问题是语言态度调查中经常采用的一种很好的问题形式，它能够得出某一选项出现频率的数据。在设计多项式问题的时候要注意两点：一是答案选项要尽可能包含调查对象可能出现的各种想法；二是答案选项之间不能相互包含，应该是彼此独立的不同内容。

3. 等级序列式问题：是指列出多个答案选项，要求调查对象根据这些选项在自己心目中的重要程度进行排序的一种问题形式。如：为了调查泰国清莱拉祜族对几种语言重要性的认识，我们设计了一个等级序列式问题：

下面列出了 4 种语言，请你根据自己对这几种语言重要程度的看法，给下面几种语言排序。1 = 最重要，2 = 第二重要，以下顺延。

A. 标准泰语　　　　（　　　）

B. 当地泰语方言　　（　　　）

C. 拉祜语　　　　　（　　　）

D. 英语　　　　　　（　　　）

4. 程度序列式问题：是指将调查对象对某一问题可能出现的感受分为不同的程度，让调查对象依据自己的感受程度进行排序作答。例如：为了解广西靖西县壮族对普通话的掌握情况，我们设计了一个程度序列式问题：

你的普通话水平如何？

A. 不熟练，只能听懂、会说简单几句话。

B. 不太熟练，能听懂、能进行日常简单交流。

C. 比较熟练，能进行一般交流。

D. 非常熟练，任何交流都没问题。

5. 开放式问题：是指调查问卷中只提出问题，但不提供可选答案的问题形式，要求调查对象根据问题把自己的想法或意见填写在问卷中预留的空白处。例如：为了了解泰国黑泰族对母语保护措施的认识，我们设计了一个开放式问题：

你认为可以采取什么措施保护黑泰语？

A. _____。

B. _____。

C. _____。

D. _____。

开放式问题可以使调查对象拥有更多回答问题的自由，同时调查对象在回答中所提出的新观点、新思路也能够给予研究者一些启迪。但是开放式问题也有其不足，如：难以提取数据、容易偏离主题、很难对不同调查对象的回答作出比较、答题时间较长等。所以在一份调查问卷中，这类题型不要设计过多，一般只设计1—2题。

由于《语言态度调查问卷》以选择题居多，所以调查对象在填写时比较容易，直接勾选所选项即可。开放式问题需要调查对象采用书面填写的方式来自由表达自己的看法，这对调查对象的文化程度要求较高，如果调查对象书写能力不高，可以由其口述，调查者来帮忙填写。

第六章

语言结构调查法

第一节 语言结构调查的价值

语言国情包括语言使用状况和语言结构两个方面的内容。由于内容不同，调查时使用的方法、调查的步骤也不同。

语言使用状况的调查，主要是要了解目标语言在社会生活中的生命力，即全面调查、分析并总结不同年龄、不同性别、不同教育程度的母语人，在不同场合中使用该语言时所呈现出的语言使用特点，从繁杂的表象中揭示该语言的语言地位与语言功能，并从该语言的使用领域、母语人的语言态度与兼语、语言转用等情况中，分析该语言与其他语言或方言之间的竞争、互补关系，判断其语言使用功能是否健全，或出现衰退，濒危。

而语言结构的调查，是要了解所调查的语言究竟有什么样的特点。包括：语音、词汇、语法等方面的特点；其系属的性质是什么，与哪些语言接近，存在什么渊源关系，与哪些语言有过接触关系；在现代化进程中，语言本体的演变出现了什么新现象、新特点，在与其他语言的接触中发生了什么变化，等等。语言结构调查在语言国情调查中具有重要价值，其特性主要体现在以下两个方面。

一 语言结构调查具有必要性

新中国成立以来，我国开展了多次语言调查，其中比较重要的一次是 1956 年开始的、持续多年的中国少数民族语言大调查。这次大调查的目的，主要是为了了解我国少数民族语言文字的基本情况，并为一些没有文字的少数民族创造文字，为一些已有文字的语言改革、改进文字。通过这次大调查，国家对那一时期少数民族语言的本体特征有了了解，大体掌握了我国少数民族语言的基本面貌。

由于中国民族多，语言种类丰富，语言使用情况复杂，既有一个民族使用多种语言，也有一种语言被多个民族使用的现象，受当时的条件所限，有不少语言或方言在大调查中尚未涉及或调查得不深入，因此，对我国的语言国情始终缺乏全面的、深入的了解。特别是近几十年来，由于中国进入现代化发展的新时期，社会经济的急剧变化，以及文化教育的普及和提高，使得少数民族语言随之发生了不同程度的变化，为我们认识少数民族语言的现实面貌提出了新的任务。因而，要做好民族语文工作，促进民族的发展进步，必须调查、认识现代化进程中少数民族语言的使用情况和本体特点。

语言结构的调查是语言国情调查必不可少的组成部分。语言本体结构的调查材料与调查成果，对语言学、民族学、历史学、社会学、教育学等学科的发展与建设都具有重要的理论价值。就语言学学科而言，理论建设离不开语言本体结构田野调查，脱离了这个基础空谈建设，是不可靠的。科学的、系统的、丰富的语言本体结构调查成果，是推进理论建设的前提条件，也是学科发展的必要条件。

语言结构的调查还具有重要的应用价值。比如，几十年来少数民族的双语得到了快速的发展，在语文教育中双语教育成为重中之重，但要搞好双语教育，必须对少数民族母语结构和母语特点有个系统的了解，还要通过母语与汉语的对比，找出少数民族学习汉语的特定规律和有效办法，这就需要对少数民族语言结构进行深入的调查和研究。又如，由于民族地区出现了大量的双语人，甚至有的民族出现了全民双语现象，双语现象势必不同程度地影响母语结构的特点，这也需要语言工作者去认识它。这种影响变化究竟有多大，对该语言的语言活力是起正面的增强作用还是负面的削弱作用，是民族语文工作者、语文政策制定者应当面对的新问题。民族语文工作的这些现实需要，说明开展我国新时期民族语言结构调查研究具有必要性。

二 语言结构调查具有紧迫性

语言使用情况与语言结构调查的紧迫性，是由新时期民族语言国情变化快的特点所决定的。如果不了解语言使用情况，就不能为国家提供科学的、符合实际的对策，就不能为国家制定语文政策和开展双语教学提供可靠的咨询；如果不调查我国民族语言本体结构的实际面貌，就不能科学解释民族语言的共时特点与历时演变，就难以做到科学保护和传承民族语言文化。

但目前语言学界对不少少数民族语言发生变化的新情况还不是很清楚，特别是缺少对新变化的理性认识。戴庆厦（2014）指出："我国进入现代化建设新时期的几十年，少数民族语言的使用特点发生了重大变化。如何认清不同民族、不同地区的语言特点及其变化，提出切实可行和科学有效的对策，已成为民族语文工作中亟待解决的任务。能否不失时机地做好少数民族语言使用现状的调查工作，直接关系到民族的发展、社会的稳定、边疆的巩固。"[1] 只有充分了解语言本体结构的真实面貌，才能更好地进行民族地区的双语教育，科学地确定少数民族语言文字的使用范围，促进民族语文的信息化、标准化、规范化，推动语言学的理论研究。国家与民族文化发展的迫切需要，要求语言文字工作者尽快、全面、深入地开展语言国情大调查。其中，对民族语言本体结构的调查既是语言理论研究的基础，也是解决语言应用需求的当务之急，具有时间上的紧迫性。

陈章太（2008）在《中国的语言资源》一文中谈道："根据观察和已知的情况看，由于语言接触的密切和语言影响的扩大，我国的语言和方言正在发生急剧的变化，语言生活丰富，语言成分多变，语言价值不太稳定，多数语言和方言处于强势语言资源和弱势语言资源状态，只有

---

① 戴庆厦：《论开展全国第二次民族语言使用现状大调查的必要性》，《民族翻译》2014年第 3 期。

少数语言、方言比较稳定地处于超强势语言资源状态，另有少数语言、方言处于濒危的超弱势语言资源状态。这些现状，值得我们充分重视和认真研究。"① 改革开放以来中国社会经济的高速发展，也带来了语言的新变化。即使使用人口较多的相对强势的语言，其本体结构近些年来的变化速度也远超以往。所以，对我国境内的所有语言进行全面深入、不断更新的本体结构调查是十分必要的，也是十分紧迫的。

　　比如，有的少数民族语言，只有几百人或者几十人能说会用，如景颇族支系语言之一的波拉语目前只有五百余人会说，阿昌族仙岛人使用的仙岛语只有八十多人还在使用，代际传承已出现断裂；有的民族语如藏族多续语只有寥寥可数的几位高龄老人会说，处于极度濒危的状态，将来这几位老人一旦去世，学界就再也无法掌握多续语的语言本体面貌了。又如，根据季永海（2003）的调查，黑龙江省齐齐哈尔市富裕县的三家子满语与 20 世纪 60 年代相比，语言使用情况与语言本体结构都产生了较大的变化。在本体结构上，使用者的词汇量大大减少了，最早丢失的是虚词，逐渐被汉语虚词所代替，"实词类也随着满语交流功能的衰退大量减少。日常生活中常用的词记得多一些，而大量抽象的词、表达细微色彩的词，到 2003 年已所剩无几。如数词，1961 年被调查者不仅能记住基数词，而且能说出序数词。然而到 1986 和 2003 年，被调查者也尚能记住基本的基数词，但序数词则已遗忘了"②。在语音上的变化主要表现在颤音 r 已消失，鼻化元音即将消失，小舌音及其变体正在向舌根音过渡等几个方面。在语法上，主要是许多形态变化逐渐消失。如果没有学者对其进行深入的描写以及前后的对比分析，就难以知道短短 40 余年三家子满语在本体结构上竟发生了如此大的变化。因此，及时开展民族语言本体结构调查，并对其中的濒危语言进行抢救性的调查和保护，在经济全球化、社会一体化的高速发展大环境中，具有明显的紧迫性。

---

① 陈章太：《我国的语言资源》，《郑州大学学报》（哲学社会科学版）2008 年第 1 期。
② 季永海：《濒危的三家子满语》，《民族语文》2003 年第 6 期。

第二节　语言结构调查的主要内容

语言结构调查的主要内容要依据该语言研究的实际情况来决定。目前，民族语言结构研究的实际情况主要分为两种：一种是过去已经调查过的语言，当前结构调查的主要任务是调查它近几十年的新变化，包括语音、词汇、语法上的种种变化；另一种是以往从未调查过的、不太了解的语言或者方言，这种语言就要对它进行全新的、具体的、全面的调查，深入了解它的结构特征与语言关系。

一　已有一定研究成果的语言

对过去已经调查过、有一定研究基础和研究成果的语言，现在的本体结构调查就不必重复调查、描写其完整的语言面貌，而应把调查重点集中在近些年出现的新变化上，包括语音、词汇和语法上的变化。

语音上重点调查音系的变化，归纳目前的音系，并与前人整理的音系进行比较，观察声母、韵母、声调等是否发生了变化，有无新增或减少的声韵调，新增或减少的声韵调是否受强势语言的影响而产生，增减情况是否存在受年龄段或受教育程度的差别等的制约。

词汇上重点了解产生了哪些新词新语，新词新语与本语固有词之间存在什么样的竞争互补关系，新词新语是否突破了本语固有的构词法规则等。与多个民族接触的语言，在借词来源上，有的会发生变化。比如在云南德宏州的一些少数民族，过去多从傣语中吸收借词，甚至有的语言还从邻邦缅语中借入借词，但近半个世纪以来，借词的来源对象多转为汉语，不再或很少再借用傣语、缅语。

语法上重点调查是否存在新兴的语法现象与语法规则，新规则与固有的语法规则是相悖的还是一致的。例如，原本严格的形态变化是否出现了一定程度的分析化倾向，"宾动"语序的语言是否在某些条件下出现了"动宾"现象，缺少补语的语言是否在汉语的影响下增加了补语，原先没有介词的语言是否借入了汉语的介词，原本没有分句关联词的语言是否借用了汉语关联词等。

下面以喀卓语为例，介绍怎样对已有一定研究成果的语言进行结构调查的主要内容。[①] 云南省玉溪市通海县兴蒙蒙古族乡的喀卓人，[②] 是元朝时期从北方大草原南下征战来云南后落籍在通海的蒙古人后裔，如今，这部分蒙古族喀卓人在经济、文化、风俗习惯、宗教信仰、语言等方面都有了较大的变化，特别是在语言上，他们转用了与彝语支语言相近的喀卓语。对喀卓语语言本体结构，前人已经有一定的研究成果，如在《云南嘎卓语研究》一文，戴庆厦等对喀卓语进行了初步的分析，并总结了喀卓语的基本特点，探讨了它与彝语支语言的关系。[③] 木仕华（2003）所著《卡卓语研究》一书也曾全面描写过喀卓人的语言，对其语音、词汇与语法特点进行了比较详细的分析。[④]

在前人成果的基础上，"云南蒙古族喀卓人语言使用现状及其演变"课题组对喀卓人的语言国情进行了进一步的调研，调查的注意力集中在了一些前人研究得尚不够深入的地方，或近年来产生了新变化的地方。比如：这部分蒙古族南下后为什么会发生语言转用，转用的过程和转用的原因是什么，喀卓人当前的语言使用现状是什么，喀卓人在强势汉语的包围、影响下尚能保存母语的使用，其原因和条件是什么，喀卓语与汉语接触引起的变化是什么等诸如此类的问题。

其中，与语言结构特征直接相关的就是喀卓语与汉语接触引起的变化。在长期的历史发展过程中，喀卓语受到汉语的巨大影响，产生了各种变异。其中，有主有次，有表层有深层。怎么判断喀卓语受汉语影响的性质，怎样认识喀卓语受汉语影响的特点，需要进行深入的研究。通过调查发现，由于喀卓人与当地汉族交往密切、接触频繁，如今他们已普遍成为"喀卓—汉"双语人，喀卓语也通过不断吸收汉语成分来保

---

① 戴庆厦等：《云南蒙古族喀卓人语言使用现状及其演变》，商务印书馆 2008 年版。

② 兴蒙蒙古族自称"kha^{55} tso^{31}"，汉文曾有"嘎卓""卡卓""喀卓"等不同的译法，这里采用获得当地各界喀卓人同意的译名"喀卓"。

③ 戴庆厦、刘菊黄、傅爱兰：《云南嘎卓语研究》，《语言研究》1987 年第 1 期。

④ 木仕华：《卡卓语研究》，民族出版社 2003 年版。

持自身的语言活力。汉语的影响在喀卓语的发展演变中成为一个不可忽视的因素。因此，课题以语言接触背景下喀卓语受到的汉语影响为研究对象，描写、分析了汉语在词汇、语音、语法上对喀卓语产生的影响，归纳了影响的基本特点和内在规律，并解释了影响的成因。

语言接触带来的喀卓语本体结构上的变化，以词汇最为明显，语音次之，语法变化最小。喀卓语词汇受汉语影响较大，主要体现在三个方面：

第一，汉语借词的义类范围广泛。在调查的 2453 个基本词汇中，有 811 个汉语借词，其中 kɯ³¹ "给"、pa³³ "搬" 等许多核心词都已被汉语借词所替代。汉语借词广泛分布于各个义类，涵盖了喀卓人生活的各个领域。第二，汉语借词包括新中国成立以前的老借词和新中国成立后的新借词。大量进入喀卓语词汇系统的、反映新事物新概念的汉语借词使喀卓语的词汇系统与时俱进，始终能够满足不同时期的交流需要。第三，汉语借词有机融入了喀卓语的词汇系统。融入方式有两种：

（1）分析重构型。使用者能够分析汉语借词的语素，按照本语的结构规则重新排序，使之和固有词一样，符合本语的句法结构要求。如喀卓语固有语序为 OV，汉语是 VO，当汉语 VO 结构的合成词被借入喀卓语时，就按照 OV 语序进行了分析重构，如汉语词 "背书" 借入喀卓语之后被说成 su⁵⁵pɛ³⁵ "书 + 背"。

（2）整体借用型。整体借入借词中，有符合本语构词规则的，如名词性修饰语在前，中心语在后的偏正复合词 zɿ³³tshu³²³ "衣橱（衣 + 橱）"，也有违背本语构词规则的，如 VO 语序的动宾复合词 fa³⁵ço³²³ "放学（放 + 学）"，本语语序应该是 OV 型的 "学 + 放"。

喀卓语里还存在少量处于由不加分析的整体借用型向重新理解的分析重构型过渡的借词，它们既能使用 VO 语序，也能使用 OV 语序，如 khɛ³³xui³⁵ "开会" 与 xui³⁵khɛ³³ "会开" 并存使用。这些不同层次的融入现象，说明汉语借词与喀卓语本语固有词分工互补，有机融合，构成了一个富有表现力和生命力的词汇系统。

总的看来，汉语借词和喀卓语固有词在相辅相成、和谐发展中也存在着竞争。其中，有的是固有词的生命力比借词旺盛；有的是汉语借词战胜了固有词；有的是势均力敌，不相上下。有的是构词中使用本语词，但在单用时则使用汉语借词。汉语借词在不同的年龄段、不同的言语社团中，也存在一些层次性的差异。

喀卓语语音受汉语影响也产生了一些变化。喀卓人全民是"喀卓语—汉语"双语人，除了母语外，汉语也掌握得较好。因而，喀卓人除了掌握喀卓语的语音系统外，还另外掌握了汉语通海方言和汉语普通话两套语音系统。即喀卓人掌握了四套语音系统，第一套是用来拼读喀卓语的；第二套是拼读喀卓语中的汉语借词的；第三套是拼读汉语当地方言的；第四套是用来拼读普通话的。喀卓人在日常生活中，能够根据实际交流的需要，自如地转换使用四套语音系统。课题组对这四套语音系统都进行了系统的描写，并对其中受汉语影响所产生的变化进行了解释。

与词汇和语音相比，喀卓语语法受汉语影响引起的变化较小。但喀卓语与汉语同属于分析性语言，语法上存在诸多共性，而且喀卓人长期以来与汉文化接触密切，又普遍兼用汉语，因而喀卓语语法也受到了强势语言汉语的一些影响。主要表现在 3 个方面：一是借用副词、连词和结构助词等一部分汉语虚词，同时借用了一些汉语的复句格式。二是出现了一些来自汉语的新型语序，与本语固有语序并存共用。三是造成了两种并存使用的使动格式和被动格式。以上特点说明汉语对喀卓语的影响正处于由表层向深层过渡的阶段。

综观喀卓语在语音、词汇、语法三方面产生的变化，可以看到该语言在汉语影响下出现了新的特点。根据这些特点，课题组得出了以下的结论：汉语影响与喀卓人的双语制存在相辅相成的关系，汉语影响对喀卓语的独立存在有重要作用。因为喀卓语在保留本语固有特点的基础上根据时代发展的需要广泛吸收了汉语成分，增强了语言的表达能力，丰富发展了语言的功能，提升了语言活力，从而使喀卓语更加适应社会的发展，保持了语言的独立性。

毫无疑问，对喀卓语等已有一定研究成果基础的语言进行本体结构的深入研究，对了解该语言的现状及其历史演变，对于语言转用、语言接触、语言历史比较、语言底层等方面的研究都具有理论价值和应用价值。

二 尚无或缺乏研究成果的语言

这当中有两种情况：一种是对前人以往从未研究的语言，语言本体结构的调查将从零开始，具有填补空白的作用；另一种是对前人知之不多，缺乏系统描写的语言，语言结构的调查将起到补充描写和深入研究的作用。这两类语言，在进行语言使用情况调查的同时，都需要进行全面的语言结构调查，深入了解它的结构特征、历史变化与语言关系等各方面的情况。在条件许可的情况下，可以将该语言结构的调查单独列为一个子课题，进行专门的调研，并出版相关专著。

2008 年进行的云南省墨江县哈尼族西摩洛支系使用的西摩洛语语言国情调查，就是国内外首次对西摩洛语语言使用情况及语言结构进行的全面调查。此前学界有关西摩洛语的成果极少，属汉藏语系藏缅语族语言研究中的一块空白。

哈尼族是一个多支系的民族，十余个不同支系使用了多种不同的语言。西摩洛人是哈尼族中人口较少的支系，约有一万四千余人，主要分布在云南省墨江哈尼族自治县，母语就是西摩洛语。使用人口如此之少的西摩洛语，又处在与哈尼族其他支系、汉族的大杂居环境中，其语言活力究竟如何，其语言结构有哪些特点，与哈尼族卡多、碧约、豪尼、白宏等其他支系语言之间的亲属关系是怎样的，在长期与其他支系语言和汉语的接触中，其语言本体产生了什么样的变化等，这些问题在当时都没有任何资料和研究，亟须进行调查和了解。该课题组针对西摩洛语的语言现状和研究现状，分工合作，同时进行了西摩洛语语言使用情况和语言结构的调查，最终出版了《西摩洛语语言使用现状及其演变》《西摩洛语研究》两部专著，对该语言的语言国情进行了全面、详尽的描写和解释。①

这两部专著的重点各有不同。《西摩洛语研究》一书全面描写西摩洛语的本体结构特点，包括哈尼族及西摩洛支系的基本情况，西摩洛语使用情况简介，西摩洛语音系、词法（名词、代词、数量词、形容词、动词、副词、连词、助词、叹词）、句法（短语、句子的结构类、句子的语气类）、特殊句式（被动句、连动句、差比句、话题句）、词汇（构词法、语义关系、借词、2000 词）、长篇语料等内容。《西摩洛语语言使用现状及其演变》一书重点介绍西摩洛人的语言使用情况，包括西摩洛语、汉语的使用现状和成因，西摩洛青少年的语言状况以及西摩洛语和汉语的接触关系。其中，"西摩洛语和汉语的接触关系"这一内容与语言结构直接相关，但研究的角度又与全面描写语言结构的《西摩洛语研究》一书有所不同，前者主要是为了揭示语言国情中出现的动态变化，后者主要是为了描写语言本体中已有的静态特征。

从接触关系来看，西摩洛语的语音、词汇和语法都受到了汉语一定程度的影响。其中，词汇受到的影响最大，语音次之，语法最小。语音上受到的影响主要表现在韵母上。西摩洛语的韵母主要由单元音韵母组成，但受汉语影响，增加了大量的复合元音韵母和鼻化元音韵母。这一变化，是质的变化，改变了西摩洛语原有的单元音韵母面貌，使其与彝语支语言和哈尼语其他支系语言出现了新的差异。词汇上受到的影响主要表现在汉语借词历史长、数量多、融入度高等几个方面。语法上，西摩洛语的屈折变化少，形态不发达，与汉语同属于分析性语言，语法上存在诸多共性，因此易于吸收汉语的一些特点。主要表现在支配短语出现了 VO 语序、数量名短语"名＋数＋量""数＋量＋名"两种语序并存共用、借用了汉语部分助词副词连词和介词、借用了汉语时体范畴的表达方式等几个方面。总的看来，汉语

---

① 戴庆厦等：《西摩洛语语言使用现状及其演变》，商务印书馆 2009 年版。戴庆厦等：《西摩洛语研究》，民族出版社 2009 年版。

对西摩洛语的影响，不仅丰富发展了西摩洛语的表达功能和使用功能，而且在一定程度上影响了西摩洛语的语言演变。

这些新进展不但充实了对我国语言的认识，而且对解决哈尼族支系的语言使用也提供了有价值的依据。

三　语言结构调查中若干需要注意的问题

语言结构调查与使用情况调查的目的有所不同，前者主要追求语料记录的准确性、方法运用的科学性、主题研究的深入性和理论拓展的创新性；后者主要追求充分、全面、动态地反映语言生活的现实面貌和迫切需求。因此，语言结构调查中需要注意的问题与语言使用情况调查中需要注意的也有所不同。主要有以下几点：

1. 要准确记音。

准确记音是一个硬功夫，记音不准确的调查材料是无效材料，即使取得了，也没有使用价值。没有文字的语言要使用国际音标记音，不能使用汉字标音等传统土法记音。使用国际音标记音能够准确地反映语音的特点，而且便于国内外学者相互交流。

听音、辨音能力，是准确记音的保障。调查者要练好辨音能力，打好记音基础。语言调查者通常对自己母语音系里已有的音比较敏感，容易区别开，而对母语里没有的音，则反应迟钝，容易搞错，而且带有很强的顽固性，对记音干扰很大。在实际田野调查中，调查者往往会遇到自己母语音系里所没有的音，有的音甚至在多数语言里都是少见的，这些音听起来会很不敏感，容易忽略或记错。此时，就需要调查者耐心听、重复听，把看口型与模仿复述等方法结合起来使用。

调查者要学会科学地整理、归纳音系。音系记录包括记录该语言的所有音位，描写音位变体、音位组合规则、音位结构类型、语流音变等。音位的确定有多选择性，如究竟使用 ci 还是 tɕi，是使用 ɬ 还是使用 l，要从整个语音系统全局权衡利弊，选择最合适的处理方法。在整理中，要以音位对立为出发点，区分语音的主要特征和伴随特征，合并音位变体。如松紧元音常常伴随着舌位高低、声调高低的不同，但松紧是主要特征，舌位、声调是伴随特征。

2. 要站在现代语言学理论的高度，认识所调查语言的特点

现代语言学的新理念之一，是要从多角度、多方法来揭示语言的特征。多角度、多方法研究语言，不仅能扩大语言本体研究的视角，能够加深本体调查的深度，而且能使语言结构调查符合现代语言学的发展趋势，服务于语言理论建设和语言实际应用。一些已出版的语言调查著作，运用现代语言学理论和方法揭示了汉藏语的话题句、述补结构句、"给"字句、"宾谓"同形句、连动句、否定式、转述句等的类型学特征，对了解、认识中国语言的特点提供了新的成果。例如，《遮放载瓦语参考语法》一书运用现代语言学理论，重点研究了载瓦语差比句、被动句、连动句、存现句、话题句等特殊句式，有一定的新意。[1]

3. 要学会鉴别语言接触现象

中国的语言由于历史的各种原因，以及各民族多元一体的格局，使得不同语言或方言之间，都存在不同程度的互相影响。这一点在我国南方如云南、四川、贵州、广西等地表现得尤为明显，往往同一个县、一个乡镇甚至一个村寨内部，长期以来多种语言或方言并存使用，持不同语言或方言的人们以大杂居小聚居的方式长年生活在一起，语言或方言之间长期相互接触，相互影响，由此产生了大量复杂的语言接触现象。

语言接触现象在做语言国情调查时必须记录下来，同时，还需要对它们进行甄别和解释。某些语言与汉语或别的语言极为接近，语言中的一些成分，究竟是同源关系带来的还是类型学共性或语言接触关系造成的，需要科学加以区分，确定这些现象或特点的属性，即这些语言特点或语言成分属于该语言的固有特点还是接触成分，这是不容易做到的。戴庆厦曾指出，要想做出正确的鉴别，在研究步骤上要由

---

[1]　朱艳华：《遮放载瓦语参考语法》，中国社会科学出版社2013年版。

近及远，因为一种语言在不同的历史时期，有可能受到一种以上语言的影响，不同语言在不同时期，会留下不同的影响痕迹。厘清语言接触的层次，才能科学认识历史延续下来的语言接触规律。①

4. 要分清语言接触关系中的内因和外因

在确定语言接触成分之后，还要分清引起接触的外因、内因。内因往往是语言影响深度的决定性因素，同时外因也对语言影响有推动或限制作用。把内因和外因分清楚，是科学解释语言接触关系的重要前提。例如，湖南湘西土家族苗族自治州泸溪县潭溪镇小陂流村苗族使用的苗语长期受汉语的影响，从全方位的语言接触中产生了较大的语言变异，出现了很多新的特点，其中一个直接的外因就是社会人文条件。"小陂流苗语之所以能受汉语的深层影响，有其社会人文条件。这里的苗族处于说汉语的土家族和汉族的包围之中，在居住上呈杂居状态。……不同民族长期以来的相互联系和相互影响，造成了经济生活、文化生活特征的逐渐趋同，这对不同语言的相互影响提供了天然的环境。"② 而小陂流苗语深受汉语影响，逐渐与汉语趋同的内因是二者都是分析型语言，语言类型的共性使之易于受到汉语深层次的影响，如改变语序、吸收虚词、替换核心词等。

5. 要把共时研究与历时研究相结合

语言特征既有共时的一面，又有历时的一面，二者紧密相连，不可分割。共时特征中又含有历时演变的线索，历时变化又反映了不同层面的共时特征。在语言结构调查中，要善于把共时研究与历时研究相结合，从中揭示更多的语言规律。

以云南省梁河、陇川和潞西的阿昌语为例，③ 阿昌语的三大方言呈片状分布，在语音、词汇、语法等方面均有一定的差异，相互间通

---

① 戴庆厦、罗自群：《语言接触研究必须处理好的几个问题》，《语言研究》2006 年第 4 期。

② 戴庆厦、杨再彪、余金枝：《语言接触与语言演变——小陂流苗语为例》，《语言科学》2005 年第 4 期。

③ 戴庆厦等：《阿昌族的语言使用现状及其演变》，商务印书馆 2008 年版。

话比较困难，在使用功能上也存在较大差异。潞西方言和陇川方言的使用功能相对稳定，语言转用现象不突出，"阿昌语—汉语"双语人占绝大多数；而梁河方言的使用功能则呈明显下降态势，语言转用现象突出，汉语单语人比例较大。

总体而言，汉语对阿昌语的影响具有深层性的特点，但这种深层性在三个方言中有一定程度的差异，表现出汉语影响的层级性特点。这种层级性的差异古已有之。从历时的眼光来看，新中国成立之前阿昌语三种方言与汉语的接触程度就有所不同。梁河阿昌族与腾冲汉族接触频繁，汉语教育清初就已经兴起，此后一直没有间断过。陇川阿昌族靠近邻邦缅甸，聚居地周围多是傣族村寨，新中国成立前陇川阿昌语主要受傣语影响，汉语的影响十分有限。新中国成立前潞西阿昌族受汉语影响的程度介于陇川方言和梁河方言之间。新中国成立后，德宏地区的社会情况发生了巨大变化，汉语的作用和影响力越来越大。但是，由于阿昌语的三个方言在与汉语接触的历史、广度及深度方面原本就存有一定的差异，因而汉语影响的程度在地域方言上仍表现出了一定的层级性，层级性的差异由高及低依次为：梁河方言 > 潞西方言 > 陇川方言。

从共时的角度来看，汉语影响的层级性在语言结构上也有表现。阿昌语语音、词汇和语法三个要素中，受汉语影响的程度由高及低依次为：词语 > 语音 > 语法。阿昌语中不仅汉语借词数量众多，分布广泛，而且一部分汉语借词已经深入到了核心词汇领域；构词法也受到汉语影响，固有的构词方式已为新起的音译全借词方式所代替。与词汇相比，语音所受到的影响相对要轻一些。阿昌语的语音系统只是增加了部分声母、韵母和声调，语音系统的基本特点仍较完整地保留着。语法变化最小，但在汉语的影响下，阿昌语借入了部分汉语虚词，也产生了一些与固有语序并用的新型语序。

正是坚持了历时与共时相结合的研究方法，使得"阿昌族的语言使用现状及其演变"课题能够深入描写并合理解释了语言接触背景下汉语对阿昌语的各种影响。

6. 突出语言特点，不要面面俱到。

每个语言都有自己多方面的特点，所以，语言结构调查不应该平均着力，追求面面俱到；而应该充分描写该语言的独特特点，深入挖掘其语言特点中所蕴含的理论意义。以普米语为例，普米语在藏缅语中属于形态变化比较丰富的黏着型语言，其构形变化很发达，包括表示语法意义的附加前缀（主要是趋向前缀）和附加后缀、词根的内部曲折、重叠等。这些构形变化，主要体现在动词的变化上，例如，动词能够通过趋向前缀的变化，表示趋向范畴或辅助表示部分体范畴；动词还能通过词根曲折、附加后缀的方式表示人称、数和体范畴；动词重叠则表示量范畴或互动范畴。① 普米语是典型的以动词为核心的语言，因此，对其进行田野调查时，可以多着力于动词的描写与分析。

总之，在语言国情调查中，本体结构调查是不可或缺的重要组成部分。但是我们看到，在近二十年的语言国情调查中，由于语言功能调查的任务太重，多少影响了语言结构调查的深入。今后的调查中有必要加强语言结构的调查。

---

① 蒋颖：《大羊普米语参考语法》，中国社会科学出版社 2015 年版。

第七章

怎样做跨境语言的国情调查

"跨境语言"是一个新概念，最早见于马学良、戴庆厦的《语言和民族》①。文中提到："跨境语言的发展问题，是值得研究的一个问题。所谓'跨境语言'，是指分布在不同国度的同一语言。"后来，这一术语在我国逐渐被引用开来。在英文文献中，尚未发现有对应的术语，表达这一概念时有 Cross – Border Language、Language of the Cross – Border Ethnic Groups 等说法。

跨境语言有广义和狭义之分。狭义的跨境民族语言，是指跨境两地语言在分布上相接壤。比如：中国的朝鲜语与朝鲜国的朝鲜语；中国的景颇语与缅甸的景颇语。广义的跨境语言，是指两地的语言在分布上除了接壤外还有不接壤的。比如：中国傣语和泰国的泰语，中国的汉语和新加坡的华语；中国的苗语和分布在美国、加拿大的苗语等。接壤或不接壤，对两地跨境语言的形成和演变有着不同的制约作用。

跨境语言研究是语言学中的一个独立的分支学科，是语言变异的一种特殊的模式。跨境语言的研究对象是分布在不同国境而产生的同一语言的变体，它既不同于因地域差异而形成的方言变体，也不同于因年龄、职业等因素的差异而形成的社会方言变体。它主要研究由于国界隔离形成的语言变异。不同国家的社会制度、社会条件是形成跨境语言的主要因素，还与方言变异、年龄、职业等社会因素有关。跨境语言研究属于社会语言学研究范畴，其研究成果能为历史语言学、

---

① 马学良、戴庆厦：《语言和民族》，《民族研究》1983 年第 1 期。

共时语言学等语言学分支学科提供新的认识。跨境语言有其独立的、特殊的、不同于其他语言研究的研究内容，也有其不同于其他语言研究的特殊方法。

第一节　我国跨境语言状况

中国跨境语言数量多、特点多样，是语言研究的丰富宝藏。中国30余种跨境语言包括：蒙古语、维吾尔语、哈萨克语、乌兹别克语、柯尔克孜语、塔塔尔语、鄂温克语、赫哲语、朝鲜语、塔吉克语、俄罗斯语、藏语、门巴语、珞巴语、独龙语、景颇语、载瓦语、勒期语、浪速语、阿昌语、彝语、哈尼语、拉祜语、傈僳语、怒语、壮语、傣语、布依语、苗语、瑶语、佤语、布朗语、德昂语、京语等。

中国跨境语言有以下几种类型特点：

从语言使用人数看，可分为"内多外少型""内少外多型"两种。境外比境内多的语言如乌兹别克语、俄罗斯语、景颇语等，境内比境外多的语言有藏语、壮语、哈尼语等。跨境两侧语言的相互影响，往往是人口多的一侧有较强的影响力。比如，维吾尔族在中国有10069346人（2010年），而在哈萨克斯坦只有231400人（2012年），哈萨克斯坦的维吾尔族很重视学习、借鉴中国维吾尔族语文的使用和发展的经验。朝鲜族主要分布在朝鲜、韩国、中国，中国的朝鲜族人口比较少，只有1830929人（2010年），中国朝鲜族重视学习朝鲜、韩国的朝鲜语文研究成果，还重视从朝鲜、韩国汲取语言文字的规范以及语文现代化手段的经验。

从地域分布看，可分为"跨多国型"和"跨两国型"，即有的语言只跨两个国家，而有的语言跨多个国家。跨两个国家的语言有独龙语、怒语等，跨多个国家的语言有傣语、俄罗斯语、朝鲜语等。

从跨境两国地理特点看，可分为"相连型"和"非相连型"两种。相连型和非相连型的跨境民族，在语言特点、语言关系等方面都会有差异。相连型的跨境国家由于两地居民来往方便、密切接触，因而在语言影响、语言兼用的力度、广度、深度，以及相互间的民族认同、语言认同上，都会比非相连型的跨境国家突出。

从民族源头看，可分为"源头国型"和"非源头国型"型。跨境国家两侧的同一民族，都有共同的来源。但源头不同，有的源头在这一国，有的源头在另一国。源头的不同，在跨境语言的关系上往往会形成不同的特点。如：中国的瑶族有 2796003 人（2010 年），而泰国的优勉族只有 45571 人（2012 年），人口数相差很大。中国、泰国的瑶族由于有共同的来源，使得两国的瑶族有着强烈的认同感，长期存在密切的同宗、同族的感情。泰国的瑶族，除了热爱自己的国家——泰国外，还热爱自己民族的源头国——中国。他们有三种意识——国家意识、源头国意识、现代化意识在起作用，这三种意识成为他们对待现实语言生活的指南。

从跨境时间看，有跨境时间长的，如中国的傣语和泰国的泰语；有跨境时间短的，如中国的景颇语和缅甸的景颇语。

此外，跨境语言的类型还可以从跨境国的制度、文化传承、国家关系等角度进行划分。不同时期跨境语言的类型特点会随着国家制度、国家关系而发生变化。

第二节　跨境语言调查研究的价值和意义

我国语言工作者必须认识跨境语言研究的应用价值和理论意义。正确认识跨境语言研究的价值和意义，对确定跨境语言研究的方向、深入跨境语言研究有着重要作用。

一　应用价值

跨境语言的使用，是世界语言生活的一部分。怎样解决好跨境语言的使用，是语言研究和语文工作中必须解决的一个重要问题；而跨境语言研究，能够为解决跨境语言的使用提供借鉴。

（一）跨境语言研究为制定本国语言规划提供借鉴

语言规划（又称"语言工程"）包括语言方针、语言政策、语言规范、语言保护等内容，对国家的发展、稳定有着重要的作用。有跨境语言的国家，语言规划中应包括跨境语言规划，即根据本国需要制定跨境语言规划。我国跨境语言分布在欧亚、东亚、南亚、东南亚等地区，不但数量多而且情况复杂。处理好跨境语言问题，需要制定适合不同地区的跨境语言规划，而跨境语言研究，是制定跨境语言规划的必要条件。[①]

研究跨境语言国家的语言政策，能为我国制定科学的语言政策提供不同价值的参考或借鉴。例如，老挝和中国都是多民族国家，但老挝不分主体民族和少数民族，不管人口多少都视为不分主次的不同民族；而中国则区分主体民族和少数民族，少数民族享有特殊的照顾政策，这种观念已深入人心。两国的不同认识，各有自己的理论和国情依据。对此应当怎么评价为好，分有什么好处，不分有什么好处，是值得研究的一个理论问题。又如，泰国政府在过去有一段时间曾把北部山地的苗、瑶等少数民族视为对国家安全存在威胁的民族，并将其定位为"问题民族"，致使民族关系不和睦。但近十多年，泰国政府改变过去的政策，积极扶持、帮助山地民族发展经济，采取多种措施缩小少数民族和泰族的差异，提高少数民族的生活水平，因此受到少数民族的称赞，加强了民族团结。两相对比，我们可以从中取得民族政策制定和实施的借鉴之处。

（二）跨境语言研究为提高跨境两侧民族的语言能力提供帮助

当今世界，有多种语言能力已成为民族发展进步的需要，因而提高国民的母语能力和双语、多语的能力，已成为关系到国家发展、民族进步的重要因素。语言能力的研究，是人类共同面对的前沿科学问题，也是国家发展战略的重大需求。跨境民族的语言能力与非跨境民族相比，既有共性又有个性。但相对而言，跨境民族的语言能力具有

---

① 参见陈章太《语言规划研究》，商务印书馆 2005 年版。

更为复杂的特点。怎样"求同存异",科学地处理好二者的关系,是跨境语言研究所必须解决的。

跨境民族的双语教育、双语体制、双语习得,不同于非跨境民族。跨境民族的"语言负担"一般要比非跨境民族重,因为跨境民族除了要具有自己母语的能力外,还要具有本国国语或通用语的能力,此外还要考虑是否具有跨境另一侧的国语或通用语的能力。没有文字的民族,或一侧有文字、一侧没有,还要考虑如何解决文字使用的问题。比如,中国的维吾尔族除了学习使用本族语言文字外,还要学习使用通用语汉语;哈萨克斯坦的维吾尔族除了学习使用本族语言文字外,还要学习使用该国的国语哈萨克语及哈萨克文。此外,两方还要学习外国语。如何处理好几种语言的关系,制定符合国情、切实可行的办法,是一个必须认真探讨的问题。

跨境两侧语言的语言教育在具体实施时必须考虑到对方的做法,通过对比研究,求同存异,取长补短。我国的跨境语言,有许多是境外人口比我国的多,如朝鲜语、哈萨克语、蒙古语等,在教学体制、教学方法、教材编写、教师队伍建设等方面有丰富的经验,值得我们学习和借鉴。

(三)跨境语言研究为解决跨境两侧民族的语言文字的规范化、信息化提供借鉴

同一种语言文字分布在两个国家,存在规范化、信息化如何统一的问题。统一有利于两国跨境民族的交流和学习,但由于两个国家的国情不同,统一起来往往有困难。怎么做才好,这当中既有理论问题,又有方法问题。对两侧存在差异的一些文字,要不要统一、怎么统一,是一个曾经面临而不易解决的问题。比如:中国和缅甸的景颇族长期使用统一的景颇文,20世纪50年代初对文字中存在的一些缺点,中国一方曾经有过改进的思考,但缅甸一方则主张保持现状,后两国政府经协商后一致同意不改。经过这60多年的实践,证明不改是对的,这当中是有经验可以总结的。

在电视、广播、手机越来越普及的今天,两侧跨境语言的传媒如

何沟通、怎样沟通已提上了日程。这是跨境语言研究中的另一个有重要应用价值的新问题。

（四）跨境语言研究为构建跨境民族、跨境语言的和谐提供咨询服务

构建跨境民族、跨境语言的和谐，是构建不同国家的和谐所必需的，符合各国人民的利益。但要实现跨境语言和谐，则需要通过研究，认识跨境两侧语言的现状及其演变的规律，弄清跨境两侧语言互补和竞争的关系，发现不利于跨境民族和谐与跨境语言和谐的因素，研究如何实现和谐的具体对策。

以景颇语为例：中国跨境两侧的景颇语，既有和谐的一面，又有不和谐的一面，认识其两面性，有助于制定具体对策。中缅两国的景颇族长期共同使用相同的语言和文字，成为两国景颇族共同发展的有利资源。使用同一的语言文字，使得两地的景颇族有着相同的文化底蕴，保存了大量的用自己语言记载的传统诗歌、传说、故事、谚语等文化遗产，成为保持景颇族统一族体经久不衰的文化力量。如广为流传的创世史诗《勒包斋娃》，唱到他们都源于中国古代西北的甘肃、青海、西藏高原，后来不断南下到现在的分布地区。同祖同根的意识，深深扎在跨国景颇族的心中。两国的景颇族，民族和谐、语言和谐是主流。但由于两国社会制度不同，民族政策、语文政策不同，必然会影响到两国景颇语的使用和规范存在不同的特点。对待两国景颇语使用中出现的问题，必须是"求同存异"。

二　方法论价值

跨境语言调查的方法与方言调查、语言国情调查一样，都涉及语言的结构特点和功能特点，所以二者在调查方法上既有共性又有个性。针对跨境语言使用的语言调查研究方法，具有语言方法论价值。这里主要提及几点与跨境语言个性关系密切的调查研究方法。

（一）跨境语言研究为寻找两地语言共性和个性提供新方法

跨境语言研究的主要目的，是了解跨境语言的状况及两侧语言的

关系，其核心是寻找两地的共性和个性。具体是，必须回答共性如何，表现在哪些方面，其成因是什么；之间又有何不同，是什么因素造成的。

以中泰两国的勉语为例：两地在语言结构方面基本特点一致。不同的是双方受通用语的影响而出现不同的特点。在词汇上，中国的勉语吸收了大量的汉语词汇，包括古汉语和现代汉语的词汇；而泰国优勉语除了保留古汉语词汇外，还大量吸收了泰语词汇。在语法上，中国的勉语受汉语语法的影响出现一些变化；而泰国优勉语受泰语语法的影响。如修饰式合成词的构造，两地有的语素的排列顺序不同。如"黄豆"一词，泰国优勉语保留苗瑶语固有的修饰语素居后的语序，说成 top^{31}（豆）jaŋ^{53}（黄），而中国勉语是修饰语素前置语序，说成 wjaŋ^{31}（黄）top^{22}（豆）。其原因是与两国主体民族的语言影响有关。汉语是修饰语居前语序，中国勉语长期与汉语接触，采用了与汉语一致的语序；而泰语是修饰语居后的语序，对勉语固有的修饰语居后的语序不造成影响。

（二）跨境语言研究为语言"综合性"的研究提供新思路

跨境语言的形成是由社会的变迁引起的，所以跨境语言的调查研究必须重视语言背后的社会因素，包括与语言相关的历史、民族、人文、地理等状况，联系这些社会因素来认识语言的现状及其历史演变。

由于跨境语言的现状都与它的历史变迁有关，所以要掌握某一跨境民族及其语言的特点就需要探索其历史的变迁。如：泰国优勉语与中国勉语有严整的规律，其差异能找到原因，这与泰国优勉族迁移时间不长、一直保持群居的方式有关。又如：泰国优勉族在短短半个世纪内就实现了全民兼用国家通用语泰语，其原因何在？结合优勉族的迁徙史能够看到，这与历史上优勉族在中国兼用汉语的历史传统有关。由于他们的祖先在中国时，就广泛接受儒家教育和汉语文教育，在优勉语中大量吸收了汉语词汇，久而久之，全民具有强烈的兼语意识。后来迁徙到泰国后，这种意识一代代传承下来，成为兼用泰语的精神力量。

在跨境语言调查研究中应该如何探索历史迁徙的过程，如何根据民间传说、家谱记载、语言对比等方法发现线索，如何理出其迁徙过程的时间、路线、原因等，都值得通过实践认真总结。

(三) 跨境语言研究为语言关系的研究增添新内容

非跨境语言的语言关系，主要是在国内与其他语言的关系。跨境语言则不同，除了与所在国其他语言的关系外，还与另一侧的同一语言存在关系，甚至还与另一侧国家的通用语存在语言关系。所以，跨境语言的语言关系研究能为语言学方法论增添新内容。

跨境语言的语言关系是个复杂的问题，其定位要从内、外两方面进行综合分析。在调查研究跨境语言的语言生活时，必须把不同的语言关系当做一个系统来观察和分析，在相互依存和相互制约关系中，提炼其既有互补又有竞争的演变规律。

如：泰国阿卡族只有 10 万多人，为了生存和发展必须学习泰国国语泰语，但近十多年来，由于中国经济的崛起和中泰关系的不断改善，阿卡人学习汉语的热情日渐高涨。因此，阿卡人的语言生活存在如何处理好母语和国语的关系、母语与中国阿卡语的关系，以及母语和中国通用语汉语的关系。

跨境语言由于分布在一个国家的边境地区，有许多是使用人口较少的少数民族语言。他们对自己语言生活的期望是，既要保存使用自己的母语，又要学好国家的国语。这是理想的语言生活模式。但实际上弱势语言的存在和发展往往会遇到"两难"的困境，即要维护自己的母语就会影响国语的习得，而要重视国语的习得，就会削弱母语的功能。母语和国语之间，有统一的一面，又有矛盾的一面，冲突的一面。怎样做到"两全其美"？在跨境语言调查中，要了解少数民族语言和国语的竞争与互补的关系，并预测其演变趋势。

跨境语言的和谐和矛盾，是客观存在的自然规律。这一对立统一体，会因具体语言的特点和历史演变的不同而出现不同的类型、不同的规律。因此，研究跨境语言，不能只看到表面特点，必须深入挖掘其深层次的内容。

（四）跨境语言研究为跨国合作开展语言研究提供新经验

跨境语言研究的对象主要是国外的语言和国外的社会文化，所以必须到国外做田野调查，必须与国外有关的高校和有关机构合作。中央民族大学承担的"跨境语言研究"系列课题，能够在较短的时间里取得了泰国、老挝、缅甸、哈萨克斯坦、不丹、蒙古六个国家的八个个案调查成果，出版了《泰国万伟乡阿卡族及其语言使用现状》（2009）、《泰国清莱拉祜族及其语言使用现状》（2010）、《东干语调查研究》（2012）、《泰国优勉（瑶）族及其语言》（2013）等九部著作。其基本经验之一是两国语言学家和谐地合作开展调查研究，在两国或三国语言学家共同合作开展跨境语言的研究中，取得了许多宝贵的经验。如：如何制定适合两国国情的调查计划、如何解决语言障碍、如何分工合作、如何做到求同存异、生活上如何协调，还有如何与当地政府的联系、如何付报酬、如何解决交通等问题。

三　跨境语言研究的理论意义

（一）跨境语言研究具有语言学新分支学科研究的理论价值

跨境语言是分布在不同国家中的同一语言的不同变体，其变异是因不同国家的社会、历史、地理的因素造成的。因而，跨境语言的属性及特点在语言学学科中具有独立的地位，是语言学研究的一个不可缺少的新分支学科。

造成语言的变异有纵向和横向两方面因素。纵向是指同一语言由于历史演变而形成的变异，称历史变异；横向是指同一语言由于地域、社会、国界等因素造成的变异。横向变异有多种：一是因地域差异形成的语言变异，称方言变异。方言变异是"一个语言的地域性变体，是相对于共同语或标准语而言的。方言有自成系统的语音特征、词汇特征和语法特征"[1]。二是因社会变异即职业、年龄的差异而形

---

① 《语言学名词》，商务印书馆 2011 年版。

成的变异，称社会方言。三是跨境变异，或称跨国变异，即因国界阻隔而引起的语言变异。可见，跨境变异是语言变异中的一种，不同于历史变异、方言变异和社会方言变异。

跨境语言的变异是语言现象、语言演变的一种存在，其形成和发展的原因主要是不同国家的不同社会人文因素引起的，即不同国家由于社会、政治、经济、文化、地理的差异，使得原本是同一的语言，出现了变异，成为跨境语言。由于跨境语言是同一语言分布在不同的国家，所以其差异还受地域分布的影响。如中国的蒙古语与蒙古国的蒙古语因所处的国度不同出现了差异，构成了跨境关系，但两国的蒙古语也是区域分布的差异。但要强调的是，构成跨境语言的核心因素是"国家因素"，不同于由纯粹"地域因素"（山川、河流、地域的阻隔）而引起的方言差异。这是"跨境语言"与"方言"的主要区别。当然，跨境语言的差异，也含有地域因素，即不同地区引起的语言变异也会出现在跨境差异之中，这就是说，跨境语言与方言存在部分叠合。

由于跨境语言是语言变异的一种特殊模式，各有不同的研究内容和研究方法，因而在社会语言学研究领域应具有独立的地位。总之，跨境语言研究是语言学研究的一个新领域，对它的研究，是语言学研究的新扩展，必将从一个方面丰富语言学的理论方法。

（二）跨境语言研究能够扩大对语言的共时认识

语言研究的基础是共时研究，语言研究必须以可靠的语言现状描写材料为依据、为出发点。跨境语言是语言的一个特殊的变体，有其不同于其他语言研究的特点，所以，获取跨境语言的新语料，必然会丰富、深化对世界语言的共时认识。

比如，分布于跨境两侧的同一语言，由于国家政体的不同，所接触的民族不同，以及在各自国家中所处的地位不同，因而在语言结构特点上，包括词汇的使用、句法的安排、语体的风格等方面，会存在或多或少不同的特点。跨境语言由于分别处于不同的国家，语言演变的速度、方式、手段也会出现差异。对跨境语言共时差异的研究，从表层和深层上认识其形成的客观事实及成因，对描写语言学必然会提供新鲜养料。

从语言功能的共时描写上说，跨境语言由于分布在社会特点、民族状况不同的国家中，语言生存与语言保护的环境不同，其语言关系、语言地位也会有所不同。比如，两侧的同一跨境语言，有的在一侧是国语，而在另一侧是少数民族语言，各自的社会地位、发展条件必然存在差异。这一研究，能够扩大对世界语言现象的共时认识。

世界语言有强势语言和弱势语言之分。处在两侧的跨境语言在不同国家里"强弱"地位不同。如：傣语在中国是少数民族语言，是弱势语言；而泰国的泰语是国语，是强势语言。汉语在中国是通用语，是强势语言；而分布在国外的汉语是非通用语，是弱势语言。"强弱"地位的不同，在一定程度上影响语言的功能和特点。探讨语言因强弱而引起的功能变化，是语言共时研究的内容。

再说，世界各国的跨境地区分布着大量的、使用人口较少的小语种，对其描写、研究是丰富共时语言学的重要资源。比如：与我国相邻的老挝、越南、印度、尼泊尔等国，都分布一些有珍贵价值的小语种或"稀有语种"，目前他们在生存上面临着困境。随着现代化进程的不断深入，以及人群流动的不断加剧，小语种在与大语种的竞争中，不同程度地出现功能衰退甚至濒危的趋势。因而在语言学研究中，对小语种的共时记录和描写，已成为语言共时描写的不可忽视的急迫任务，对小语种的描写，必将推动描写语言学的发展。正如20世纪初美国语言学家以美国一千多种印第安土著语言为调查对象，记录了大量的印第安语语料，从而建立了在语言学史上有一定地位的美国描写语言学。

（三）跨境语言研究能够深化历史语言学的研究

跨境语言的形成，都有其历史演变的成因；两侧跨境语言的差异，有许多反映了同一语言纵向的变化。所以，通过跨境语言的研究，能够获取珍贵的语言历史演变规律，为语言历史的研究提供参证。

比如：藏缅语族景颇语的动词人称、数范畴的形态标记出现衰退的趋势，是藏缅语族从形态型向分析型演变的一种表现，在藏缅语历史语言学研究上具有重要的价值。这一演变趋势在缅甸克钦语中表现特别突出，特别是年轻一代已大面积消失。比较二者的演变状况，厘清其演变的共性和个性，对景颇语乃至藏缅语动词人称、数范畴形态标记衰退趋势的研究会很有价值。又如：通过泰国苗语和中国苗语的比较能够发现，两国苗语均有丰富的量词，其中一些重要量词如计量动物的类别量词、通用量词"个"，两国苗语均有同源关系，这说明在苗语三个方言分化之前，量词就已经产生。

　　跨境语言的历史演变，往往是受所在国别的语言的影响造成的。如：泰国优勉语的"形容词＋数量短语"语序，中国勉语多用"数量短语＋形容词"语序，究其原因与语言影响有关。如"一米高"，泰国优勉语受泰语语序的影响，形成"形容词＋数量短语"语序，说成 laŋ^{33}（高）i^{33}met^{55}（一米）；而中国勉语是"数量短语＋形容词"语序，是受汉语的语序影响，说成 i^{33}mei^{53}（一米）laŋ^{33}（高）。研究语言接触对语言历史演变的影响，在跨境语言的比较中能够获取许多有价值的新语料。

　　（四）跨境语言研究能为语言关系研究提供新鲜养料

　　语言关系研究包括语言亲属关系、语言接触关系、语言地位关系等内容。跨境语言研究，能够为语言关系研究提供大量有理论价值的语料。

　　区分语言和方言的界线，是语言研究的一个难题，而区分跨境语言是同一语言还是同一语言的不同方言，同样存在难点。我们看到，跨境语言在不同国家的差异有大有小，差异小的一般都会认为是同一语言，比如中国的朝鲜语和朝鲜、韩国的朝鲜语，中国的哈萨克语和哈萨克斯坦的哈萨克语等。但分歧略大的应该怎么看？如：清末（1862—1877 年）由我国西北地区迁至中亚地区的跨境民族东干人说的东干语（源自汉语西北方言），现已出现一些独特特点，又使用不同的名称——东干语，它与汉语是同一语言还是不同语言存在不同的认识。中国的傣语与泰国的泰语虽同出一源，但如今已有不同的特点，名称上用"傣、泰"不同字区分，是同一语言还是不同的语言？

又如，跨境语言由于分布在不同的国家必然会受到所在国语言的不同影响，使其各自产生不同的变异。如泰国的拉祜语大量吸收了泰语借词，其词汇系统向泰语趋同；而中国的拉祜语吸收了大量的汉语借词，其词汇系统向汉语趋同。两条借词路径泾渭分明。不同的借词取向对语言结构会发生一定的影响，产生语言演变的新规律。

周边国家分布着数量可观的华人，他们说的汉语是汉语的变体，内部含有不少中国汉语所没有的特点，包括一些古代汉语的特点，这对"大汉语"的共时和历时的研究，都具有宝贵的价值。

两侧跨境语言的相互影响，是跨境语言演变的一个不可忽视的动力。跨境语言谁影响谁，受语言地位高低的制约。决定语言地位的，有使用人口多少、经济文化发展水平高低等因素。朝鲜、韩国的人口多，朝鲜语又是两国的国语，中国朝鲜语的规范及丰富发展重视从两国吸取有用的成分。不同的跨境语言，其语言接触情况不同，对不同国家语言接触特点进行对比研究，有助于接触语言学的研究。

（五）跨境语言研究能为相关学科的建设提供帮助

跨境语言研究的对象虽然是语言，但语言的背后含有大量的民族历史、社会经济、文化宗教等方面的相关内容。所以在跨境语言调查研究中得到的这方面信息，必然会对民族学、历史学、社会学、经济学、文化学、宗教学等相关学科的建设提供帮助。以泰国优勉族的迁徙史为例：为了弄清泰国优勉族的语言特点及其与中国优勉人（属于瑶族的一个支系）的关系，调查者调查了泰国的优勉族是怎样从中国迁移到泰国的。从调查结果证明：泰国的优勉族在中国原属"过山瑶"，与盘瑶支系有密切关系，最早进入泰国的时间是 1819 年前后。人数较多的迁徙有四次，形成了"帕那契利诗颂北群、红康山群、上清莱群、疏散群"四个大群体。这些材料对优勉族南迁史的研究有一定价值。又如：泰国阿卡族（与中国的哈尼族同一族源）保留较长的父子连名制，并在族谱的传承记忆上能与中国的哈尼族的记忆相连接，这对哈尼族的父子连名制及历史有一定的价值。

第三节　跨境语言调查研究的主要内容

我国跨境语言调查研究主要从以下三个方面进行：1. 调查跨国语言的国情；2. 调查语言之间的关系；3. 预测跨境语言演变的趋势。

一　调查研究跨境语言的国情

不同国度的跨境语言，由于人口多少不同、社会发展状况不同，以及国家的语文政策不同，语言地位和语言功能也会存在不同程度的差异，所以应调查二者差异的数据、基本点、成因，提出如何认识这种差异的见解。

（一）要对跨境国的语言生活有系统的了解

包括：有哪些民族、使用哪些语言、各语言的人口及其分布、语言系属、不同语言的语言关系、语言兼用状况、国语（官方语言、通用语）使用状况、在学校教育中的使用情况等。调查中应注意观察不同语言的活力，及相互制约、相互影响的关系。还要调查文字使用情况，包括文字的活力、文字的优缺点、民众识字状况等。

（二）调查该国的语言规划

包括语言方针、语言政策、语言规范、语言保护等内容。研究跨境国家的语言政策，能为各国制定科学的语言政策提供参考或借鉴。例如，老挝和中国都是多民族国家，但老挝不分主体民族和少数民族，不管人口多少都视为不同的民族，而中国则严格区分主体民族和少数民族，少数民族享有特殊的照顾政策，这已成为每个公民所关心和必遵守的观念。两国不同的认识，各有自己的理论和国情依据。对此应当怎么评价为好，分有什么好处，不分有什么好处，是值得研究的一个理论问题。

（三）了解跨境国家的社会人文情况

包括：国家的人口数、行政区划、民族分布、地理位置特征、政治制度、民族关系、经济形态、文化教育、宗教信仰、婚姻制度、民居服饰、民俗村规等。还要调查其历史来源，包括迁徙原因及过程等。有支系区分的民族，还要了解支系及支系语言的划分情况。

比如：拉祜族是泰国山地民族中的第三大民族。泰国拉祜族现有人口 102876 人，分布在 385 个村寨，共 18057 户。分属 6 个府：清莱府、清迈府、媚宏颂府、噠府、甘烹碧府、河那空萨王府。多数定居在清迈府和媚宏颂府。泰国各地的拉祜族有不同的支系，不同支系因服饰特点、来源的不同有不同的自称或他称。泰国的拉祜族分为以下 7 个支系：拉祜其拉、拉祜纳、拉祜尼、拉祜熙、拉祜拉巴、拉祜普、拉祜苦劳。

（四）调查历史变迁

跨境民族及其语言的现状都与它的历史变迁有关。所以要掌握某一跨境民族及其语言的特点，需要探索其历史变迁。历史变迁弄清楚了，就能理解它的现状为什么是这样一种状态。如：泰国优勉语与中国勉语有严整的规律，其差异也能找到变异条件，这与泰国优勉族迁移时间不长，而且与他们保留群居的生活方式有关。又如：泰国优勉族具有强烈的兼语意识，在短短半个世纪内实现了全民兼用国家通用语泰语，这与历史上优勉族在中国兼用汉语的历史传统有关。再如：泰国优勉族长期崇尚儒家文化，与他们在历史上重视吸收儒家文化有传承关系。为此，我们在调查中要重视探索优勉族历史的迁徙过程，通过传说、家谱记载、语言对比等方面的调查研究，力求大致厘清其迁徙过程的时间、路线、原因和基本规律。

二　调查研究语言之间的关系

（一）调查研究跨境两侧语言之间的关系

分布于跨境国两侧的跨境语言，由于地理上、来源上的密切关系必然存在某种语言关系。从理论上弄清跨境语言的语言关系，有助于认识跨境语言的演变规律，有利于制定解决跨境语言应用的对策。跨境语言的语言关系是复杂的、多层次的，既有和谐又有冲突或矛盾，调查中要进行分析和记录，并要寻找其历史成因。

要调查研究跨境两侧语言本体结构的异同及特点。即使用描写语言学的方法和手段，分别对跨境两侧语言的本体结构特点进行系统的分析描写。本体结构特点的描写通常围绕语音、词法、句法、特殊句式等内容进行。

境外使用该语言的民族如果是主体民族，如俄罗斯的俄罗斯语、哈萨克斯坦的哈萨克语、朝鲜国的朝鲜语等，其描写与研究也比较多，我们要及时获取已有的研究成果，运用于境内跨境语言的研究。相对而言，有的非主体民族的语言，如泰国的拉祜语、缅甸的景颇语等，境外语言的描写研究比较薄弱，应是重点，其成果具有填补空白的意义和原创性价值。

本体结构特点的调查中，应尽量多记录两侧语言的差异，和能够反映社会特点、社会变迁、群体分合的词语和口头史料。

（二）调查研究跨境两侧语言与该国通用语之间的关系

我国的跨境语言，除少数是该国的主体语言（或国语、通用语）外，大多数是非主体语言（或少数民族语言）。由于国家性质的差异，跨境民族的母语和通用语的关系必然会存在不同的特点。调查中，要通过各种数据、史料、访谈，分析二者的关系及走向。

1. 了解母语与通用语使用功能

跨境民族，在跨境国家有的是主体民族（如泰国的泰族，不丹的藏族），但大多是少数民族。是少数民族的，其语言生活都存在如何处理好母语和通用语的关系。母语和通用语的相互消长是跨境民族语言生活的常态，这些民族的语言在相互消长中获得发展和变化。我们在调查跨境语言的语言生活时，必须把母语和通用语的关系当做一个系统来观察和分析，在相互依存和相互制约关系中，提炼其演变规律。

在调查母语和通用语的关系时，对二者基本功能的描述应有数字显示。调查研究母语和通用语的关系，包括使用功能的共性和个性，并分析其原因。分析二者功能的差异，互补和谐、互补竞争的表现。对母语与通用语的使用情况可围绕以下几个方面进行调查：

（1）母语使用是否稳定？成因有哪些？

（2）青少年母语与通用语的使用状况如何？

青少年的语言状况反映语言使用功能变化的走向，这应是调查的重点。要调查不同年龄段语言使用的状况，诊断母语发展的走向，看看是否存在衰退的趋势。

（3）不同身份、不同年龄、不同地区的人对母语与通用语的态度。

（4）使用通用语的基本特点。

在调查使用通用语基本特点时，可设计问卷进行调查，问卷要考虑以下几个因素：通用语是否具有普遍性、使用通用语的场合有何不同表现、对通用语的认同情况、通用语水平是否具有层级性等。

2. 跨国语言和谐的类型调查

语言和谐可以从不同的角度做不同的分类。从和谐的程度上分，可分为高度和谐、一般和谐和不和谐三类。从时间上分，可分为共时语言和谐和历时语言和谐两类，二者的研究方法不同。历时语言和谐的研究，必须从文献、历史传说、口传文学等资料中去细心发掘；共时的语言和谐，必须重在第一线的田野调查。

母语与通用语的和谐方面，应该分析两种语言相互接触、相互影响的关系，影响的深度、影响的规律、发展趋势等问题，并对不同和谐类型进行成因分析。

三　预测跨境语言使用演变的趋势

语言使用演变的趋势预测，有短期预测和长期预测两种。如：泰国优勉族是一个全民双语型的民族，其语言生活是一个比较完美的语言类型。这种语言类型有利于优勉族的发展，有助于与其他民族的和谐互助。优勉族语言使用演变趋势将会在此基础上向前发展。根据现有的信息分析，优勉族的母语勉语在今后三代人中仍会保持强劲的活力。但是，优勉人母语的保护和使用，会遇到与通用语的矛盾和竞争。在一个多民族国家里，少数民族的语言生活都会遇到"两难"

的困境：他们一方面要保存使用自己的母语，而另一方面又要学好国家的通用语。二者有统一的一面，又有矛盾的、冲突的一面。国家和政府在方针上，必须坚持"两全其美"，即保障母语和兼用语都能得到使用和发展；但在具体策略上，要辩证地处理二者的竞争和互补的关系，扶持弱势语言的生存。

第四节 跨境语言调查研究的方法

一 跨境语言调查研究的阶段

跨境语言调查通常划分为以下几个阶段：

1. 筹备阶段：包括确定项目的目标、要求、完成日期；选择参加课题组的成员及确定人数；预算费用。选择好合作国的合作单位。

2. 考察选点：出国调查前必须选好点。如中央民族大学语言国情调查组去泰国调查阿卡语时，出发前就派泰方课题组成员到阿卡族分布区摸底，考察阿卡人的聚居程度、支系分布状况、语言保留情况，并根据考察结果确定了以清莱万尾乡为重点调查对象。先行组在目的地还跟各村村长接头，讲明来意，为调查组大队人马进入实地后的调查提供很好的基础。

3. 实地调查：主要是进入村寨和城镇按计划调查。这当中有三个问题要注意：一是如何让群众了解你的来意，愿意帮助你调查，防止出现误解。见了村长或长老等有威信的人物，先要说明来意，然后再由他们带领入户调查。二是进寨后要尊重当地的风俗习惯，和善对待群众。三是调查对象的人名、所在村名、年龄、家庭成员、语言使用情况都要记录清楚。不要忘记记下联系电话，还要留个照片。

4. 书稿撰写：调查材料大部分收集并做了整理之后，课题组就应立即转入书稿编写。若发现某些方面材料不足，必须及时安排人力下寨补充调查。书稿要在离开调查点之前修改完毕，有了定稿本才能离开调查点。这个规定事先就要跟课题组每个成员说清楚。

5. 书稿加工定稿：回国后，应不失时机地按出版社编辑的要求对书稿加工润色。一鼓作气，是提高质量、缩短时间的有效办法。加工定稿主要工作有：核对语料、文字加工、体例检查、统一，设计封面、目录，加上附录、作者署名等。

二　跨境语言调查中要注意的几点

（一）必须掌握跨境语言调查的个性

跨境语言调查有不同于国内语言调查的个性。其表现如下：

1. 跨境语言调查具有时间短的特点，在国外停留时间不可能太长，所以时间安排要紧凑，工作效率要高。离开调查点之前必须把语料核对完毕，形成成果的观点和材料，把入书的稿子写出。如果不这样，把没有核对好的语料带回就等于是一堆垃圾，再想核对就很困难。

2. 语言障碍是跨境语言调查的一个难点，所以要把落实翻译人员作为重要工作来考虑。在国内做语言调查，一般都能找到既懂母语又懂本国通用语的人，不需要翻译；但在他国做跨境语言研究，很难找到既懂自己母语又懂汉语的发音合作人，这就需要懂该国通用语和汉语的人员来做翻译。特别是入寨调查、收集语料，没有翻译简直是寸步难行。建议语言翻译者最好能从国内带几个去。因为，语言调查的翻译不同一般的翻译。语言调查翻译涉及语言学专业的知识，一般翻译不能理解你所需要的语言材料，会影响调查进度和质量。

3. 如何付报酬也是要考虑的问题，因为国内外情况有所不同。不同国家由于国情不同、民俗不同，对报酬有不同的理念。报酬给得不合适也会引起矛盾，影响调查工作。

4. 由于课题组成员来自不同的国度，知识背景、文化背景以及工作方式等都存在一定差异。所以在面对统一目标的工作中，必须协调好不同成员的各种关系。有几个原则是必须共同遵守的：首先，不同国家的成员要互相尊重，互相理解，不能以自己的意见代替别人的意见。其次，要重视感情的沟通，这样许多问题就可以迎刃而解。最后，要根据实际情况和面临的问题调整人员安排，把人员安排到最适合他的工作上，使课题组成员都能各尽其能。不同国度成员的关系如果能处于一种和谐、友好的气氛中，每个成员就都能各尽其能、各司其职，团结友好，就能保证调查工作得以顺利进行。

（二）把握好以语言学为主的多学科综合调查研究方法

跨境语言研究虽然研究的对象是语言，但要真正认识语言的属性和变化规律，除了使用语言学方法外，还要有历史学、民族学、社会学、教育学等学科研究方法的配合。比如，揭示境外克木语是如何形成的，就要注意到克木人历史上的三次大迁徙，从中认识各国克木人定居的时间和特点。又如，要认识不同国家的克木语为什么在词汇系统上出现差异，就要分析克木语所在国的国情，包括社会、经济、文化的形态，以及民族关系的特点等问题。

（三）对所调查的跨境语言的特点有一定的认识

确定调查对象后，要通过搜集资料对该语言的特点进行了解。了解所调查语言的人口及其分布、语言系属、语言类型、不同语言的语言关系、语言兼用状况，以及国语、官方语言、通用语使用状况，在学校教育中的使用情况等。

（四）明确跨境语言研究必须获取哪些核心语料

跨境语言调查的目的，是认识境内外跨境语言的面貌，为解决语言使用、语言关系等问题提供依据，还可为描写语言学、历史语言学、社会语言学的建设提供新的认识。为此，大量记录跨境语言的语料是第一重要的。语料包括语言本体调查和语言功能调查两大方面。语言本体方面的有：调查点的音位系统、3000个词汇、基本的语法特点例句、长篇话语材料等。根据多年的经验，要做一些代表人物的访谈，记录整理后作为访谈记入书。因为被访谈者在访谈中容易用简短的话表达自己真实的想法，所以书中加入访谈记，会增加调查语料的可信度和生动性。访谈对象应包括各种人物：有威望的民族领袖或村寨的长者、原领导和有关方面的知情领导、文化宗教界人士、教师和学生等。访谈材料要及时整理，初稿最好要返回本人过目。

调查中要注意拍摄一些有价值的照片。包括：村寨景观、民居、服饰、饮食、宗教以及调查工作照、作者合照等。这些照片在将来都会具有文物价值。

（五）根据国情制定语言能力测试标准

调查跨境语言，一项重要内容是获取使用者的语言能力，并以此判定该语言在邻国的活力。通常根据户口本分头进入村寨逐户逐人进行语言能力的调查。调查前要制定两个标准：一是语言能力等级的划分标准，二是年龄段的划分标准。

语言能力的划分，不同国家、不同民族会有不同。如调查老挝克木人的语言能力时，分为熟练、略懂、不会三个等级。

三个等级的划定标准为：

①熟练级：听、说能力俱佳；日常生活中能够自如地运用该语言进行交流。

②略懂级：听、说能力均为一般或较差，或听的能力较强，说的能力较差；日常生活中以兼用语为主。

③不会级：听、说能力均较为低下或完全不懂；已转用兼用语。

年龄段划分：少年段（6—19 岁）；青壮年段（20—39 岁）；中年段（40—59 岁）；老年段（60 岁以上）。

由于 6 岁以下儿童（0—5 岁）的语言能力不甚稳定，所以统计对象的年龄划定在 6 岁（含 6 岁）以上。

除了对选定的村寨点进行普遍调查外，还从不同年龄段中抽选一定数量的人进行词汇测试。因为一个人词汇掌握水平能在一定程度上反映其语言水平，可以作为重要参考。调查可根据该国、该民族的语言特点设计的《400 词测试表》（以下简称《400 词表》），用于调查中对不同层次的人进行语言能力的测试。实践已经证明，用少量有代表性的词进行测试，同样能够在较短的时间内测出说话人的实际语言能力。

《400 词表》是从常用词中挑选出来的，在每一类词中不但要有代表性，而且还要按比例挑选。为了便于被试人理解词义，每个词条除用汉语注释外，还要用当地国语和英语注释。

词的掌握能力分为四级：A、B、C、D。A 级：能脱口而出的。B 级：要想一想才能说出的。C 级：经测试人提示后，测试对象想起的。D 级：虽经测试人提示，但测试对象仍不知道的。

400 词测试综合评分的标准是：A 级和 B 级相加的词汇达到 350 个以上的划为"优秀"；A 级和 B 级相加的词汇在 280—349 个的划为"良好"；A 级和 B 级相加的词汇在 240—279 个的划为"一般"；A 级和 B 级相加的词汇在 239 个以下的划为"差"。

第八章

怎样做语言保护调查

"科学保护各民族语言文字"是国家根据新时期的语言国情提出的一项新的语言文字政策，是语文政策的新发展。当前，语言保护是国家语文工作的一项重要任务。因此，语言国情调查必须包括语言保护的调查。

第一节　语言保护是怎样提出的

语言政策和语言规划研究对于国家经济社会发展和民族事业发展等都具有重要意义。语言政策的提出要以事实为依据，这个事实就是中国的语言国情。只有在全面而准确地把握中国语言国情的基础上，才能制定出行之有效的语言政策。

一　中国的语言文字政策

"语言平等"是中国语言政策的基本原则，我国各个时期的语言政策都是在"语言平等"的基础上制定和实施的。"语言平等"源自"民族平等"的民族政策，宪法中反复写入"各民族都有使用和发展自己语言文字的自由"。中国的语言政策大体包括两方面内容，一是大力推广国家通用语言文字，二是科学保护各民族语言文字。

（一）大力推广国家通用语言文字

《中华人民共和国国家通用语言文字法》规定普通话是国家通用语言。普通话以北京语音为标准音，以北方话为基础方言，以典范的现代白话文著作为语法规范。在中国社会主义现代化建设中，大力推广、积极普及全国通用的普通话，有利于消除语言隔阂，促进社会交往，对社会经济政治、文化建设和社会发展具有重要意义。

推广普通话是中国语言政策的重要内容，被写入《中华人民共和国宪法》等多项法律和条例，例如：

《中华人民共和国宪法》第十九条规定："国家发展社会主义的教育事业，提高全国人民的科学文化水平。国家举办各种学校，普及初等义务教育，发展中等教育、职业教育和高等教育，并且发展学前教育。国家发展各种教育设施，扫除文盲，对工人、农民、国家工作人员和其他劳动者进行政治、文化、科学、技术、业务的教育，鼓励自学成才。国家鼓励集体经济组织、国家企业事业组织和其他社会力量依照法律规定举办各种教育事业。国家推广全国通用的普通话。"

《中华人民共和国国家通用语言文字法》第三条规定："国家推广普通话，推行规范汉字。"

《中华人民共和国民族区域自治法》第三十七条规定："招收少数民族学生为主的学校（班级）和其他教育机构，有条件的应当采用少数民族文字的课本，并用少数民族语言讲课；根据情况从小学低年级或者高年级起开设汉语文课程，推广全国通用的普通话和规范汉字。"

《中华人民共和国教育法》第十二条规定："学校及其他教育机构进行教学，应当推广使用全国通用的普通话和规范字。"

《中华人民共和国义务教育法实施细则》第二十四条规定："实施义务教育的学校在教育教学和各种活动中，应当推广使用全国通用的普通话。师范院校的教育教学和各种活动应当使用普通话。"

新时期，大力推广国家通用语言文字仍然是中国语言文字政策的主要内容。党的十七届六中全会通过的《中共中央关于深化文化体制改革推动社会广义文化大发展大繁荣若干重大问题的决定》指出要"大力推广和规范使用国家通用语言文字"。随后，教育部、国家语委在《国家语言文字事业"十三五"发展规划》中把"推广和规范使用国家通用语言文字"作为重要内容，并且制定了明确的任务和目标，预计 2020 年，全国范围内普通话基本普及，农村普通话水平显著提高，民族地区国家通用语言文字普及程度大幅度提高。

（二）科学保护各民族语言文字

"科学保护各民族语言文字"是新时期国家语言文字工作的一项重要内容，是在"各民族都有使用和发展自己的语言文字的自由"这一基本原则的基础上，针对当前我国语言文字工作的时代特点提出的。保护的对象既包括少数民族语言，也包括汉语。

我国政府历来重视少数民族语言文字工作，针对不同时期的语言国情制定了相应的民族语言政策。

新中国成立之初，政府就通过一系列的法律法规明确民族语文的地位，形成一个有中国特色的民族语文制度体系，如《中华人民共和国宪法》中规定："各民族都有使用和发展自己的语言文字的自由。"《中华人民共和国通用文字法》再次强调："各民族都有使用和发展自己的语言文字的自由。少数民族语言文字的使用依据宪法、民族区域自治法及其他法律的有关规定。"《民族区域自治法》规定了一系列民族语文相关政策，如保障本地方各民族都有使用和发展自己的语言文字的自由，鼓励以民族学生为主的学校采用少数民族文字的课本，并用少数民族语言讲课，鼓励各民族的干部互相学习语言文字等。此外，各地区还根据本地区的实际情况制定了一些法规，如《西藏自治区学习、使用和发展藏语文工作的规定》《延边朝鲜族自治州朝鲜语言文字工作条例》等。为了促进民族语言文字事业的发展，政府先后采取了一系列的措施，如 20 世纪 50 年代，成立了一批民族学校或开设民族语文系、组织了 7 个调查队分赴全国各地少数民族地区考察民族语言文字情况、为一些没有文字的少数民族语言创制文字等。

改革开放以后，我国社会主义建设事业蓬勃发展，科技日新月异，经济、政治、文化、国防等事业取得长足进步，人民生活水平不断提高，各民族的经济、文化交流不断扩大和深入，民族语文事业也面临新的挑战。现代化的科技、文化知识全部是依靠汉语文传播和应用的，汉语正通过社会交流、媒体等各种方式全方位接触少数民族的生活，少数民族同胞为了能够适应这种科技引领的现代化生活、享受科技带给生活的便利，就必须掌握和运用国家通用语。受到汉语的冲击，民族语的使用范围变得越来越小，一些民族语言正在发生衰退，有的民族语言已经走向濒危。

作为汉语的地方变体，汉语方言也需要保护。方言是民族文化的重要组成部分，它历经时代变迁，凝结着一个个族群的智慧结晶，孕育了多种多样的民族艺术和特色文化，方言需要得到保护和传承。然后，随着经济社会的快速发展，民族交往和区域间经济往来日益频繁，方言受到汉语普通话的强烈冲击，越来越多的弱小方言出现功能衰退的迹象，有的甚至濒危。

改革开放以来，党和政府高度重视各民族语言文字的科学保护工作，制定了一系列方针政策，取得了很大成绩。"科学保护各民族语言文字"，是在党的十七届六中全会通过的《中共中央关于深化文化体制改革推动社会主义文化大发展大繁荣若干重大问题的决定》中提出的。这是我们党在新时期对待我国语言文字的指导思想和科学决策，是继宪法提出"各民族都有使用和发展自己的语言文字的自由"后语言文字方针政策的新发展。2012 年 7 月，《国家中长期语言文字事业改革和发展规划纲要》再次提出"科学保护各民族语言文字"，并计划实施中国语言资源保护工程，规划了建设和完善语言资源库，探索方言使用和保护的科学途径，用现代化手段记录保存少数民族濒危语言等任务。2014 年，习近平总书记在中央民族工作会议暨国务院第六次全国民族团结进步表彰大会上强调，要"搞好双语教育"。

可见，"科学保护各民族语言文字"的提出符合国家的发展需求，是新时期语言文字工作的重要指导思想，是党的语言政策的新发展。

二　语言保护的意义

语言是人类赖以生存的表达信息的工具，是传统文化的载体和地方历史文化的见证，是凝聚民族感情的符号，更是宝贵的文化财富，对语言的保护就是对文化资源的保护和传承。"科学保护各民族语言文字"对于民族团结、社会主义民族事业的发展和民族文化传承都具有重要意义。

（一）语言保护符合我国语言文字使用的实际国情

我国是一个多民族、多语种、多文种的国家，有130多种语言、30多种文字，语言文字情况十分复杂。少数民族语言文字是各民族智慧的结晶，是中华民族的重要文化遗产，更是各民族须臾不可缺少的交流工具。各少数民族对自己的语言文字有着深厚的感情，他们把祖宗传下来的语言文字当作本民族的宝贵财富，希望得到全社会的保护和尊重。历史经验告诉我们，语言文字是民族特征中一个最为敏感的特征，语言文字受到保护和尊重，是民族和谐、社会和谐的保证。凡有母语的民族，不论大小，都热爱自己的母语，都与母语有着深厚的感情。民族平等，自然包括语言文字平等；对民族的尊重，自然包括对其语言文字的尊重。

随着经济一体化、社会信息化不断发展，使用人口少的语言文字或在杂居程度高的地区使用的语言文字会出现不同程度的衰变，甚至会濒危。这是客观事实，是多民族国家语言关系演变的自然趋势。中国如此，世界各国也是如此。对于这种局面，我们要客观面对，并从对语言文字实行保护的角度进行深入思考。科学保护各民族语言文字，有利于民族发展、社会进步，有利于民族和谐、民族团结，有利于弘扬各民族优秀文化传统。实践表明，科学保护各民族语言文字，符合我国语言文字的发展规律，符合各民族的心理要求，是一件造福千秋、必须做好的大事。

（二）语言保护有利于民族和谐与民族团结

语言除了具有工具性，还具有资源性、感情性和长期性的特点，这也是各民族语言长期保持活力的根本原因。母语是民族生存发展的工具，更是繁荣发展民族文化的重要资源。对自己文化的热爱，自然就会对记录文化的语言有着天然的感情，都会有自觉维护和捍卫自己母语的意志。历史的经验告诉我们，语言是民族特征中的一个最为敏感的特征，语言和谐是民族和谐、社会和谐的基础。

例如，云南省元江县羊街乡是一个以哈尼族、汉族、拉祜族和彝族为主的多民族杂居区，哈尼族人口最多，占全乡总人口的82.7%，哈尼语保存完好，充满活力，哈尼人还普遍兼用汉语或其他民族语言。彝族和拉祜族虽然人口较少，但是他们的母语保存情况和哈尼族一样完整。元江县羊街乡的语言生活展现出一派和谐景象，各民族互相学习对方语言，与不同的民族同胞交流选用相应的语言。和谐的语言生活是民族地区和谐生活的重要组成部分，是和谐社会的一部分。国家的民族平等、语言平等政策保护了少数民族语言，即便是使用人口较少的民族语言也能得到传承和发展，都有民族自信心和与其他民族和谐的心态。

（三）语言保护有利于民族发展和社会进步

中央民族大学"985工程"中"新时期中国少数民族语言使用情况调查研究"课题近7年来对少数民族的20多个地区进行了微观的、第一线的调查，形成了20多部调查个案。其调查的语言事实证明，即使在当今汉语作为强势语言普及的状况下，我国少数民族大多仍然以自己的母语为主要的交流工具，母语是民族生存和民族发展必不可少的语言工具。做好语言保护也是促进民族发展和社会进步的重要工作。

云南九河乡的语言生活能够说明上述问题。云南玉龙县九河乡境内居住着白、纳西、普米、傈僳、藏等多个少数民族，其中白族人口最多，占全乡总人口的52.1%。虽然白族处于多民族杂居区，但是母语仍是白族最主要的交流工具。调查数据显示，在全乡1101名白族居民中，有1098人能够熟练掌握母语，占白族总人口的99.72%。克木人属于人口较少族群，中国境内总人口2000余人，我们调查的331人全部能够熟练使用母语，当地的少数民族都相信自己的母语在未来的几代人中能顺利地传承，内心感激党和政府的民族平等政策和语言保护政策。

（四）语言保护调查有利于保存和发扬优秀的传统文化

语言是民族文化的载体，是长期的历史产物，是人类智慧的结晶。每种语言都记载着该民族世代共同创造的历史、文学、哲理、科学、艺术等方面的知识，保护语言就是保护文化，就是保存历史传统，否则，势必会造成文化和历史的缺失。

随着现代化和城镇化进程的推进，传统文化的继承和发展受到一定的冲击，文化断层的状况频频发生，因此，有针对性地采取措施保护和发扬传统文化势在必行。语言作为文化的载体，是文化的一种具象表现手段，对语言进行保护就是对文化的保护和传承。

第二节　语言保护等级划分及应对措施

随着现代化建设的快速发展，边疆少数民族地区的社会结构和人口结构发生重大变革，少数民族语言的社会功能也随之发生改变。一些语言使用人口减少，使用范围缩小，母语能力下降，有的语言还面临濒危和消亡。针对不同类别的语言采取不同的保护措施，是科学保护各民族语言文字的内在要求和基本保障。

一　语言保护等级划分的标准

判定一种语言的活力不能依靠主观判断，也不能仅靠一种指标来判断，而是要依据多项指标的综合量化来定性。语言的发展和演变受到语言使用者的语言态度和语言内部结构等内在因素，以及自然环境、人口环境、经济环境等外部因素的影响。因此，只根据任何单一指标都很难判定一种语言的状态是充满活力，还是处于濒危，或是面临消亡。判定语言活力等级需要建立在科学的综合指标评价体系之上。

综合指标评价体系应包含语言内部因素和外部因素两方面内容，具体包括语言使用人口、语言代际传承、语言使用功能和范围、语言能力、语言态度等。语言综合指标评价体系的内容有主次之分，各项指标之间互有联系，相互影响，主要指标起主要作用，是评价语言活力的主要依据，次要指标起辅助作用，具有参考价值。

（一）评价语言活力的主要指标

指标1：母语使用人口比例。一种语言的母语使用人口占该族群总人口的比例是评价语言活力等级的重要指标。该指标可大体分为以下五个等级：

语言活力状态	级别	使用人口占总人口比例
充满活力	5	全部人口使用
有活力	4	80%以上人口使用
衰退	3	20%—80%人口使用
濒危	2	20%以下人口使用
消亡	1	极少数人使用

指标2：语言的代际传承。与其他民族文化一样，语言在代与代之间的传承是永葆语言活力的必然要求，也是衡量语言活力的重要指标之一。据以往调查经验，语言使用人口可分为青少年（20岁以下）、青年（20—40岁）、中年（41—60岁）和老年（60岁以上）。按照各年龄段使用母语情况将语言活力状态分为以下五个等级：

语言活力状态	级别	母语使用人口
充满活力	5	各年龄段人口全部使用
有活力	4	青少年使用人口比例下降
衰退	3	中年以下使用人口比例下降
濒危	2	只有老年人使用
消亡	1	极少数老年人使用

指标3：母语使用能力。母语使用能力是包括听、说、读、写等方面的综合能力。由于有些语言没有文字，或者有文字但只为少数人所掌握，因此，评价母语使用能力将主要依靠"听"和"说"两个

参项，而"读"和"写"两个参项只能作为辅助项提供参考。语言能力评价指标的等级标准如下：

语言活力状态	级别	母语使用人口
充满活力	5	全部人口能听能说
有活力	4	少数人只会听，不会说
衰退	3	大多数人只会听，不会说
濒危	2	少数人能听能说
消亡	1	极少数人能听能说

以上三个指标是综合评价体系的核心指标，是评估一种语言的活力的重要标准，它们之间不是孤立存在的，而是相互联系的。评估一种语言的活力要综合以上三种指标的数据。以土家语为例，仅考察指标2和指标3，土家语还达不到濒危的程度，因为中年和青年人群中还有一部分人使用土家语，而指标1的数据显示土家语使用人口只占土家族总人口的1.78%，表明已经严重濒危。因此，当指标1和指标2、指标3发生矛盾时，要以指标1为准。

（二）评价语言活力的参考指标

指标4：母语使用范围。语言的使用范围是衡量语言活力的标准之一，如果一种语言被广泛地用于政府、学校、商场、集市等场所，则说明该语言充满活力，相反，如果该语言仅用于家庭，则表明该语言的生命力较弱，可能面临濒危问题。

语言活力状态	级别	语言使用范围
充满活力	5	全部领域充分使用
有活力	4	用于大多数社会领域
衰退	3	仅用于家庭及部分社会领域
濒危	2	仅在家庭等领域使用
消亡	1	没有使用领域

指标5：对待母语的态度。一个族群对待母语的态度能够表明语

言在维系民族情感和体现文化核心价值方面所发挥的作用。如果一个族群对待母语的态度是积极的、肯定的，认为母语是族群的标志和象征，那对于母语的发展是非常有利的；相反，如果族群成员认为母语是无所谓的，其影响也是消极的和否定的，对母语的发展亦是非常不利的。语言态度等级划分如下：

级别	族群成员对待母语的态度
5	全部支持母语，并希望永远发展下去
4	大多数人支持母语，少部分人持无所谓态度
3	多数人支持母语，部分人无所谓，或支持其他语言
2	少数人重视母语，大多数人无所谓，或否定母语价值
1	极少数人关心母语，绝大多数人支持弃用母语

二　语言保护等级类型

按照上述语言活力综合评价标准，可将语言活力分为活力型、衰退型、濒危型和消亡型四种类型。如上文所述，语言活力综合评价指标之间具有主次之分，有关联性，也有矛盾性。因此，对一种语言的活力类型进行定性，要综合考虑各评价指标。虽然没有严格的、统一的标准来判定语言活力类型，但是每个类型都有其区别性特征。

（一）活力型

活力型语言一般具有较强的生命力，通常具备以下特征：全民稳定使用母语，无代际传承问题，各年龄段成员均具有较强的母语听说能力，母语的使用范围涵盖各个社会领域，母语态度非常积极等。在上述语言活力综合评价体系的各指标中，列为等级 5 和等级 4 的参项都属于活力型语言的特征。属于这个类型的语言有维吾尔语、蒙古语、藏语、哈萨克语、朝鲜语等语言，它们共同的特点是使用人口均在百万以上，有高度聚居的民族自治区域，有本民族的文字，在政府、教育、医疗、宗教、传媒等社会领域中使用程度都非常高。

有两个问题需要说明。其一是语言活力与语言的绝对使用人口并无直接关系，即并不是人口越多的族群，其母语的语言活力越旺盛，人口较少族群的母语活力就一定很弱。例如，土家族的人口有八百多万，但其语言处于濒危状态；而分布在云南边陲的克木人（由于人口较少，暂归入布朗族），虽然只有 2000 余人，但是根据我们的调查，克木语的语言活力非常旺盛，全民熟练使用克木语，语言使用范围遍布各社会领域，语言能力测试亦表明各年龄段成员均为熟练水平，无代际差异。其二是双语人比例增多与母语活力下降无必然关系。景颇族在我国境内大约有 13 万人，分为景颇、载瓦、勒期、波拉、浪峨五个支系，每个支系都有各自的语言。景颇族各支系或聚居，或与其他支系及民族杂居，散布在云南省德宏州各市县。根据我们对德宏州11 个调查点的调查，景颇族不仅全民稳定使用母语，而且兼用汉语能力较强，80% 以上的人都能不同程度地兼用汉语。由此可见，兼用语比例的提高并不一定会影响到母语的传承。

（二）衰退型

所谓衰退型语言是指一种由稳定使用状态向不稳定状态的方向发展，语言功能持续下降并出现衰退趋势的语言。衰退型语言是处于活力型向濒危型转变的中间状态。衰退型语言所具备的特征主要是：母语使用人口比例介于20% 和 80% 之间；中年以下使用人口比例下降；有一部分人只会听不会说，母语使用范围仅限于家庭及有限的社会领域；有一部分人对待母语态度消极，或持否定态度。在上述语言活力综合评价指标中，衰退型语言一般对应级别是 3 级。属于这一类型的有毛南、布依、傣、锡伯等语言。

语言活力受到地理因素和社会因素的影响，即使是同一种语言在不同地区也会表现出不同的特征和层次。因此，判定语言的活力要综合考虑不同地区和不同层次等因素，以便从整体上进行科学判断。以毛南语为例，毛南族共有 7 万余人，毛南语的使用人口约占43%，根据语言活力评价指标判断属于衰退型，但是，我们注意到了毛南语内部不同地区的特征。毛南语从语言活力特征上可分上南乡和下南乡两个部分。从上南乡和下南乡两个区域的毛南语活力对比中，我们能够看到语言演变的层次性。下南乡是毛南族相对聚居的区域，毛南语能够稳定地使用，虽然达不到濒危的程度，但也存在不同程度的衰退；而上南乡是以壮族和汉族为主的杂居区，毛南语的语言活力下降严重，处于濒危，大部分毛南族已经转用壮语或汉语。但是从整体上看，毛南语的使用人口还有43%，不构成濒危，尤其在下南乡，毛南语还有很强的生命力，能够在很长一段时间里传承下去，因此，毛南语在整体上属于衰退型语言。

从毛南语的例子可以看出，语言功能衰退具有层级性和区域性特征。

（三）濒危型

濒危型语言具备以下特征：使用人口比例不足20%；有严重的代际传承断裂，中年以下使用人口比例较小，或只有中老年人使用，年轻人会听不会说，或转用其他语言；使用范围仅限家庭及宗教等特殊领域；只有极少数人有母语意识。中国的濒危型语言主要有锡伯、裕固、土家、仙岛、赫哲、仡佬等语言。

语言一旦处于濒危，就很难恢复其使用功能。例如，赫哲语是一种处于濒危状态的语言。在我国，赫哲族有4640人（2002年），其主要聚居区的母语使用人口比例只有五分之一左右，其他人都已转用汉语。土家语也是一种濒危语言，主要分布在我国的湖南、湖北、四川等省份，总人口达到800余万，但是土家语使用率还不足3%。

对于濒危型语言，我们要像对待濒危物种一样，一方面要全力做好拯救和保护工作，另一方面也要做好记录和保存工作。

（四）消亡型

消亡型语言指已经消失，或仅为极少数老人所使用，失去代际传承，本族群的交流功能由其他语言所取代，正在走向灭亡的语言。西夏语属于典型的消亡型语言。西夏语是西夏主体民族党项族使用的语言，拥有自己的文字西夏文。满语是处于消亡阶段的语言。我国满族人口超过一千万，但是目前能够听懂满语的只有百余名老人，能够使用满语交流的不足50人。可以预计，若干年后，满语将同西夏语一样彻底消亡。对于像满语这样正在消亡的语言，我们能做的就是尽可能多地记录和保存。

三 语言保护的应对措施

基于我国是一个多民族、多语种国家的语言国情，我国语言保护具有保护客体多样化、保护主体多元化等特点。总体来讲，我国语言保护是一个由政府主导，专家学者做主力，社会各界积极参与的全方位、多角度的系统工程，其主要措施有以下几种：

（一）政府的政策支持是语言保护的有力保障

从新中国成立到改革开放，再到现代化建设，中国的政治国情和经济国情发生了翻天覆地的变化，中国的语言国情在不同的历史时期也表现了不同的特征。中国政府针对不同时期的语言国情，制定了不同的语言政策。促进民族语言发展和保护少数民族语言是中国政府制定语言政策所遵循的基本原则。中国宪法中明确规定"各民族都有使用和发展自己语言文字的自由"，这是民族平等和语言平等思想的根本体现。

中华人民共和国成立之初，为了做好民族语文工作，国家组织了一次历时3年的大规模的语言调查，7个调查队奔赴祖国边疆各少数民族地区进行语言调查，摸清了全国少数民族语言文字的基本情况。这一时期，共为壮、布依、黎、侗、苗、彝、哈尼、傈僳、纳西、载瓦等民族创制了13种拉丁字母文字，并对拉祜文、傣文等进行了文字改良，这些举措都对民族语言的发展和民族文化的保存起到重要的促进作用。为了发展民族语言事业，国家还筹办建了一批民族院校或开设了一系列民族语文系，培养了一大批从事民族语文工作的骨干。

随着信息化时代的到来，为了使少数民族语言文字的使用能够适应新时期发展的环境，国家大力支持少数民族语言文字的信息化建设。在教育部和国家语委的组织领导下，相继制定了民族语言文字信息处理规范标准，多种民族文字的编码字符集、字形、键盘国家标准，建立一系列民族语言文字语料库，并在民文网站建设、民族语机器翻译和民文软件开发等领域取得不少成绩。

21世纪以来，在经济全球化背景下，语言濒危引起了世界各国的关注。中国政府高度重视语言资源保护工作，党的十七届六中全会明确提出"科学保护各民族语言文字"的任务，党的十八大报告又再次提出"繁荣发展少数民族文化事业"。在党和政府的高度重视下，语言资源保护工作成为新时期国家语言文字事业的重要任务，《国家中长期语言文字事业改革和发展规划纲要（2012—2020)》将"科学保护各民族语言文字"列为主要任务。在此背景下，教育部、国家语委于2015年启动了中国语言资源保护工作（简称语保工程)，计划在5年内对中国境内500个汉语方言点、400个少数民族语言点进行调查，并将通过各种有效手段、措施保持少数民族语言和方言的活力，使其发展下去，避免衰退或濒危的语言走向消亡。

（二）增强母语自豪感是语言传承和发展的必要条件

语言不仅是人类的交流工具，而且是民族文化的重要组成部分，同时还肩负着维系民族成员之间血脉相连的重要使命。唐代诗人贺知章的著名诗句"少小离家老大回，乡音无改鬓毛衰"。用乡音没有发生变化来表达对家乡的思念之情，漂泊他乡的游子听到乡音会倍感亲切。这些都说明了语言是民族认同的最明显的标志。族群成员对待母语的态度反映出他们对待自己民族的认同感。如果一个人的母语意识强烈，则表明民族意识也很强烈；反之，母语意识淡漠，则民族意识淡漠。民族意识淡漠会引起母语意识下降、母语使用范围缩小、母语能力降低、母语代际传承断裂等连锁反应。

正如前文所述，语言态度是语言综合计价体系的评价指标之一，虽然不是核心评价指标，但也能反映出一定的语言状况。在以往的城市语言调查中会遇到一部分少数民族的母语人，尤其是青少年母语人羞于在公共场合讲母语，而针对他们所进行的母语能力测试也表明他们的母语能力均有不同程度的衰退。相反，在农村的少数民族聚居区，小孩子无论任何场合都毫无顾虑地使用着母语，他们的母语水平也全部是非常熟练的，没有任何衰退的迹象。

　　因此，增强母语人的母语自豪感有利于促进少数民族语言或方言的传承和发展。具体的措施可以是地方政府的政策引导，也可以是专家学者的宣传，还可以是借助媒体平台或依靠母语人中的文化名人进行推广和宣传。作为湘方言的母语人，湖南电视台著名娱乐节目主持人汪涵就借助自己的名人效应，经常性地在媒体上讲家乡话，并且在2002年开始主持一档方言类娱乐脱口秀节目《越策越开心》，十余年来，收视率居高不下。2016年，由网络媒体平台爱奇艺出品的方言音乐综艺节目《十三亿分贝》开播后引起强烈反响，受到广泛关注和好评。另外，还有央视推出的《民族歌曲大赛》等栏目等，这些节目都能够有效地传递民族语言和方言的价值，都能够起到唤起母语人的民族自豪感和母语自豪感的作用。在全媒体时代，语言保护也要突破传统思维，创新语言保护方法和措施，充分利用好"互联网＋"所带来的便捷。

　　（三）实施双语教育是语言保护的有效手段

　　对一个族群的青少年实施系统的语言教育是防止语言代际传承断裂，实现语言保护最直接、最有效的措施。中国的双语是指少数民族语言使用本族母语并兼用通用语汉语。对中国少数民族实施双语教育是由中国的国情决定的。中国有56个民族，其中汉族人口最多，占全国总人口的90%以上，其他55个少数民族的人口总和约占全国总人口的10%，这样的人口分布格局使得通用语汉语在使用人口上具有绝对优势。因此，各少数民族出于社会发展的需要，除了使用本民族语外，还需要学习通用语汉语。双语教育政策是国家为了解决民族语言问题而出台的语言教育政策。中国教育部颁布的《国家中长期教育改革和发展规划纲要（2010—2020年)》（以下简称《发展纲要》）提出"大力发展双语教育"的要求，具体包含两方面内容，一是全面推广国家通用语言文字，二是尊重和保障少数民族使用本民族语言文字接受教育的权利。从《发展纲要》中能够理解到一个重要启示，即发展双语教育一定要处理好少数民族语言和通用语的关系，既要做好通用语的推广工作，又要做好民族语的保护工作。

　　中国的少数民族人口、语言、文字等情况各不相同，因此，中国的双语政策要因地制宜地采取合适的实施方案，而且在实施双语教育方案的过程中仍然会遇到各种各样的问题。其中最大的问题就是母语和通用语的"两难"关系问题。"两难"表现在：一方面，少数民族需要努力学习通用语，并通过汉语学习现代科学文化知识，以改变家乡的贫困面貌，学习汉语需要花费大量的时间和精力；另一方面，少数民族还要保护好自己的民族语，因为民族语是民族文化的重要组成部分，承载并记录着民族创造的文明，保护语言即为保护一种文化。在如今经济社会迅猛发展的背景下，民族语受到通用语的严重冲击，如何能够在学习和掌握汉语兼用语的同时，还能保护好母语的发展是双语教育的"两难"。这有待中国双语教育者和语言学者进行深入研究。

　　（四）　加强濒危语言调查和理论研究是语言保护的前提和基础

　　弄清我国的语言实际情况和相关的重要理论问题是语言保护有效实施的重要前提和基础。科学保护各民族语言文字，是一项庞大的系统工程，要按照科学的程序分步骤地进行。首先，要开展一次广泛而深入的语言国情调查，既要包括少数民族语言，又要包括汉语方言；既要有活力型语言，又要有衰退型、濒危型语言，以便准确把握我国的语言国情。其次，按照统一的标准，运用现代电子技术手段全面采录所调查的语言，然后把数据进行整理，建立语言资源库。最后，根据语言调查所得到的第一手材料，提炼语言保护所涉及的理论问题，比如对语言的濒危类型进行比较分类，分析双语冲突问题的成因等。

　　只有弄清我国的语言实际情况，对我国的民族语言关系、多民族国家语言竞争与语言和谐的关系、濒危语言的定性和定位等理论问题有了清楚的认识，才能有的放矢地制定出科学的语言保护政策和措施。

第三节　语言保护调查研究的内容和具体实施

语言保护的总体思路应该是先摸清语言使用现状，然后确定语言保护等级，继而采取有效保护措施。摸清语言使用状况是语言保护工程的第一步，语言使用情况的真实性和准确性将直接影响到后两个步骤的准确性和有效性。因此，制定科学的语言保护政策要以语言保护调查为依据，同时还要处理好几个语言关系。

一　语言保护要面对的几个关系

科学保护各民族语言文字，需要处理好以下关系：一是强势语言和弱势语言的关系。在任何一个多语言的国家，不同语言之间都会存在强势和弱势之分，语言文字政策要促使二者协调互补、和谐共存。二是语言互补和语言竞争的关系。不同语言共存于一个社会，由于语言背景、语言功能、语言使用人口的不同，除了互补还会有竞争。语言竞争是不可避免的，国家的语言政策应有利于调节语言矛盾，促使不利因素转化为有利因素。三是母语和通用语的关系。少数民族学习国家的通用语是必需的，对于少数民族的发展、繁荣也是有利的。在少数民族分布的地区，应建立科学合理的双语机制。四是语言保护政策和增强全社会语言保护意识的关系。语言保护的政策和全社会语言保护的意识相互补充，才能从上而下推动语言保护工作持续开展，取得实效。

（一）强势语言和弱势语言的关系

不同的语言，特别是多民族国家的不同语言，由于语言功能和语言地位存在差异，必然会存在强势语言和弱势语言相互制约、相辅相成的语言关系。我们要科学地保护各民族语言，必须从理论上认清强势语言和弱势语言的语言关系，处理好二者的关系。

"强势语言"与"弱势语言"是就语言的功能、地位划分出的类别，与语言结构特点的差异无关，因而丝毫不含有轻视弱势语言的意味。不同语言的内部结构，各有自己的特点，也各有自己的演变规律，这是由各自语言机制系统的特点决定的，不存在"强势"与"弱势"的差异。"强势"与"弱势"是相对的。在我国，汉语是强势语言，是就全国范围而言的。但在我国的少数民族地区，不同的少数民族语言，其功能也不相同。其中，使用人口较多、分布较广的少数民族语言，是当地的强势语言；而使用人口较少、分布范围较小的少数民族语言，则是弱势语言。如在我国新疆，维吾尔、哈萨克、柯尔克孜等民族杂居的地区，维吾尔语通行最广，是强势语言，其他少数民族语言则是弱势语言。在广西，壮族人口多，与毛南语、仫佬语相比，是强势语言，一些毛南人、仫佬人兼用壮语，甚至转用了壮语。如果就全国范围来说，维吾尔语和壮语则可称为"亚强势语言"。

语言保护必须处理好强势语言和弱势语言的关系。强势语言的存在和发展，有其优越的条件，容易受到人们的重视；而弱势语言则因其功能弱，在发展中存在许多难处。在语言保护中，在处理强势和弱势的关系上，原则上应是扶持弱者，对弱势语言要采取特殊的政策和措施加以保护。

（二）语言互补和语言竞争的关系

在一个多语社会里，不同的语言必然会采取互补的手段更好地充实语言的作用。互补，包括互相兼用对方的语言以利于相互交流，以及在语言结构上吸收对方语言的成分来丰富自己。自古以来，人类的语言都是在语言互补中不断发展的，单纯一色的语言是不存在的。

但是，除了语言互补外，不同语言之间还会存在语言矛盾和语言竞争的关系。语言竞争是语言发展、语言演变的一条普遍的客观规律，是不可避免的。因为不同事物共存于一个系统中，除了统一的一面外，还有对立的一面。这是由于事物间存在差异，有差异就有矛盾，有矛盾就有竞争。不同的物种有竞争，不同的人有竞争，不同的语言也一样会有竞争。这是普遍规律，也是不以人的意志为转移的。语言竞争是语言关系的产物，是调整语言关系使之适应社会需要的手段，也是协调语言关系、使不同的语言按社会发展的需要演变的手段，它能使不同的语言通过竞争，调整不同语言使用的功能和特点，发挥各种语言应有的作用。语言竞争是属于语言本身功能不同反映出的语言关系，是语言关系在语言演变上反映的自然法则，有别于靠人为力量制造的"语言同化"或"语言兼并"。前者符合语言演变的客观规律，有利于语言向社会需要的方向发展，有着积极的意义；而后者是强制性的，违反语言演变的客观规律，违背民族的意志。

研究语言保护，或在对不同的语言采取具体的保护措施时，既要看到语言互补的一面，又要看到语言竞争的另一面，还要看到语言互补和语言竞争之间对立统一的辩证关系。不能因为要讲语言保护，就不愿意承认语言之间要互相吸收有用的成分来丰富自己，或排斥外来成分的吸收；或否认语言之间存在不同程度、不同形式的竞争。

（三）母语和通用语的关系

在一个多民族国家的语言生活中，普遍存在使用母语和通用语的关系。处理好母语和通用语的关系，才是真正的"科学保护"。

我国是一个多民族的国家。少数民族的语言生活除了使用自己的母语外，还要学习国家各民族的通用语——汉语，母语和通用语构成一种"互补兼用"的双语关系。

"两全其美"是解决少数民族双语问题的最佳模式。所谓"两全其美"，是指对待少数民族的双语既要保护他们母语的使用和发展，又要帮助他们更好地学习、使用通用语——汉语，使得母语和通用语在现代化进程中分工互补、和谐发展。"两全其美"，有利于少数民族的发展繁荣，有利于不同民族的友好团结，符合各民族的愿望。

随着民族地区经济、文化、教育事业的发展，少数民族越来越感到学习国家通用语的重要性，对学习通用语的热情越来越高。他们深深体会到，学习使用国家通用语有利于不同民族的交流，有利于接受新知识，有利于走向发家致富的道路。学习通用语，是民族发展的需要和趋势，并有其历史的承接性。可以预计，我国少数民族学习汉语的热潮在今后将不断有新的发展。科学保护各民族语言文字有利于少数民族双语的发展。

我国的民族情况、语言特点十分复杂，北方民族和南方民族不同，内地民族和边疆民族不同，人口多少不同，历史情况不同，因而解决我国的双语问题必须根据不同民族语言的情况采取不同的对策，对号入座，而不能"一刀切"。在民族语文的使用和发展问题上，要善于倾听本族人的意见。

（四）语言保护政策和增强全社会语言保护意识的关系

要科学保护各民族语言文字，国家和地方必须要有相应的"语言保护"政策。此外，还必须增强全社会的语言保护意识。

人类虽然天天都在使用自己的语言，但对语言的重要性并不都会认识到位。许多人对"社会和谐、民族和谐"能理解、接受，能很快就认识其重要性；但对语言和谐却不易很快就理解、接受，在实际生活中往往缺乏语言资源观念和语言保护意识。

当前存在一些不符合语言保护的认识。如：有的认为"时代进步了，少数民族语言的消亡已成趋势，保护和抢救有什么价值""保护少数民族语言与经济一体化是背道而驰的"，有的认为，"少数民族语言功能被汉语代替是必然趋势，不必要保护"等。因而，要通过各种教育手段、宣传手段使全社会具有语言资源观念和语言保护意识。要使人人都认识到，不管是大语言还是小语言都有大小不同的作用，都要予以保护。在我们这个文明社会里，要形成一种自觉尊重别的民族、别的语言的社会风尚或公共道德，任何轻视、歧视别的民族、别的语言的现象都要受到抵制。我国这个具有悠久历史的文明古国，长期以来各民族形成了一种自觉尊重其他民族、其他语言的社会风尚、公共道德。新的时代条件下，这一优良传统理应得到发扬光大。

二　语言保护调查研究涉及的内容

"语言保护"是一个新概念，是一项新的语言工程。在我国现代化建设日趋深入的今天，随着民族关系的进一步加强和民族关系的新变化，加强"语言保护"的调查研究，从理论上弄清我国语言使用的客观规律，已经提上日程。构建"语言保护"的理论框架和"语言保护"调查研究涉及的内容十分丰富，下面简单谈一谈。

（一）构建"语言保护"的理论框架和体系

1."语言保护"的概念（界定"科学保护各民族语言文字"的内涵和外延）

2."语言保护"的类型，划分的标准

3."语言保护"的理论意义和应用价值，特别是现代化时期的研究意义和价值

4."语言保护"与中国民族语文方针政策

5."语言保护"与社会进步、民族团结、国家安全的关系

6."语言保护"与语言和谐的关系

7.世界各国"语言保护"的经验和问题

8.我国历史上"语言保护"的经验和问题

9.党和政府为什么现在提出"语言保护"问题

10.新中国成立以来，我国做了哪些"语言保护"的工作

（二）研究语言国情与"语言保护"

1.我国语言国情的特点是什么

2.我国语言国情的类型（大民族、小民族，聚居民族、杂居民族，内地民族、边疆民族、跨境民族，有文字民族、无文字民族）

3.制约语言国情的因素

4.我国多民族、多语言的特点与"语言保护"的关系

5.如何根据不同语言的特点实行"语言保护"

6.我国语言关系演变的走向如何认识

7.怎样估计少数民族语言的生命力

8.怎样看待现代化进程中语言功能的变化

9.怎样认识语言生活中多元化和一体化的关系

（三）研究语言互补与"语言保护"的关系

1.各民族语言互补的特点和类型

2. 语言互补与"语言保护"的关系

3. 语言接触与"语言保护"的关系

4. 怎样保护衰变和濒危语言

（四）研究语言竞争与"语言保护"的关系

1. 语言竞争的特点

2. 语言竞争的类型

3. 语言竞争与"语言保护"的关系

（五）研究语言和谐与"语言保护"

1. 我国各民族语言的语言和谐有哪些特点

2. 我国各民族语言的语言和谐有哪些类型

3. 为什么说我国各民族的语言关系主流是和谐的

4. 为什么说"语言保护"有利于语言和谐

5. 双语与语言保护的关系

6. 我国存在哪些语言不和谐的现象，其根源是什么

7. 为什么说语言不和谐与语言保护不相容

（六）研究语言保护的方法论问题

1. 个案调查的选点问题

2. 如何处理好理论和事实的关系

3. 多学科（民族学、历史学、人类学、文化学、统计学、实验语言学）的知识、方法如何结合

4. 如何深入群众的语言生活做第一线的语言保护调查

5. 语言规范化与语言保护

预计，随着我国现代化进程的不断深入发展，我国的语言保护将会出现一些新的问题。现实的需要将会带动理论方法的不断改进和完善，也会出现一批专门研究语言保护的专业人才。

三　语言保护调查研究的具体实施——以中国语言资源保护工程为例

语言保护调查研究与语言本体调查研究、语言国情调查研究相

比，有共同点，也有特殊性。语言保护调查研究既要从微观角度关注被调查语言的语音、词汇、语法等本体特征，又要从宏观角度把握语言的使用情况、演变趋势以及与通用语言、强势语言的关系。在实施上，需兼顾好两者的关系，提高调查研究工作的目的性和有效性。

我国语言种类众多，有分属汉藏、阿尔泰、南岛、南亚和印欧五大语系的 120 多种语言。汉语方言历史悠久，分布地域广阔，使用人口超过 10 亿，方言种类难以计数，方言差异极其复杂。在中国这样一个语言资源和语言遗产丰富、弱势语言和濒危语言众多的国家，开展语言资源保护，无疑是一项艰巨的任务，是一个庞大而长期的系统工程。总的来说，中国语言保护工作需要政府的大力组织和支持，需要学术界和专业人员的积极参与和承担，需要大量的资金和时间投入。当然，语言保护调查研究也可以分层次、分规模、分地区、分专题进行，也可以由各种学术团队或个人自发进行。

2015 年 5 月，教育部、国家语委启动了中国语言资源保护工程建设，计划用 5 年时间，在全国范围内开展约 1500 个汉语方言、少数民族语言和语言文化点的调查，并在调查的基础上形成若干语言资源成果。

语言保护调查研究的实施，主要包括确定调查语言（方言）和调查点、整理已有成果目录和资料、编写调查表和调查规范、开展田野调查、进行音像摄录。

以下，本节将以中国语言资源保护工程为例，介绍语言保护调查研究的实施办法。

（一）确定调查语言（方言）和调查点

语言保护调查，首先应通过考察论证，确定调查语言（方言）和调查地点。应在现有研究的基础上，按照国际通行的标准，结合中国的实际情况，整理拟定中国濒危语言和方言名录，以便在这些语言和方言急剧衰亡之前，及时进行记录、保存和保护。在开展调查前，还应确定目标语言的代表性调查地点。

语保工程汉语方言调查点的设点原则为：东南方言地区一县一点

（位于城区的所有市辖区作为一个县级行政单位对待），官话和晋语地区三四县一点，在此基础上，根据具体情况略有增减。少数民族语言的设点原则为：使用人口在 10 万人以上的语种，各主要方言均设一般调查点，使用人口较少的方言酌情设濒危调查点；使用人口在 10 万人以下、1 万人以上的语种，选择 1 种方言设濒危调查点，其他主要方言设一般调查点；使用人口在 1 万人以下的语种，设为濒危调查点。在此基础上，根据具体情况略有增减。

据此，中国语言资源保护工程计划在全国范围内选取 935 个汉语方言调查点、420 个少数民族语言调查点和若干语言文化点开展调查和保护工作。其中，少数民族语言调查点又根据其语言功能和使用人口等现实情况，分为 310 个一般点和 110 个濒危点；部分使用人口较少、已出现濒危趋势的汉语方言也按照濒危点的要求开展调查。汉语方言的调查地点原则上应为市、区、县政府驻地。

（二）整理已有成果目录和资料

中国语言和方言的调查研究工作已有近一个世纪的历史，在此过程中积累的调查资料非常丰富。这些资料年代不同，详略各异，发音人身份多种多样，调查人的水平和处理方法也有很大差别。但其中仍有相当数量的成果是科学可靠，并具有重要价值的。在语言保护调查研究中，应把已往的调查成果尽可能地吸纳进来，加以必要的调整或核补，使之成为具有长期保存价值的语言材料。在此基础上，根据一定的标准，进而整理出可保存的已有调查成果。可保存的已有调查成果应该包括：（1）"音系"类调查报告；（2）"词汇"类调查报告；（3）"语法"类调查报告；（4）单点调查报告；（5）区域性调查报告；（6）词典；（7）语言（方言）志；（8）语言地图和方言地图；（9）音档。

自 20 世纪初以来，在几代语言学家的努力下，我国的语言调查研究取得了丰硕的成果，把这批珍贵的资料纳入中国语言资源保护平台，将纸质材料进行电子化、规范化后进一步发挥其研究和应用价值，是语保工程的工作重点之一。这方面需联合语言学专业人员和计算机技术专业人员合作完成，通过制定合理可行的语言资源编码规范、录入加工规范、图片化规范、电子化规范，利用现代技术手段，如光学字符识别（OCR）技术、非关系型数据库技术等来实现。当前文献整理、汇聚的对象主要是近几十年来经过统一规划调查采集所得的语料，例如《中国语言地图集》、《汉语方言地图集》、《现代汉语方言大词典》、《普通话基础方言词汇集》、《现代汉语方言音库》、《中国的语言》、中国新发现语言研究丛书、北京口语语料等。其他语料待规范标准制定完善、相关技术成熟后也将逐步纳入。

（三）编写调查表和调查规范

语言保护调查研究，需在田野调查之前，根据目标语言的实际情况，专门编写语言保护调查使用的各种统一的调查表和调查规范，例如语言概况调查所包含的项目，语音、词汇、语法调查使用的项目表，话语录音使用的故事文本以及指定话题，各个调查环节中所使用的仪器设备、记录规范、技术标准等。有了这些统一的调查表和调查规范，各项调查工作才能保持在有序和可控的范围之内，调查材料才具有可比性和保存价值。

语保工程制定了统一的调查表和严格的调查规范，以绿皮书的形式出版了《中国语言资源调查手册·汉语方言》《中国方言文化典藏调查手册》等调查大纲手册，规定了调查条目、大纲、范围和规范，要求严格按照手册开展调查，以确保调查成果的规范性、科学性和一致性。

（四）开展田野调查

田野调查是语言研究的基础和重点，特别是对于一些缺少文献的汉语方言和少数民族语言而言，田野调查更是语言研究的起点。根据研究目的的不同，田野调查的对象和方法也各有侧重：语言本体研究注重调查语言的语音、词汇、语法特征；语言文化研究注重调查语言中有特色的历史性、民族性、地区性部分，如历史传说、曲艺歌谣、禁忌语、祭祀语等；语言国情研究则更关注语言的使用情况、功能与活力，以及目标语言与通用语言、强势语言之间的关系。

语言保护调查研究既应关注语言的结构特点，又要重视语言的文化特征和使用情况。在记录保存语言的语音、词汇、语法面貌的基础上，深入挖掘目标语言的历史文化特征和内涵，并掌握其使用情况和演变趋势，为进一步的语言保护工作奠定基础。

语保工程田野调查包括五大部分：语言国情，汉语方言，少数民族语言，语言文化，边疆、港澳台和海外华人语言状况。

"语言国情"调查全国各省（区、市）的语言方言种类、分布、使用人口、使用情况、变化情况等。

"汉语方言"调查全国汉语地区约 500 个方言点的语音、词汇、语法基本面貌以及话语、口头文化（包括歌谣、故事、口彩、禁忌语、隐语、骂人话、顺口溜、谚语、歇后语、谜语、曲艺、戏剧、吟诵、祭祀词等）、地方普通话，同时针对其中约 50 个濒危方言点进行全面系统的抢救性调查。

"少数民族语言"按语种及其方言设点，共计约 400 个点，调查其语音、词汇、语法基本面貌以及话语、口头文化、地方普通话，同时针对其中约 100 个濒危语言点进行全面系统的抢救性调查。

"语言文化"调查 100 个点（汉语方言 80 个点、少数民族语言 20 个点）的房屋建筑、日常用具、服饰、饮食、农工百艺、日常活动、婚育丧葬、节日、说唱表演等语言文化现象。

"边疆、港澳台和海外华人语言状况"调查我国边疆少数民族地区（黑龙江、吉林、辽宁、内蒙古、新疆、西藏、云南、广西等）、港澳台地区和海外华人聚居地区（共 20 个地区）的语言分布、语言政策、语言生活、语言态度等。

（五）进行音像采录

在科学技术不发达的年代，纸笔记录、纸质调查报告是调查保存语言资源的唯一方式。随着便携式录音设备的推出，从 20 世纪五六十年代到 21 世纪初，作为纸笔记录的辅助材料，田野调查工作者陆续使用录音机、录音笔、MD 等设备进行录音。由于缺乏统一规范的指导，以往所得的录音文件质量良莠不齐，有些年代久远后完全失真或破损，没有得到妥善的保存和开发利用，留下了巨大遗憾。

语保工程为了取得高质量的录音文件，调查规范对录音设备、录制参数、背景噪声、录音音量进行了统一规定，研制了适用于条目式录音的专业软件，为录音文件的储存、展示、开发搭建了专业的数据库。

人们说话时要使用发音器官，还伴随动作和表情，实态采集记录语言资源，不仅需要利用录音来记录其声音，还需要利用摄像来记录语言使用者的发音状态；在传统生产方式和生活方式急剧消失的今天，在进行语言文化调查时还需利用照相、摄像的手段把语言所反映的物体或行为拍摄下来。近年来电子通信、信息科技的飞速发展，手机、平板电脑、笔记本电脑集合了通信、打字、录音、照相、摄像等多种功能，成为人们最重要的生活工具，录音、照相、摄像技术已由专业技术转变为通用技术，成为记录日常生活的重要方式。语保工程提出了"音像图文"四位一体的调查采集方法，以达到实态采集保存语言资源的目的。汉语方言调查、少数民族语言调查、濒危汉语方言调查、濒危少数民族语言调查项目主要通过录音、摄像和纸笔记录来进行语料调查采集。在完成纸笔调查记录后，所有调查条目（包括单字、词汇、语法、话语、口头文化、地方普通话）都需同步进行录音和发音摄像。语言文化调查项目还需对部分重要的文化活动本身（例如婚礼、丧礼、春节、元宵节、民歌、曲艺、戏剧等）进行文化摄像；除了发音人像、调查工作场景以外，所有语言文化调查条目反映的名物或活动都需按照规范进行照相。

（六）成果归档、保存及展示

语言保护调查的目的，在于保存语言材料，避免语言消亡。成果的归档和保存，是语言资源保护调查研究的一个重要环节。如不能对调查成果进行及时整理，并以适当的形式进行保存、展示乃至开发应用，"语言保护"的目标就无法实现。

语保工程十分注重对调查成果的归档、保存和展示工作，所有调查成果都需按照要求进行归档，并纳入"中国语言资源库"永久保存。在此基础上，还开发了"中国语言资源采录展示系统"，作为语言数字博物馆，对工程的调查成果进行展示。此外，语保工程还通过出版语言（方言）志、绘制语言地图、撰写语言报告等方式，进一步挖掘调查成果的学术及文化价值，更好地保存、保护语言资源。

第九章

怎样做双语问题的调查

世界上任何一个多民族国家都存在双语问题，所以双语是多民族国家语言生活的一个重要特征，也是语言国情调查中的一个重要组成部分。语言国情调查，必须调查双语问题。但要做好双语问题的调查必须对双语的概念、研究意义、双语的划分有所了解。本章分以下几个部分来论述中国语言国情中的双语问题。

第一节　双语的概念及其调查的重要性

"双语"（Bilingualism）一般认为是个人或集体除了使用自己的母语外，还兼用别的民族的一种或多种语言的语言使用现象。

双语现象是一种社会现象，具有历史性、普遍性、重要性的特点。纵观历史，双语现象自古有之。在我国史书典籍中早已有双语现象的记载。春秋时期楚国令尹鄂君晰舟游江上，榜枻越人（今壮侗语族诸民族的先民）"拥楫而歌"，表达对鄂君晰的敬仰之情，鄂君晰听不懂越人的语言，便说："吾不知越歌，子试为我楚说之。"于是找来一个越人，让他把刚才鄂君晰听到的歌词译为楚语。鄂君晰听了很高兴，隆重地接待了唱歌的越人。可见，当时楚国境内的越人一定有不少兼通楚语。几千年来，我国各民族兼用其他民族语言的现象不断地被沿袭下来。

进入现代社会，当人们的社会生活更多地依赖于不同民族的相互交流和互通有无时，双语现象才真正具有普遍性，也更具有重要的社会价值。特别是信息技术快速发展的今天，不同民族、不同地区的交往更为便利，这就为双语的普及提供了必要性和可能性的条件。所以，在现代社会，双语问题已成为社会生活的一个重要方面，并成为一个人们普遍关注的重要社会问题。

双语研究，具有重要的理论意义和应用价值。因为双语问题与国家问题、民族问题、语言问题紧密相连。对其认识得怎样、处理得是否恰当，直接影响到国家关系、民族平等和语言和谐。双语问题处理得好，有助于民族的进步与和谐；反之则会阻碍民族进步和民族团结。因此，认识双语问题的复杂性和敏感性，是十分必要的，也是十分紧迫的。

中国少数民族的双语，主要是指少数民族母语和国家的通用语汉语的关系，即少数民族既学习本族语文又学习汉语文。

中国少数民族的双语问题，是中国语言国情调查的一个重要组成部分。不仅关系到少数民族自身的发展，也关系到各民族的团结和繁荣，还是我国现代化进程中解决少数民族语言问题的关键所在。中国少数民族的双语问题的重要性，是由中国的国情决定的。

中国的国情之一是：有文献记载以来，我国就是一个多民族、多语种、多文种的国家。经过长期的历史演变，不同民族及其语言文字经历了不断的融合、分化。不同民族的语言文字，由于其使用人口多少的不同、使用范围大小的不同、社会条件的不同，具有不同的功能，少数民族的双语问题都有不同的特点。少数民族语言是少数民族日常生活中必不可少的交流思想的工具，凝聚着少数民族长期以来积累的文化。少数民族要依靠自己的语言进行日常生活的交流，还要通过自己的语言发展文化教育。

中国的国情之二是：我国是一个以汉族为主体的多民族国家。汉族不仅人口多，而且在经济、文化、科学技术等方面一般都走在各少数民族的前列，因而在长期的历史发展过程中汉语已成为我国的通用语。少数民族与汉族之间的交流，少数民族之间的交流，甚至少数民族不同方言之间的交流，都要使用汉语。汉语在我国的语言生活中具有普遍性的特点，特别是在现代化进程中，少数民族要学习国内外先进的科学技术知识，了解世界最新动态，都必须通过汉语文的媒介来掌握。因而我国少数民族的语言生活，除了自己的语言文字外，还要学习、使用汉语文，汉语文成为少数民族丰富自己，认识、了解世界的途径和窗口。

我国的国情决定了双语是我国少数民族语言使用的最佳选择。少数民族能成为既懂母语又兼用汉语的双语人，对他们的发展繁荣、不断适应社会的变化，是一个必不可少的条件。因而，中国少数民族双语教育已成为中国民族教育的重要组成部分，成为人们所关注的一项重要工作。这已成为各民族共同认可的、不争的事实。

我国少数民族双语问题研究的理论意义在于：通过研究，认识不同民族的语言生活实际和社会生活实际；认识少数民族兼用国家通用语的规律，认识怎样解决好少数民族的双语关系。这些认识的获得，对相关学科，如民族学、历史学、社会学的建设都有参考价值。其应用价值在于：有助于国家制定适合少数民族发展的双语规划和双语政策；有助于实行对少数民族的语言保护；有助于发展少数民族语文教育。正因为如此，提倡双语是中国政府的一贯主张，各级政府一直关注少数民族的双语问题及双语教育。

第二节　民族地区双语的复杂性及类型

中国少数民族地区的双语现象存在普遍性、不平衡性和多元化的特点。普遍性是指不管是哪个民族，如人口多的民族或人口少的民族，内地民族或边疆民族，都存在双语问题，即都面临着既使用本族语言又能兼用汉语通用语的任务，双语现象已经成为我国语言使用方面蔚为壮观的人文景象。不平衡性是指各少数民族由于政治、经济、文化发展的不平衡，以及人口数量、分布格局的不同，双语发达程度不平衡。多元化是指不同民族的双语存在不同类型，呈现出多元化的特点。如有的民族已实现全民双语（如基诺族）；有的民族是大部分双语（如彝族、哈尼族）；而有的只是少部分双语（如维吾尔族、哈萨克族）。不同类型民族各有自己的双语特点和发展规律。尽管我国少数民族双语问题纷繁复杂，但我们仍可以通过分析、排比、归类，对我国双语现象划分出不同类型。中国少数民族地区的双语类型可以从不同角度进行划分。

一　根据兼用什么语言划分类型

从兼用什么语言来分，可分为五类。

（一）少数民族既熟悉本族语言又兼通汉语

属于这一类型的，在各少数民族中都或多或少地存在着，几乎没有一个民族不兼通汉语的。兼通汉语的情况同民族的分布地区密切相关。一般看来，居住在内地的民族，学会使用汉语的多些，而分布在边疆的少些。如壮、土家、白、纳西等民族，除了干部和知识分子普遍学会使用汉语外，普通群众也有不少掌握汉语。杂居区和聚居区相比，杂居区懂汉语的较多，聚居区较少。如聚居在大小凉山的彝族，有不少人只会彝语不会汉语，而分布在云南、贵州、广西同汉族杂居的彝族，掌握汉语的现象比较普遍。如地处云南省玉溪市通海县的里山彝族，除了使用自己的母语外，男女老幼基本都能说汉语，大部分地区的语言生活属于既保持母语又兼用汉语的双语类型。里山彝族的居住地区彝族只占46.8%，汉族和其他民族人口占全乡人口总数的一半以上。这种"大杂居、小聚居"的分布态势成为里山彝族普遍兼用汉语的一个重要条件。其中，里山村杂居区的下许家庄和上许家庄两个小组，汉语熟练者高达97.4%，只有0.6%的人不会汉语。年轻人及儿童的汉语能力都比较高，19岁以下的汉语能力均为100%，20—59岁的中青年汉语能力熟练者也达到100%。60岁以上的只有3人略懂汉语。下许家庄和上许家庄是彝汉杂居区。在两个小组的总人口中，彝族共占38.1%。与汉族及其他民族杂居，使得他们认识到只有掌握汉语，才能更好地与其他民族进行交流。①

另外，少数民族和汉族长期的密切往来，也是兼通汉语、甚至转用汉语的条件。如仡佬族除多数人已转用汉语外，少数还使用本族语言的也会汉语，在内部一般说仡佬语，与汉族往来则说汉语。

（二）少数民族既熟悉本族语言又兼通邻近另一少数民族语言

在我国一些地区，某些少数民族分布较广，影响较大，他们的语言往往为邻近其他人口较少的民族所兼用。如在云南南部，由于傣族人口较多并成片聚居，所以与其邻近的景颇、阿昌、拉祜、佤、德昂、布朗等民族中，有不少兼通傣语。又如在云南西北部的玉龙纳西族自治县，纳西语和白语都是区域强势交流语，该地区的纳西族能够兼用白语，白族也可以兼用纳西语。这一地区的特少民族如傈僳族、普米族大多数能不同程度地兼用纳西语和白语，成为兼用民族语能力较强的多语人。如拉普小组68名普米族中，有66位熟练使用自己的母语，68人全部能熟练使用汉语，其中65人能熟练使用纳西语，还有13人熟练掌握白语。小栗坪社47名普米族中31人能熟练使用母语，43人能熟练使用汉语，38人能熟练使用白语，还有12人能数量使用纳西语。②在新疆，维吾尔语使用范围比较广，所以哈萨克、蒙古、阿尔克孜、锡伯等民族中有许多人兼通维吾尔语。又如分布在西藏地区的门巴族、珞巴族大多兼通藏语，小学教育也学藏文。一般情况是，人口较少的少数民族兼用人口较多的少数民族的语言。

多民族杂居往往也会导致不同民族间语言的兼用。如在新疆伊宁市，居住着维吾尔、汉、回、哈萨克、乌孜别克、锡伯、满、俄罗斯、蒙古、塔塔尔、柯尔克孜等十多个民族，是一个多民族的杂居区。长期以来，不同民族友好相处，密切往来，有不少人除了掌握本民族母语外，还能熟练地使用其他民族的一两种乃至三四种、四五种

---

① 参见戴庆厦、田静等《云南里山乡彝族语言使用现状及其演变》，商务印书馆2008年版。

② 参见戴庆厦、余金枝等《云南玉龙县九河白族乡少数民族的语言生活》，商务印书馆2014年版。

语言。对这样的复杂双语区，我们将这一地区的语言按其功能、地位分为共同语、区域性语、亚区域性语、本民族语四类，来剖析不同民族母语、兼用语的关系。如这个地区的汉族、回族，其母语是共同语——汉语，其兼用语是区域性语——维吾尔语，亚区域性语——哈萨克语；维吾尔族、俄罗斯族、蒙古族、塔塔尔族等人数较少的民族，其母语是本族语，其兼用语是共同语（汉语）、区域性语（维吾尔语）、亚区域性语（哈萨克语）。伊宁市这种多民族杂居共处的生存状态，在语言的使用上形成了一个不同层次的双语场。双语场层次的不同特点不仅反映在不同民族之间，而且还出现在同一民族内部，其制约因素主要有职业、年龄、居住时间、杂居状况等。①

又如四川盐源县少数民族杂居区，不同民族兼用对方语言的现象较为普遍。在彝族和藏族的杂居区中，藏族普遍兼用彝语，彝族部分能够兼用藏语。从对塘泥村七组、平坝村一组、平坝村六组、清河村六组的藏族兼用彝语的情况来看，338 位藏族人中就有 284 人懂彝语，占藏族人口的 84%，不懂彝语的只有 54 人，仅占藏族人口的16%；彝族兼用藏语的情况来看，216 位彝族人中只有 52 人懂藏语，仅占彝族人口的 24.1%，不懂藏语的却多达 164 人，占彝族人口的75.9%。这说明彝语作为当地的区域强势语言，其他民族普遍兼用，而彝族则只能部分兼用其他民族语言，不同语言的兼用情况存在不对等现象。②

（三）居住在少数民族地区的汉族既使用汉语又兼用少数民族语言

少数民族可以兼用汉语，汉族同样也会兼用少数民族的语言。由于汉族与其他人口少的少数民族长期居住在一起，必然存在相互影响、相互交流的关系，也必然会出现汉族兼用少数民族语言的现象。

新中国成立后，在少数民族地区工作的干部、教师、医生等学习

---

① 参见戴庆厦、王远新《语言和民族》，中央民族大学出版社 1994 年版。

② 参见戴庆厦、胡素华等《四川盐源县各民族的语言和谐》，商务印书馆 2011 年版。

少数民族语言蔚然成风，不少人能使用当地民族语言与少数民族群众交流，不仅增进了民族感情，而且推动了民族工作。中国政府历来鼓励各民族互相学习语言，包括在少数民族地区的汉族也要学习少数民族语言。居住在少数民族聚居区的汉族普通群众，由于与少数民族长期生活在一起，经常使用少数民族语言，有的汉族的少数民族语言说得甚至比母语还好。如四川盐源县散居在少数民族聚居区的汉族，大多数能兼用其住地所通行的民族语言。如平坝村六组是藏族、彝族、汉族的杂居寨，寨子中的 26 位汉族人有 18 人懂彝语，占汉族人口的69.2%，17 人懂藏语，占汉族人口的 65.4%，寨子中的汉人大多数是会说汉、彝、藏三种语言的多语人。盐源县北边牦牛畜牧场有一户兽医，全家都是汉族，他家人人都会说彝语，其中一人先后两次参加语委组织的凉山州彝语演讲比赛，都得了第一名。居住在泸沽湖的汉族大多数兼用摩梭语，如泸沽湖镇舍垮村一组人口中 80% 是摩梭人，20% 是汉族，这个组的汉族都会说摩梭语。[①] 汉族学习、掌握少数民族语言，对国家的民族团结、民族发展都起了积极的促进作用。

（四）使用两种以上语言的民族，一部分人兼通本族的另一种语言

我国少数民族中存在同一民族的不同支系间相互兼用对方语言的现象。如：景颇族主要使用景颇语、载瓦语、浪速语、勒期语等不同的语言，不同支系都有不少人兼用另一支系或一个以上支系的语言。有不少家庭父母是不同的支系，全家每个成员都兼通两种语言。如云南西南部耿马县景颇族的不同支系普遍兼用景颇支系语言，其中贺稳组景颇族中景颇支系人口最多，占该组景颇族总人口的 48.7%。其中，浪速支系 60 人，能够熟练使用景颇支系语言的有 58 人；勒期支系 5 人，全部能熟练使用景颇支系语言；载瓦支系 33 人，也都能够

---

① 参见戴庆厦、胡素华等《四川盐源县各民族的语言和谐》，商务印书馆 2011 年版。

熟练使用景颇支系语言。[1]

（五）跨境民族中有的民族的部分人群兼用境外的语言

如居住在云南德宏州边境上的傣族、景颇族、傈僳族等民族的部分人能够兼用缅甸的国语——缅语。与老挝接壤的傣族、克木人，有的会兼用老挝的国语——老挝语。

有些民族由于分布在不同的地区，所以不同地区双语的兼用情况不同。如内蒙古的达斡尔族和鄂温克族，居住在牧区的多兼用蒙古语，有的兼通藏语；分布在新疆的，有人兼通维吾尔语或哈萨克语。仡佬族居住在贵州省彝族杂居地，会使用彝语；而分布在广西或壮族、苗族杂居的则会说壮语或苗语。

在语言国情双语调查研究中，这五种类型都必须涉及，具体掌握不同类型的特点和规律。但第一种类型人数最多，分布最广，影响最大，所以在调查中应投入更多的人力、物力。

在兼用语言类型上，有个别地区出现兼用的转换。如分布在云南省德宏州的阿昌语，20 世纪 50 年代以前属于"阿昌语—傣语"型，但由于社会交流特点的变化，"阿昌语—傣语"这一双语类型并未承袭下来，而是改换了"阿昌语—汉语"型。

二　根据使用的熟练程度划分类型

从使用的熟练程度来划分，可分为三类。

（1）母语比第二语言熟练。这种情况在我国少数民族地区比较普遍。

（2）母语和第二语言同样熟练。如白族、羌族等少数民族中的干部、知识分子，本族语与汉语同样熟练。

（3）第二语言比母语熟练。如云南兰坪县的一些傈僳族儿童，汉语比母语熟练，在家也大都说汉语。又如塔塔尔族的双语者中，很多

---

[1]　参见戴庆厦、蒋颖等《耿马县景颇族语言使用现状及其演变》，商务印书馆 2010 年版。

人维吾尔语比自己的母语熟练。但从总体上看，属于这一类型的人比较少。

三 根据是否兼通文字划分类型

从是否兼通文字来划分，可分为两类。

(一) 既兼通另一民族的语言，还兼通另一民族的文字

我国少数民族地区有的较早与汉族接触，历史上就不少人能够使用汉字，有的汉语文水平不亚于当地的汉族。如云南省兰坪县普米族很早就重视教育，创办了一些学校，实行汉语文教学。清朝时，河西箐花村杨泗清"从小束发就教，屡试屡中，由庠补禀"，后在箐花村最早开办了一所小学。该村玉狮场的普米族教师杨荫堂，从大理西云书院毕业后，一直在普米族地区从事教育事业。新中国成立前，剑川丁卯城人苏儒春应聘到普米族地区从事教育，共教了45年，被普米族称为"宗师"。这些都说明普米族重视教育，特别是汉语文教育。普米族认为汉语文用处大，乐意学习、使用汉语文。

又如广西壮族自治区的罗城仫佬族除使用仫佬语外，大多数人还兼用汉语，并愿意接受汉字作为自己的文字。仫佬族学习汉语文，其水平均不低于当地的汉族和壮族。据1982年人口普查统计，每万人中有大专生18.6人，高中、中专生475.5人，初中生1233人，小学生3798.3人，均高于其他民族，受高等教育的高于当地的汉族。仫佬族历史上只有语言而没有文字。传说他们的祖先来自湖南、福建等地，认为原来就使用汉语文，这点对于他们文字观的形成有深远的影响。现能见到的碑文、墓志都是用汉文记载的。汉文的使用已进入各个领域。

(二) 只兼通另一民族的语言，但不兼通其文字

我国的少数民族在与汉族长期接触、交往的过程中，出于生存、发展的需要，普遍能够掌握汉语。但由于受制于当地的教育水平，有的还不能兼用汉字。如云南蒙古族是全民兼通汉语的民族，男女老少汉语程度普遍较好，但因受教育存在差异，部分人只通晓汉语而不识汉字。

四　根据兼用的范围划分类型

从兼用的范围来划分，可分为两类。

（一）全民兼用型

指整个民族除自己的母语外，还能全部通晓汉语。如朝鲜族就是一个全民双语且双语水平较高的民族。朝鲜族全民双语现象的形成有其深远的历史因素，很早就接受以汉语文为主的、以儒家经典为教材的学校教育；朝鲜语形成的过程中，吸收了大量的汉字词，这些汉字词差不多覆盖了朝语中与政治、思想、文化相关的全部词汇等。这些因素直接或间接地影响双语现象的形成，也是母语为黏着语的朝鲜族能够如此普遍并较高水平掌握汉语的历史原因。

云南通海县兴蒙乡蒙古族，除了使用自己的语言外，还普遍掌握汉语，双语现象在他们的社会生活和家庭生活中占重要地位。男女老幼基本上都能说或者听懂汉语。如白阁村220户人家除一些学龄前的儿童外，都不同程度地掌握汉语。特别是一些七八十岁的老太太，没有文化，足不出户，但同样可以流利地用汉语与外来的客人热情交谈。一些五六岁的小孩子，也基本能听懂汉语。乡里的有线广播都是用汉语，家家户户都能听懂。在兴蒙乡五村六组4985人（6岁以下的儿童不计）中，除了10人汉语水平是"略懂"外，其他人都是"熟练"。云南兴蒙乡蒙古族蒙古、汉两种语言之所以能够广泛、持久地使用，主要取决于当地开放、形式多样的经济生活方式。早在蒙古族定居通海初期，为了生存，他们就不断与操汉语的民族发生频繁的物品交换关系。现在，无论是以渔业为主还是以农耕为主，蒙古族都没有自我封闭，而是与其他兄弟民族保持密切联系，除使用本族语外，长期兼用汉语，使全乡成为一个男女老少较好地掌握两种语言的双语区。①

---

① 参见戴庆厦、蒋颖等《云南蒙古族喀卓人语言使用现状及其演变》，商务印书馆2008年版。

又如基诺族属于"基诺语—汉语"全民双语型。无论是在乡镇还是在村寨，老人还是儿童，男人还是女人，文化程度是高还是低，都能自如地使用基诺语和汉语。对基诺乡政府所在地 103 户基诺族家庭的调查结果显示，398 人中除 2 户族际婚姻家庭中 6 人以外，其他 392 人全部使用"基诺语—汉语"双语。司土村回鲁小组 15 户基诺族家庭的 71 人中，除了 5 个 1 岁儿童及 2 个 60 岁以上老人以外，其他 64 人均使用"基诺语—汉语"双语。基诺族在新中国成立之后，能够在较短的时间内由单语制转为全民双语制，是由多种因素和条件决定的。除了社会发展、教育普及等外部因素外，本民族内部愿意并乐于接受基诺语、汉语的双语并存的使用现状，这种开放的语言态度是基诺族双语制建立的有力促进因素。另外，基诺语分析性强的自身结构特点，是基诺族能快速全民使用汉语的内部因素。在内外因素综合作用的情况下，推动了基诺语全民双语制的发展和演变。①

（二）部分兼用型

指少数民族地区中的部分人群除母语外，还能够通晓汉语。有的是大部双语，如彝族、哈尼族，有的只是少部双语如维吾尔族、哈萨克族。

除上述类型外，还有以下几种的分类形式：

（1）从两个民族之间是否使用对方的语言可以分为双向双语和单向双语。双向型双语指两个民族都操对方民族的语言。如云南红河州部分地区的彝族、哈尼族，除母语外还能兼用对方的语言。单向型双语是指一个民族兼用另一个民族的语言，而另一个民族不兼用这一民族的语言。如德宏州的德昂族大多兼用傣语，而傣族不兼用德昂语。

（2）按照掌握第二语言的方式，可分为自然型双语和人为型双语。自然型双语指在与另一民族的直接交往中掌握了第二语言。人为型双语，是通过学校、老师、课本的教学过程获得第二语言。这两种现象在各民族中都比较普遍。

（3）从掌握语言的种类上，可分为双语型和多语型。双语型指兼通

---

① 参见戴庆厦、罗自群等《基诺族语言使用现状及其演变》，商务印书馆 2007 年版。

两种语言的情况。这在我国的双语者中占多数。我国绝大多数的少数民族除使用母语外，还兼用汉语。多语型指兼通两种以上语言的情况。如广西境内瑶族自治县的瑶族有许多人兼用汉、壮等语言。又如云南玉龙县九河乡的极少民族普米族、傈僳族也是兼通汉、白、纳西语的多语人。

（4）从汉语使用的时间上可分为长时型、短时型。长时型指使用双语历史较长，而且有延续性。如云南的蒙古族自南宋末年进入云南后，就主动向邻近的汉族学习农耕技术，一直延续下来成为兼用汉语的双语人。短时型指双语使用时间较短。如基诺族在历史上曾经是单语制，到了近代才逐步开放，迅速由单语制向双语制发展，实现了基诺语和汉语并存并用。

第三节　怎样在语言国情调查中做双语调查

语言国情调查中的双语调查，其最终目的是写一个可供咨询的双语调查报告。它是认识一个地区双语状况，包括该地区母语使用的特点及所属类型，兼用语的使用状况及所属类型，语言生活的发展趋势，存在的问题等的重要手段和途径。一份好的双语调查报告不仅能帮助读者了解这一地区的双语生活、双语规律和双语问题，还有助于双语理论的建设，并能为国家制定双语政策提供咨询。

双语调查报告包括有不同类型：有单一民族的双语调查报告，也有一个地区多民族的双语调查报告；有共时的双语调查报告，也有历时的双语调查报告；有普查性的双语调查报告，也有专题性的双语调查报告。不同类型的调查报告有不同的内容，也有不同的写法，相互间既有共性也存在各自的个性。下面，主要介绍一个地区双语共时状况的调查报告。

一　双语调查报告主要内容

（一）与双语有关的人文、社会情况

因为双语的形成是由该地区、该民族的人文、社会特点决定的，

所以要做好双语问题的调查就必须了解当地的人文社会情况。

人文、社会情况主要包括：民族名称、分布、行政区划、地理环境、文化特点、历史来源、周围民族分布、民族关系等。这部分内容是提供双语背景知识的，目的是让读者大致了解该民族的人文、社会情况，以利于对双语现象的理解和判断。

（二）母语使用现状及分析

选择若干有代表性的点（村寨、城镇、家庭、机关等）进行微观的、逐户逐人的个案调查。

家庭语言使用状况调查的内容有：调查该家庭主要使用什么语言，是否存在代际差异。少年儿童的母语能力要重视调查，因为少年儿童的语言状况往往反映双语的历史演变和发展趋势。

一个地区语言使用状况调查的内容有：要在逐人调查的基础上，统计出这一村寨或城镇的双语特点，包括不同民族的双语状况（数字、比例、相互制约关系等），以及这一地区的双语状况所属类型及发展趋势。

一个单位语言使用状况的调查内容有：单位包括机关、学校、医疗机构等。要考察一个机关内部不同人使用什么语言，工作语言是什么，平时私下交流使用什么语言，领导和被领导之间使用什么语言。学校的语言使用情况往往与家庭、机关不同，也能获取双语关系的信息。要了解学生在课堂内外的语言使用情况，以及教师如何使用自己的母语。

在以上调查的基础上要对该地区母语使用现状进行分析。包括：确定母语使用的类型（全民稳定保留型、大部保留型、少部转用型等）；分析母语保留或不稳定的原因（人口多少的因素、分布聚居或杂居的特点、是否有族际婚姻、民族关系和语言关系如何、语言态度如何等因素）。此外，还要分析制约母语使用状况的主要因素和次要因素。

（三）兼用语使用现状的调查及分析

要做逐人逐户的兼用语使用现状调查。兼用语有的有多个（第一语言、第二语言），要确定水平等级（熟练、一般、略懂）。对兼用语的功能和使用范围必须进行分析，包括在哪些场合（家庭、村寨、机构、学校、传媒等）使用；家庭母语使用是否存在代际差异等。还要对形成兼用语使用的成因进行分析。成因包括人口、分布、婚姻等因素，民族关系和语言关系的特点等。

（四）文字使用现状的调查

有文字的，要调查文字的使用现状，包括文字的使用情况、使用范围、使用过程中存在的问题。没有本族文字的，要了解使用通用文字或其他民族文字的情况，范围如何，有何困难等。

（五）语言态度的调查

语言态度指不同职业、不同年龄的人对母语、兼用语的态度。包括对保存或丢失母语有何想法，对掌握兼用语重要性的认识，对母语和兼用语的关系持何种态度，对目前语言使用情况，对语文政策的执行情况的看法等。

（六）双语历史的调查

一个地区的双语现状总是受历史发展状况的制约，所以在调查中还要调查双语发展的历史状况，包括该地区的双语历程，历史上母语使用的情况和兼用语的情况，历史上的语言关系，分析有何经验和问题。梳理双语现状和历史的承接关系，从中认识该地区今后双语发展的趋势。

（七）双语关系的调查

双语是一个统一体，既有统一的一面，又有矛盾的一面。所以在双语调查中要分析该地区的双语存在哪些关系。调查的内容主要有：该地区双语和谐有哪些表现，描述双语的言语交流功能的互补、语言本体结构的互补等；同时要分析该地区的双语存在什么矛盾，矛盾的性质、来源以及应该如何解决等。

（八）双语发展前景的预测

对一个地区双语发展的趋势、前景进行必要的预测，有助于深入认识双语的规律，也能为制定双语对策提供必要的信息。前景预测包括：母语的发展趋势，是稳定发展还是逐步衰退；兼用语的发展能否不断扩大；母语和兼用语的关系今后会有何变化。

二　双语个案调查的实例分析

双语调查中，要重视个案实例的调查分析，从个案中提取真知灼见，防止泛泛的、停止在表面现象的调查。这里选择两个个案实例进行分析、论述。

（一）云南玉龙县九河乡易之古白族小组语言使用情况个案调查分析

云南省九河乡属于玉龙县境内的白族聚居乡，周边接壤的乡镇有纳西族聚居乡、白族聚居乡、汉族聚居乡，白族作为这里的主体民族不仅兼用汉语，还能兼用纳西语，形成了独特而稳定的多语场。这是一个典型的、有代表性的双语民族乡。对其进行调查研究有助于对我国杂居区双语状况的认识。为此，"云南玉龙县九河白族乡少数民族的语言生活"课题组于 2012 年 8 月对九河乡的双语状况进行深入的调查，着重调查了白族母语的保存状况如何，兼用语使用情况如何，母语与兼用语的关系如何，属于哪种双语类型，促成多语场形成具体的因素是什么等几个方面的问题。下面以九河乡易之古白族小组的调查为例，谈谈对这一地区双语现象的认识。

1. 易之古小组人文、社会环境调查

为了让读者对该地区的双语环境有一个大致地了解，调查组对易之古小组的民族名称、分布、行政区划、地理环境、文化特点、周围民族分布、民族关系等做了现场调查、分析。

在地理分布、行政区划、民族关系上，易之古小组隶属丽江市玉龙县九河乡南高寨村委会。西南与九河街村毗邻，西北与彼古村相连。全村 91 户 410 人，主要民族为白族，占全村人口的 92%，还有少量纳西族、汉族。村里很少与外族通婚，多是族内通婚，但近年来本村人与外族通婚现象逐渐增多。在语言使用上，全村人都说白语，大多数村民还可与外村人用纳西语、汉语自由地交流，是精通白语、纳西语、汉语的"三语人"。

在经济生活上，易之古主要从事传统的农业生产，以种植水稻、玉米为主，还有部分养殖业。农产品不仅供给本村，还外销至周边的兰坪、剑川等地。农闲时间，大多数年轻人靠外出打工来增加家庭收入。全村电器已经普及，电视都已接入无线数字接收器。部分富裕人家已拥有汽车作为出入的交通工具。加之，村里的交通便利，村寨与214 国道仅隔四五百米，与周边各村路路相通，进城办事一天可以来回。因此，易之古与外界交流、互动频繁。

在文化教育上，易之古的九年义务教育已经普及，全村有一所完小、一所初中。长期以来，全村都有重视教育的传统，深知"唯有读书才能成才"的道理。村里每年都有好几个考上大学的。

在民族文化方面，易之古白族融合了大理白族和丽江纳西族文化的特点，在民族服饰、头部装饰上既有民族文化融合的影子，又有自身民族的特点。汉族重大的节日在这里也同样受到重视，如清明节、中秋节、春节都和汉族同步。

2. 易之古小组语言使用现状调查

（1）易之古白族母语使用现状

由于易之古外出打工、学习的人逐年增多，故与外界交流频繁。易之古白族的母语能否完好地保留，有没有受到外界主体民族语言的影响，对此课题组对易之古白族的母语使用情况进行了入户调查和400 词测试。在统计的过程中，按照不同年龄段的语言能力进行分组统计，即少年段6—19 岁、青壮年段20—39 岁、中年段40—59 岁及老年段60 岁以上四组。由于6 岁以下儿童的语言能力不甚稳定，不在测试之列。

统计结果显示，在所调查的6 岁以上（含6 岁）具有完全语言能力的351 人中，白语熟练的有350 人，占调查人数的99.7%；白语不会的仅1 人，占调查人数的0.3%。说明白语的熟练使用并不受年龄的影响，由此，可以将易之古白族的母语使用状况定性为"全民稳定使用母语型"。

在全面统计的基础上，对全民稳定使用母语的原因进一步分析：即民族的高度聚居是白语得以完好保留的客观条件，对白语的传承和使用极为有利；母语感情深厚是白语得以完好保存的情感基础。

（2）易之古白族的汉语兼用语使用现状

由于同外界交流频繁，汉语成为易之古的主要兼用语之一。为了解全村的汉语使用情况，调查组同样进行了入户逐一访问和400词测试。根据不同年龄段的汉语使用情况的统计结果显示，易之古白族普遍兼用汉语，但兼用汉语略有代际差异。汉语兼用水平较低的出现在60岁以上和6—19岁这两个年龄段中。主要缘于青少年刚刚入学接受教育，学习汉语的时间较短，加之与外界接触的不多，因此汉语掌握的程度相对较低；60岁以上的一位老人略懂汉语是因为受制于文化水平，没受过学校教育而略懂汉语。

3. 易之古白族的纳西语兼用语使用现状

易之古周边多为纳西组村寨，且与纳西族彼古村邻近，世代来往密切，纳西语成为易之古白族的另一兼用语言。课题组对纳西语的兼用情况进行了入户调查和400词测试。

对于不同年龄段的统计结果显示，易之古全村351人中82%以上能够"熟练"使用或"略懂"纳西语，不会纳西语的只占17.7%。这些数据说明，纳西语在易之古能够普遍兼用。但从不同性别纳西语语言能力的统计情况来看，男、女兼用纳西语的水平存在一定的差异。男性普遍熟练掌握纳西语，而女性的纳西语水平则低于男性。能够熟练掌握纳西语的男、女比例分别为96%和67%；不会纳西语的男、女比例分别为4%和31.9%。对于男、女纳西语兼用情况的差异，课题组进行了如下分析：易之古很多妇女为外村嫁入，由于从小缺乏学习纳西语的环境，成年后就较难掌握纳西语；丽江地区以纳西族为主，男性是外出打工的主力军，有更多的机会与纳西族接触，因此男性的纳西语水平普遍较高，而女性与外界接触相对较少，闭塞的语言环境也在一定程度上制约了女性纳西语水平的提高。

4. 易之古白族普遍兼用汉语、纳西语的成因

易之古白族在完好保留母语的同时，又能普遍兼用汉语、纳西语，是熟练使用白语、汉语、纳西语的"三语人"。这里的白族可以根据不同的交流对象和场合，在三语中自由灵活地转换。为什么白族具有如此强大的语言转换和兼用能力，对此课题组做了以下分析：

汉语的普遍兼用是白族重视学下教育的结果。白族孩子通过学校教育去学习汉语，凡是读到小学毕业的白族，都能很好地掌握汉语。另外，白族人将汉文化视为先进的文化，对汉语采取积极包容的态度，认为学好汉语有利于将来更好的生存和发展。

白族兼用纳西语有以下几个条件：白族学生和纳西族合校生活是白族学习纳西语的有利条件；接壤村寨是纳西族村寨是白族掌握纳西语的天然条件；包容开放的民族情怀是白族习得纳西语的心理因素。

5. 易之古不同社会阶层人物访谈

对不同职业、不同年龄的群众进行访谈，可以了解不同社会阶层对母语、兼用语的语言态度。包括对保存或丢失母语有何想法；对保存母语、掌握兼用语的重要性的认识；对母语和兼用语的关系持何种态度；对目前语言使用情况的看法等。在进行人物访谈时要选取有代表性的人物进行面对面的交流，能够直接获得许多真实的、鲜活的信息。被访者进入调查的角色后，都会知无不言地把自己的观点、看法亮出来，我们能够从中获取有价值的"亮点"。通过具体人物访谈获取的各种情况、各种认识，具有文献价值。

课题组分别对易之古村组组长、易之古村组副组长分别进行了采访。作为基层干部，村组组长应该是本村大小事务的"万事通"。大到行政划分、地理环境、历史变迁、民族关系、学校教育以及村组的农业、经济发展状况，小到各家各户的迎来送往、婚丧嫁娶等都会了如指掌。通过对村组组长的采访，课题组从中获取了易之古的很多重要的、详尽的信息。副组长是易之古村组的一位农民企业家，他的谈话基本可以代表该地区新兴富裕阶层的心声。从对他的访谈中，课题组了解到新兴农民企业家对于振兴、发展当地经济的信心，对于吸

收、引进外来先进文化的渴望，同时也看到了农民企业家对本民族语言、文化的重视。

通过调查，课题组对九河乡的双语状况认识主要是：九河乡各少数民族都能稳定地传承自己的母语，无论男女老少、学历高低，各民族都能够熟练使用母语，对本民族母语抱有深厚的情感。同时，九河乡双语、多语现象较普遍，各民族呈"大杂居、小聚居"分布，多数人能够兼用白语、纳西语及汉语。深厚、积极的民族感情使九河乡各民族坚定地保留和传承各自的母语文化，也以开放宽容的心态接受其他民族的语言文化，形成了一个独特而稳定的多语场，各族人民共同创造了和谐互补的语言新生活。

（二）基诺族语言使用情况个案调查分析

基诺族是我国 55 个少数民族中人口较少的一个民族，使用着属于汉藏语系藏缅语族彝语支的一种语言。长期以来，基诺语是基诺族的主要交流工具。像基诺族这样一个人口少的民族，是否还能健全地保持下去，其使用状况究竟如何，应当怎样对其使用状况做出比较准确的估量和科学的回答，基诺族语言经历了哪些重大变化，其特点和规律是什么。为了认识基诺族语言使用的现状和历史变迁，中央民族大学"985 工程"创新基地"基诺族语言使用情况课题组"一行于 2006 年 6 月赴云南省西双版纳傣族自治州景洪市基诺山基诺族乡进行了近一个月的田野调查。下面将课题组的调查实施过程及所调查的双语现状及成因分别进行描述。

1. 基诺语使用的现状调查及成因分析

（1）基诺语使用现状调查、分析

语言使用的差异往往与地理分布密切相关。课题组根据地理位置不同来选择调查点。在这次调查中一共选取了 7 个村委会的 9 个自然村，加上乡机关单位，一共是 10 个点作为主要调查对象。课题组把 10 个村落（包括乡机关单位）分为两种类型：一类是中心区类型，另一类是边缘区类型。

从对中心区六个调查点穷尽式的调查、统计来看，中心区的基诺语使用情况非常一致。各村寨熟练使用基诺语的比例都很高，绝大多数熟练使用基诺语的客观事实，表明现阶段中心区的基诺语仍保持着强大的生命力，没有濒危的迹象。

与基诺语使用频繁的中心区不同，边缘区能够熟练使用基诺语的人口较少。课题组抽样调查了乡机关单位、洛科大寨、洛科新寨和么羊4个点，从统计结果可以看出，边缘区的基诺语使用与中心区有明显区别，"熟练"级的人口和比例大大低于中心区，而"略懂"级、"不会"级的人口比例远高于中心区。边缘区熟练使用基诺语的比例低的原因是：一是乡机关单位的人员来自多方面，有的是本地的基诺族，有的是从外地来的非基诺族。不同民族在一起工作使用汉语自然是最好的选择。二是部分地区与汉族杂居或通婚，因此熟练使用基诺语的比例明显低于汉语。

（2）基诺语稳定使用的条件和因素分析

基诺族分布高度聚居是基诺语稳定使用的客观条件。整个基诺乡的人口分布呈现出基诺族高度聚居的状态，族际婚姻的存在、外来务工人员的流动无论是对整个基诺山还是就单一村寨而言都没有对基诺族聚居的高度集中性产生根本影响。基诺乡人口分布的高度聚居性是基诺语能够长期完整保存下来的客观条件。

国家语言政策是基诺语得以稳定使用的保障。基诺族虽然是一个人口较少的民族，同全国其他少数民族一样享有国家民族语言政策所赋予的权利。不论在乡政机关，还是学校、医疗卫生机构，工作人员平时的工作用语不是基诺语就是汉语。因此，国家民族语言政策是基诺语得以广泛使用的有利保障，是半个多世纪以来基诺语能够较完整保留下来的制度性前提。

稳固的民族意识和母语观念有利于基诺语的稳定使用。基诺族普遍重视母语的习得，基诺乡45个自然村中，大多数人的第一语言都是基诺语。基诺人不仅将基诺语作为最重要的交流工具，还将基诺语的使用与民族感情、民族文化紧密结合在一起。这些都有利于基诺语的保留和稳定使用。

　　家庭与社区的语言教育是基诺语稳定使用的重要保障。基诺族很重视对下一代的母语教育，不论是在家庭或是在社区，都在着力营造着母语使用的氛围。家庭教育中对母语的重视奠定了基诺人母语能力的基础，社区语言教育中母语环境又使母语能力得到提高、保持全面提升。家庭与社区的语言教育在基诺语的稳定使用中起到了强劲的促进作用，成为基诺语稳定使用的重要保障。

　　2. 基诺族全民双语制的建立及其成因

　　（1）基诺族全民双语的基本特点

　　基诺族的双语制是在过去单语制的基础上产生的。基诺族在历史上曾经长期是单语制。新中国成立之前，基诺族社会还处于原始社会末期，与外界交往不多。到了近代，基诺族由于与汉族、傣族的交流不断增多，一些人兼用了汉语和傣语。基诺族的双语兼用语种可以分为三类：一是兼用汉语；二是既兼用汉语又兼用傣语；三是既兼用汉语又兼用哈尼话。在这三种类型中，属于第一种类型的人数最多、最为普遍，影响最大。基诺族已经发展成为"基诺语—汉语"全民双语型的民族。

　　（2）基诺族全民双语的成因分析

　　基诺族人之所以能在较短的时间内实现全民性的双语制，是内外不同因素综合作用的结果。

　　在外部因素中，社会发展是双语制建立的动力。从新中国成立初到20世纪80年代，基诺族无论是在社会形式还是经济状态上都发生了重大的改变。特别是在社会主义新时期，随着新鲜事物的普及、先进技术的传播，汉语出现在基诺人生活的各个层面。为了摆脱基诺族发展滞后的状态，汉语能力的培养和提供成为全民族的共识。另外，学校教育中双语教学的普及是双语制建立的关键。

　　在内部因素中，语言态度是双语制建立的促进因素。课题组发现，基诺族有着学习汉语的强烈愿望，愿意接受并乐于保持基诺语汉语双语的使用现状。基诺族对其他社会功能较强的语言始终保持着开放的、肯定的态度。

　　除此之外，基诺语本身的内部结构特点也有利于基诺族能够快速掌握汉语。在语音上、词汇上、语法上，基诺语具备很多与汉语相近的特点。因此，基诺语本身内部的结构特点成为基诺族学习汉语的天然的、有利的条件。

　　3. 基诺族语言使用情况的启示

　　一是对我国小语言的生命力不能笼统地低估，也不能夸大语言濒危的范围。基诺语的使用人口虽然很少，而在它的周围又有全国的通用语——汉语，当地的强势语言——傣语，其存在和发展面临着语言功能被削弱、被取代的可能，但基诺语在语言功能的竞争中，并没有被削弱、被取代，而是在与汉语的功能实行互补中，充分发挥自己的作用，较好地保存了下来。我国还有一些小语言也存在类似的情形。由此看来，对语言使用的现状及其趋势还必须做深入的研究。

　　二是制约语言使用的条件和因素有多种，而且因不同民族、不同语言而异。语言学家必须全面调查、分析具体语言的实际情况，从中认准制约语言使用的主要因素和次要因素，并有针对性地提出预测和对策。制约基诺族全民保存母语的主要条件之一，是基诺族的分布高度聚居，为基诺语的传承提供了天然条件，使得基诺语得以一代一代传承下来。

　　三是母语与汉语实现有机互补，是保证母语的重要生存条件。基诺族是一个全民既使用母语又兼用汉语的民族，母语和汉语都是他们生活中不可缺少的交流工具。这种互补，不仅是不同场合、不同领域、不同功能的分工，而且在语言结构上也互相从对方吸收自己所需要的成分来丰富自己。基诺语广泛接受汉语的影响，不仅没有削弱基诺语的作用，而且还使得基诺语在汉语的互补中得以独立发挥自己的作用。

第十章

语言国情调查中现代化手段的运用

科学技术的进步推动着人类生活的各个方面向前发展。在科学技术领域中，往往是科学的发展带来技术的革命，技术的革命又推进各门学科向纵深发展。语言学也不例外，一些现代化手段的诞生增强了语言研究的科学性、开拓了语言研究的深度和广度，并逐步发展出了语言学的分支学科——实验语音学，给语言学的其他分支尤其是语音学的研究带来很大便利。

第一节　实验语音学对语言国情调查的意义

实验语音学又称仪器语音学，萌芽于 19 世纪初，20 世纪初开始取得长足发展。实验语音学源于近代语言学，但又牵涉到物理学、生理学、心理学、电子计算机技术等，是一门交叉性很强的学科。

在研究一种方言或语言时，传统语音学从听音、记音入手，也就是凭耳朵听辨、口舌模仿发音人的发音，揣摩音节的构成并记录下来，然后通过分析归纳整理成一种语音系统，因此被称为"口耳之学"。传统语音学在语音分类、描写、比较等方面取得了不小的成就，但是，人耳听辨语音的能力有一定的局限性，即使是经过严格训练的语音学家，也常常受到本人母语或所熟悉的语音模式的影响，有些现象难以辨明，有些特征无法抓住，以至于不管怎么模仿，发音人都觉得不像，况且高度灵敏而准确的耳朵并非人人具备。实验语音学正是为了弥补传统语音学的这一缺陷，作为一种辅助手段应运而生。

早期的实验语音学主要以研究发音器官和发音方法的生理实验为

主，借助医学上使用的浪纹计、假腭、喉头镜、X 光机等，测量发音部位、发音气流和声带活动情况，并制定出了元音舌位图，沿用至今。语图仪的发明，使得声学的实验研究取得了迅速的发展，在语音研究方面，语图仪一方面能够把一发即逝、瞬息万变的动态变化的语音记录下来，另一方面可以把本来用耳朵听的声音变成用肉眼观察的图谱（语图），通过图谱上的观察比较，能够揭示许多不易被听觉器官觉察的语音特征。随着科学家们对人机对话的设想、计算机向人工智能阶段的发展，语音实验的研究在声学、物理、生理、心理、感知方面得以全面开展，通过模拟发音器官的发音过程而进行的语音合成日趋成熟，对语音的感知和识别也取得了很大的进步。

在语言国情调查中，实验语音学的作用主要表现为以下两个方面：

（一）记录保存调查材料

我们知道口头语言是稍纵即逝的，文字的发明突破了口语的时空局限性。而现代声像设备的运用，不仅在传递信息上突破了时空的局限，就连声像场景都能原汁原味地保存下来。在语言国情调查中，要调查描写当地民众所使用的语言本体、不同语言的社会功能、语言使用的代际差异、不同场合下的语言使用情况等。其中音系的调查描写、基本词汇、常用句子、神话传说、民间故事、民俗活动等都可以在调查描写的基础上以数据音档的形式完整地记录保存下来，日后能随时听读、自由调取、方便比较，而且声像并存，再现场景，能给人以直观的感受和认识。

（二）辅助分析语音特点

以前在缺乏实验工具时，传统语音学者常常为一个音的描写、几个音的分类，引起争论。用已故语言学家罗常培先生的一句话来说，"考古功多，审音功浅"。现代则是有许多辨音工作，可以用仪器实验的结果来佐证，帮助分析语音特点。吴宗济先生很好地概括了实验仪器记录语音的原理，"语音是不断运动着的，在说话时，无论发音器官或是声波都在不停地变动，要抓住这些特征，是要先把连续的音流分成小段当作稳态的音素来研究的"。"我们用 X 光高速电影机把一个音节的发音器官动作拍摄下来，一格一格地去观察测量舌位的高低和咽腔的宽狭；我们用语图仪的断面装置，把音节的一段段作出二维的（就是具有频率和振幅两个坐标的）断面频谱，来测算出元音的共振峰和辅音的特性频率来。计算机看来是在连续工作，但实际上也是把大段大段的言语，分为无数的离散音段（术语称为'取样'，一般每段只有千分之几秒的长度），来分析、计算给出元音、辅音、声调及韵律的特性数据，用终端输出设备显示或记录下来，以上这些都是把动态的语音当作若干稳态的音来处理的。"[①]

随着计算机技术的成熟，备份、处理和分析语音的功能也变得越来越强大，不单单是保存，还可以提取、合成语音参数，满足研究者的各种需要。

第二节　怎样通过语音实验保存记录语料

在实际语言调查中，记录保存语料的主要方法是录音和摄像，对于语音研究者来说，通过专业设备对语音进行记录，对语音研究则更具价值。录音过程中的主要注意事项如下（中国语言资源调查手册，2015）：

一　录音器材

录音参数和录音质量是第一位的，其他要素的选择都是围绕此进行最佳匹配。只要录音质量和录音参数能够达到规定要求，实际操作中录音器材可以自由选择。这里介绍两种方案。

器材方案一：笔记本电脑＋专业录音话筒

1. 笔记本电脑：主要要求是运行噪声低，自带声卡质量较高。目前国内普遍使用的是联想系列的较高配置，如 ThinkPad X、T 系列（2G 以上内存，USB2.0 以上接口，Windows XP、Windows 7 或 Win-

---

[①]　吴宗济：《实验语音学与语言学》，《语文研究》1981 年第 1 期。

dows 8 操作系统）。

2. 话筒：建议选择心形指向、全指向可调、话筒内带声卡：SAMSON C03U。

3. 防喷罩：奥创 Alctron MA016。

4. 话筒支架：得胜 NB－102。

器材方案二：笔记本电脑＋专业 USB 外置声卡＋专业录音话筒

1. 笔记本电脑：同"器材方案一"。

2. 外置声卡：

（1）TASCAM US－144MKII

（2）火线音频口，型号 Presonus Firebox

（3）USB 音频接口，型号：MIDIPLUS SMARTFACE

3. 话筒

（1）台式有线话筒及支架：型号 Rode NT1－A

（2）头挂式：型号 SHURE

注：心形指向话筒更适用于单人发音，全指向话筒更适用于多人对话。SAMSON C03U 话筒具有指向切换功能，居中为心形指向，右侧为全指向，左侧为 8 字形指向（选择心形指向录音时要将带有"SAMSON"标识的一面朝向发音人）。

二　准备工作

1. 场所

为保证录音质量，最好在专业录音室里录音。

如果没有专业录音室，应在安静的房间里录音。关严门窗，关掉风扇、空调、日光灯、手机等电器。

2. 话筒

装好话筒支架，固定防喷罩，将话筒置于防喷罩后。如无防喷罩，发音时嘴巴不要正对话筒，以防"喷麦"。发音人和话筒之间应尽量保持固定的角度和距离。

3. 声卡

使用"器材方案②"时，需关闭电脑的内置声卡。这里以 Windows XP 为例。从"控制面板"进入"性能和维护＼系统＼硬件＼设备管理器＼声音、视频和游戏控制器"，打开"声音、视频和游戏控制器"后右击内置声卡（名称因电脑而不同，例如 SoundMAX Integrated Digital HD Audio），并选择"停用"，就可关闭内置声卡。

注意：当结束调查、停用外置声卡后，需重复上述步骤，右击内置声卡并选择"启用"，以启用内置声卡。

4. 提示方式

事先请发音人明确"开始录音""停止录音"的提示方式。例如出示写着"开始""停止"的标识，或用不同的手势示意。

5. 试录

为了让发音人了解录音过程及其要求、测试录音效果，在正式录音之前，应让发音人试录部分调查条目。

三　录音软件

录音软件推荐使用 byly（北语录音）；Audacity 用于监测录音效果和编辑录音文件，必要时也可用于录音。只要录音文件的形式和质量符合规定的要求，也可使用其他录音软件，例如 Adobe Audition、Cool Edit Pro、Praat、Sonar LE（SAMSON C03U 附带）、Cubase LE 4（TASCAM US‒144MKII 附带）等。注意有的硬件与录音软件之间可能会出现不兼容问题，如果出现问题需及时调整更换有关硬件或软件。

1. byly（北语录音）

byly（北语录音）是一款免费的录音软件，简便、易学、易用，适用于一般的语言调查特别是汉语方言调查。byly（北语录音）具有以下功能：

（1）对调查条目逐条录音，录音时同步显示波形。

（2）自动逐条保存并命名录音文件。

（3）对已录条目重新录音后自动替换旧文件。

该软件亦可从北京语言大学语言资源研究所网站（http：//yys. blcu. edu. cn/ index. htm）上下载。

2. Audacity（本书以 win – unicode – 1. 3. 12 版为例）

Audacity 是一款免费的录音和音频处理软件，使用广泛，支持中文界面显示，在 Windows XP、Windows 7、Windows 8 等操作系统中都能稳定运行。Audacity 可用于测试背景噪声、录音、标注录音、剪辑录音、批量切分音频文件、消除噪声等。

四　录音参数

1. 基本参数

声道：单声道。

采样率：44100Hz。

采样精度：16bit。

音频格式：Windows PCM（＊. wav）。

byly（北语录音）已设置以上参数为默认值。

使用其他录音软件时需自行设置参数。在 Audacity 中，点击"编辑 \ Audacity 喜好选项"进行设置。

（1）设置录音设备和声道

使用"器材方案①"时，点击"设备"，确认"回放 Device"为电脑内置声卡，"正在录音 Device"为 Samson C03U（系统会自动调用，无须设置；如果找不到 Samson C03U，可重新启动操作系统或卸载其他外置声卡的驱动；保险起见可将电脑自带的其他录音设备全部停用），"Channels"选择"单声道"（见图 10 – 1）。

使用"器材方案②"时，点击"设备"，确认"回放 Device"和"正在录音 Device"均为 TASCAM US – 144MKII，"Channels"选择"单声道"（见图 2）。

（2）设置采样率和采样精度

点击"质量"，在"采样"右侧下拉菜单中分别选择"44100Hz"

图 10 - 1 设置录音设备（器材方案①）

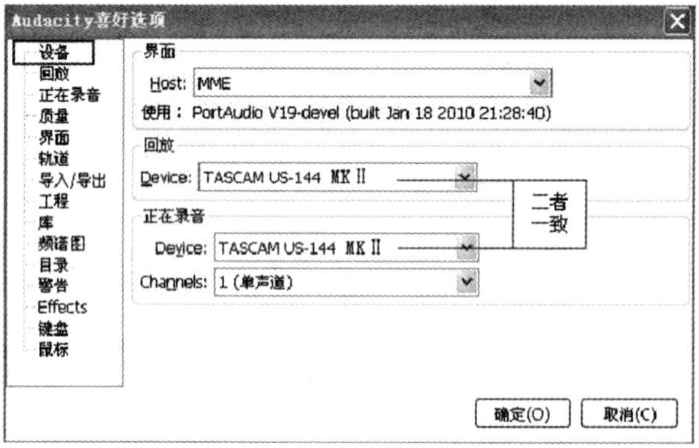

图 10 - 2 设置录音设备（器材方案②）

和 "16 – bit"（见图 10 – 3）。

（注：在声学试验中，采样率为 8000Hz 的录音即可用来作声调分析，采样率为 11025Hz 的录音可以用来分析元音，用于辅音分析的录音采用率要高一些，一般为 16000Hz 或者 22050Hz，超过 22050Hz 的没有什么意义，白白占据了存储空间。如果一个录音同时要进行声调、元音、辅音的分析，那么录音采样率依据辅音的要求，因为采样率只有从高到低转换才可以，从低到高的转换会使提取的数据不能反映实际语音的面貌。）

图 10 - 3 设置录音设备

（3）设置音量动态指示范围

点击"界面"，在"Meter/Waveform dB range"右侧下拉菜单中选择"-96 dB（PCM 16 bit 采样范围）"（见图 10 - 4）。

图 10 - 4 设置音量动态指示范围

（4）设置默认视图模式

点击"轨道"，在"默认视图模式"右侧下拉菜单中选择"波形（dB）"。

完成上述设置后，点击"确定"。

2. 背景噪声和语音音量

背景噪声：不能大于"-48dB"，最好控制在"-60dB"以下。

语音音量：最大值应达到"－18dB"以上，最好不要超过"－6dB"。

在正式录音之前，需要先测试背景噪声和语音音量，以保证录音质量。如果背景噪声和语音音量不符合要求，可通过消除噪声源或调整设备输入音量等方式来进行调整。这里以 Audacity 为例。

（1）调整音量刻度

运行 Audacity，移动鼠标至界面右侧"话筒"图标所在刻度条的最右端，此时光标呈左右箭头状（见图 10－5）。

图 10－5　调整音量刻度

按住鼠标左键把整个刻度条往右拖动，使之充满整个软件窗口，此时音量刻度条显示出"－72""－60"等刻度（见图 10－6）。

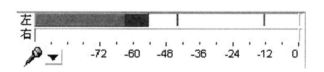

图 10－6　调整后的效果

这样，就可以测试背景噪声和语音音量的大小了。需要说明的是，较常见的录音软件都用负数区间表示音量范围，音量范围从小到大为"－∞ ～0"，"0"表示音量的上限，即能采录的最大音量值。

（2）测试背景噪声音量

单击"话筒"图标右上侧的凹陷区域，暗红指示条越往右靠近"0"表示背景噪声越大，越往左背景噪声越小。（见图 10－6）为了保证音质，背景噪声音量最好控制在"－60"以下（例如"－72"），不能大于"－48"。如果大于"－48"（例如"－36"），说明背景噪声过大，需找到噪声源并设法消除，或适当调小输入音量。

（3）测试语音音量

在正式录音之前，可请发音人试录几个字、词或句子。暗红指示条越往右靠近"0"表示语音音量越大，越往左语音音量越小。（见图10-6）为了保证音质，语音音量的最大值应达到"-18"以上（例如"-12""-9"），但最好不要超过"-6dB"。如果音量过小（例如"-36"），会因语音信号太弱而影响录音质量（但有的音如轻声本来就弱，不宜一概而论）。如果大于"0"，会因音量过大而导致削波失真。

（4）调整输入音量

使用"器材方案①"时，需通过电脑自带音频系统调整输入音量。这里以 Windows XP 为例。（见图10-7）从"控制面板"进入"声音、语音和音频设备＼声音和音频设备＼语声"，此时"录音"框里的"默认设备"应为"Samson C03U"，点击"录音"框里的"音量"，将"Wave In"音量的滑标上下滑动，就可调高或调低输入音量。

图 10-7　在电脑上调整输入音量

使用"器材方案②"时，需在外置声卡（TASCAM US - 144MKII）上调整输入音量。（见图 10 - 8）当 PHANTOM、MIC LINE、MONO 三个开关处于"ON"状态，话筒接在左声道或右声道时，可用 INPUT 旋钮调整输入音量。如果话筒接在左声道入口就旋转 INPUT L 调整音量（图中用方框表示），如果话筒接在右声道入口就旋转 INPUT R 调整音量。当 INPUT 旋钮上的指示线往"MIC"方向旋转时可调大输入音量，反之调小。

图 10 - 8　在外置声卡上调整输入音量

利用上述方法调高输入音量会导致背景噪声升高，应避免顾此失彼。

此外，通过调整话筒与发音人的嘴巴之间的距离，或让发音人调整发音的音量，可以在不改变背景噪声音量的情况下调整语音音量。

在录音过程中，调查人要及时注意纠正因话筒位置变化或发音人的声音变化而产生音量过大或过小的现象。

五　录音方法

本节介绍 byly（北语录音）的使用方法。Audacity 的使用方法请参看附在"调查点文件包 \ 软件和样本 \ 录音软件 \ Audacity"文件夹里的《Audacity 使用说明》。

byly（北语录音）的操作步骤（见图 10 - 9）：

1. 打开 byly（北语录音），点击右侧的"打开文件"，把录音用表导入软件。

2. 选中列表里需要录音的一行（此时该行显示为蓝色，表下大字显示当前录音条目）。

3. 按"回车 Enter"键开始录音（此时"录音状态"下显示"正在录音"，屏幕右上方显示录音的波形）。

4. 录完一条后按"下箭头↓"键进入下一条，继续录音。

5. 录音结束时，按"回车 Enter"键停止录音（"录音状态"下显示"已停止"）。

6. 如只对某一条进行录音或重新录音，选中该条，按"回车 Enter"键开始录音，再按"回车 Enter"键停止录音。

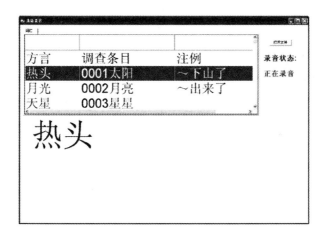

图 10 – 9　录音界面图示

注意：

1. 表下大字出现 1 秒钟后开始发音，发音结束 1 秒钟后进入下一条或停止录音。

2. 软件使用环境推荐 Windows XP、Windows 7 或 Windows 8，Office 2003。在使用本软件录音时，不要打开其他录音软件或播放器软件。

六 录音文件

录音文件一律采用 Windows PCM （＊.wav） 格式。

第三节 语音实验如何切实有效地为记音工作服务

在语言国情调查的各项内容中，语言本体的调查和描写是"重头戏"，对语言本体的音系描写又是重中之重。摸清了调查对象所使用语言的特点，才能更好地弄清调查对象的语言使用情况。若是没有准确、科学的音系描写，我们所记录的语料就是一堆废料，后面的工作就失去了意义。

戴庆厦先生曾说："语言调查者在调查中首先遇到的难关，常常是不能准确记音、科学地整理好音系；而这些技巧又不是轻易能学到手的，是要经过艰苦的训练和反复的实践才能获得的。所以语言调查者要充分认识准确记音的重要性，过好记音这一关。"[1]

有过语言调查经历的人都会觉察到，记音过程的关键是辨音。所谓"辨音"，就是准确地把握不同音素的区别特征。特别是发音部位或发音方法相近的音，这是辨音的重点。通常情况下，记音人依靠耳朵辨音，对自己母语里有区别的音位，敏感度较高，容易区分，而对母语里没有的音，则不够敏感。传统的记音方法，除了耳朵外，还要靠观察口、唇、舌的形状和位置，模仿发音人的发音并让发音人判断等。当记音过程中碰到一些模棱两可的发音时究竟该如何确定，这是最头疼的事儿。搞实验语音学的人常会听到这样的问题：你们能不能确定一下这个声调的调值？能不能测一下这个元音到底是单元音还是复合元音？能不能确定一下这个音究竟是清音还是浊音？能不能看出来鼻化和鼻音的区别？能不能看出来他到底发的舌尖后翘舌音还是舌叶音或者舌面音？这个到底是复辅音还是弱化音节……

---

[1] 戴庆厦：《语言田野调查教程》，商务印书馆 2015 年版。

诸如此类的问题，大都可以通过实验的方式在语图上观察，或者通过提取参数去辨别。当然在归纳音位、整理音系的实际操作中，不可能完整地显示所有的实验数据，但这些数据能起到重要的参考作用。下面，我们将结合一些调查经验，说明实验仪器在语言调查中尤其是记音时的辅助作用。

一 声调

实际调查中，声调辨析最难的是近似调型。例如：黄石城区话有两个平调 33 和 55，对于母语只有一个平调的调查人来说，往往听不出来二者的区别。像中国境内的一些少数民族语言中出现两个以上平调、升调、降调的现象，尤其难辨。

现代语音学发现了声调的主导因素——基频之后，声调的精确定位就不成问题了。通过语音软件，如 Praat，录入声音，就可以得到如图 10-10 的语图，在语图上可以清晰地观察到声调的调型。然后再根据图 10-10 提取声学参数的基频，做归一化处理，就可以做出声调五度值，如图 10-11。

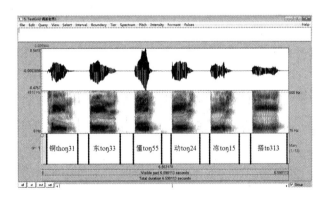

图 10-10 黄石港话调型语图

声调五度制可以反映出声调的精确数值，但是在归纳调值时，还要考虑系统性和区别性，归纳出科学准确的声调系统。例如，图10-11 中高平调实际数值是 45，在语图上会有上升趋势，但在归纳调系

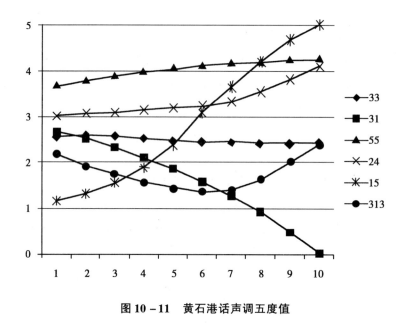

图 10 – 11　黄石港话声调五度值

时，把它处理为 55，原因有二，一是听感上接近高平，二是与两个升调 24 和 15 相区分。再比如图中的 24 调实际调型是先平再升，在声调五度值中也显示为 334，但为了调系的系统性、明晰性和简洁性，在不改变声音性质的前提下，归纳为 24。声调发音特征、归纳声调的心路历程要在调系说明中应加以介绍。

二　元音

传统研究中，元音主要按舌位高低、舌位前后和唇形圆展这三个生理参数描写，主要靠元音舌位图来显示。在实验语音学中，要用描写更为精确也更有可操作性的声学性质（主要是共振峰）来定义元音。

实验证明，元音的音色是由少数两三个特征频率——共振峰 F1、F2、F3 值及其相对关系决定的，见图 10 – 12（每个元音对应 3 个峰值，由低到高分别为 F1、F2、F3），F1 与舌位高低呈反相关，F2 与舌位前后呈正相关，圆唇可以降低 F2，卷舌可以降低 F3。

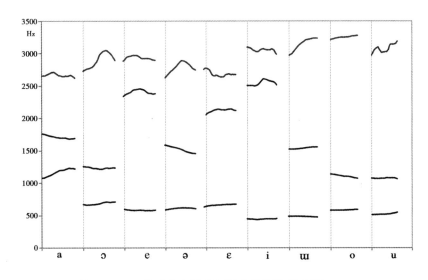

图 10 – 12 勐腊克木语主要元音共振峰模式图（Hz）

声学和心理学听觉实验的研究结果表明，频率的实际高低和听感并不是成比例的变化。当听觉感到音高降低或升高一半时，实际上频率并不是降低或升高一倍，而是存在一定的换算关系。实验证明，用这种换算关系来表现元音的频率，更能符合我们对元音的听感，也更接近于我们对元音舌位的认识。

林焘、王理嘉（2007）由此总结：根据元音 F1 和 F2 的频率画出来的元音分布被称为元音频率图或声学元音图。元音共振峰经过换算处理做出二维频率坐标图，以 F1 为纵轴，方向朝下，与舌位高低对应，F2 为横轴，方向朝左，与舌位的前后对应，零点放在右上角，如图 10 – 13。

除了单元音，复合元音乃至语流中元音的动程，在语图上也可以清晰显示。比如，在方言调查中，某些被描写为复合元音的韵母，在语图上却只显示出单元音的图谱，说明是主观上的听辨问题。图 10 – 14 是黄石港话中一直被听作复合元音 ai 但实际为单元音 æ 的语图。图 10 – 15 则是黄石港话中被记为 uei 的语图。

除了音色之外，语图还可显示语音的其他声学特征，如音高、音

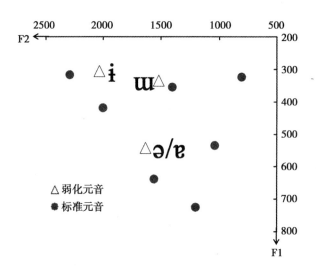

图 10 – 13　独龙语弱化元音频率图（Hz）

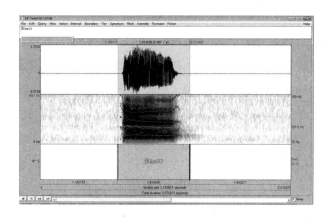

图 10 – 14　黄石港话单元音的语图

强、音长，并能给出可靠数据，这里不一一赘述。

三　辅音

发辅音时声腔都要形成不同程度的阻碍，既有不同的阻碍部位，又有不同的阻碍方式，还有清浊、送气和一些附加特征，所以辅音的声学特性比元音复杂很多，每一个辅音都是多种声学特性的不同方式

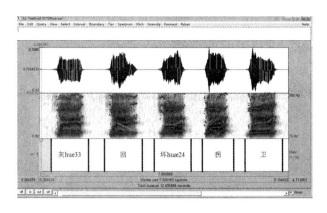

图 10－15　黄石港话中被记为 uei 的语图

的组合，那么表现在语图上也是复杂难辨的。

辅音的发音方法与声源属性相关性较大，三种声源在语图上表现为三种不同的图谱：

1. 尖峰：或称"冲直条"，是瞬音（即"爆破音"）在语图上的表现。瞬音是气流突然冲破阻碍，爆发成声，在语图上表现为一条细窄的垂直线。塞音是典型的瞬音。

2. 乱纹：是紊音在语图上的表现。紊音是摩擦成声、可以持续一段时间的噪声流，语图表现为一片无规则乱纹。擦音是典型的紊音。

3. 横杠：是浊音在语图上的表现。发浊音时声带振动，产生周期波。

受人类发音器官协同发音作用的影响，实际语流中，音节内以及音节间的辅音和元音之间是会互相牵制的，导致其语图与独立发出的辅音或元音有所不同，如图 10－16（林焘、王理嘉，2007）是舌尖音［t］和不同元音结合时产生的不同音征。图中可见，F1 的弯头都是向下的，F2 的弯头则有时向上，有时向下，有时平指，随元音 F2 频率位置的高低而变化。

仔细观察图 10－16 元音 F2，还可发现，这些弯头有相同的轨迹指向，都指向 1800Hz。如果把图 10－16 简化，只留下［ti］［tɛ］

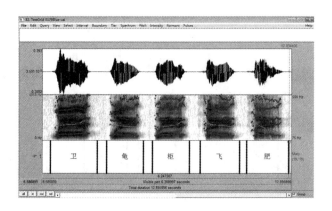

图 10 – 16　舌尖音［t］和不同元音结合时产生的不同音征

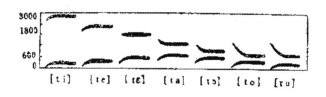

图 10 – 17　舌尖音［t］的音轨

［tu］三个元音的 F2，合并在一起，如图 10 – 17（林焘、王理嘉，2007）所示，其虚线表示这三个元音都指向 1800 赫兹的共同轨迹，称为"音轨"。辅音的不同部位有不同的音轨频率，1800 赫兹正是舌尖辅音的音轨频率。目前，在语图上所显示的音征还不可能如图 10 – 16 和图 10 – 17 那么清晰明确，但已可以根据共振峰横杠弯头的指向确定辅音的大致发音部位。它构成各种轨迹，称为"音轨"。音征和音轨均属定型，它们对辅音的听辨极其重要。

四　喉塞音

　　喉塞音是许多语言中常见的一个音素，通常都用固定的国际音标［ʔ］来描写，在生理上对喉塞的描写是声带突然的关闭，在声学上表现为能量的突然消失。然而，就中国汉藏语系的语言来看，由于语言不同或喉塞在音节中所处的位置不同，喉塞音的性质有很大的差别。喉塞音在一些语言的音节尾部表现为声带的突然关闭，但在有的语言中表现为紧喉音，喉塞音在音节尾还可以表现为很强的喉擦特性。喉塞音在音节首声带表现为突然打开，而不是突然关闭。另外，喉塞音在塞音前往往表现为声带的一段振动，而且是一种紧喉音。

通过声学分析和生理分析来确定喉塞音的性质已不是太困难，从目前对喉塞音的了解看，无论从声学或从生理上，它们都不是一个相同的音素，所以，见到国际音标［ʔ］时，应该清楚它们在语音上和生理机制上可能是不同的。在音位上可以把它们处理成一个音位的不同变体，但它们对其他音素的影响和在语言音变中的作用肯定是不同的。喉塞音在音节尾部由于发声类型的差异，可以导致声调降低，如挤喉音，也有可能导致声调升高。

五　其他

在对语音的声学研究中发现，辅音特别是塞音和塞擦音对其后的元音声带振动启动有必然的影响，即清音高浊音低，这种现象在语音声学研究中称为辅音的"内在音高"（intrinsic pitch）。辅音的这种性质能解释不同的辅音对后随元音音调机理的不同影响。以藏语为例，藏文所反映的7—8世纪的藏语，那时藏语还没有产生声调，但有大量的复辅音。而现在的藏语拉萨话复辅音已大量消失，但有声调，从语音对应规律上看基本是清声母对应高调，浊声母对应低调。

复辅音在有些语言中常常引起究竟是一个音节或两个音节的争论。通过对两个辅音之间停延时间的测量，可以初步确定这类语音的属性，但是实际发音是复杂多变的，具体怎样归纳音位，还要结合整个音系以及该语言的历史演变特征来定。

实验语音学的发展史证明，实验语音学必须借助于语言学的研究，反过来，语音的实验研究又能解释、修正、补充许多传统语音学理论，使之不断丰富起来，推动语言学的发展。

第四节　语言研究与统计方法

一　语言研究为什么需要统计学

设想一位语音学研究者对英语的清浊对立方式感兴趣，研究的第一步是测量词首塞音的嗓音起始时间（Voice Onset Time，VOT），即从塞音除阻到嗓音开始所经历的时间。第一组数据包括 20 个人分别对 10 个以/p/开头的单词重复 10 遍发音的结果。如果不管是在词之间还是在发音人之间 VOT 都没有差别，统计学在这里就没有意义，只要记录一个 VOT 值就行。事实上，这些值几乎没有相同的。这一组发音人发出的 VOT 值也许都是有区别的，甚至同一个词的几次重复值也可能有所不同。因此这位研究者可以得到多达 2000 个值。统计学在这里的贡献就是为这些结果提供有意义的和易于理解的方法。通用的方法是用一个"典型"值来代表所有 VOT 值，并且给出所有 VOT 值围绕这个值上下浮动的范围（均值与标准差）。这样就把大量的数值精简为两个。

因此，语言研究中的数据分析和推断需要运用统计学的方法来进行。

二　表和图

进行一项语言研究，研究者首先面临的问题是理解所收集数据的意义并向别人解释。在这一过程中，我们要考虑如何通过表、图和一些简单的计算来归纳数据并简洁地揭示最明显的数据特征。

（一）类数据

我们常常希望对一组人员、一组反应或一些语言成分加以分类，将每一元素放到一个类中，这些类互不交叉。然后通过给出每个类的出现频率来完成对数据的归纳。由于所研究的每一个元素或个体都能划归到一个或几个不同的类（同一成分通常不会兼属太多的类），因此这种数据叫做分类数据。例如表 10-1 是关于德昂语广卡话中音节的分布与词类的关系（刘岩，2002）。

表 10-1　　　　　　　　德昂语广卡话中音节的分布

数量及比例 词类	单音节		双单节		多音节	
	数量	在本词类中 所占比例	数量	在本词类中 所占比例	数量	在本词类中 所占比例
名词	297	39	343	44	132	17
形容词	124	74	41	25	2	1
数词	12	86	2	14		

为了使数据关系更直观，一目了然，在表的基础上还可以做出柱形图或扇形图，如图 10-18 是关于德昂语广卡话次要音节韵母数量分布扇形图（王玲，手稿3）。

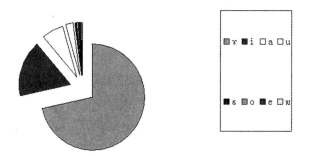

图 10-18　德昂语广卡话次要音节韵母数量分布

（二）数值数据

我们观察的变量常常是数值型的，例如，一个单词中的字母个数，一个话语中的语素个数，一个学生在词汇测验中的分数，从塞音除阻到嗓音开始的时间长度（VOT）等。

对两组相关数据进行比较，可以采用条形图、散点图和折线图等直观地表示出来，见图 10-19（段海凤，2012）。

该图分析结果表明，当前字为降调的时候，音长小于后字升调，反之亦然。也就是说降调占得音长相对较短一些。

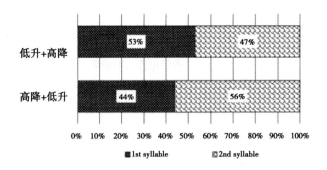

图 10 - 19　音长对比图

图 10 - 20 显示，短句焦点条件下音高升高，句末焦点时，音高从倒数第二个音节开始升高，有句首和句中焦点后音高骤降；长句焦点条件下音高都有升高，有焦点后音高骤降。（王玲，2011）

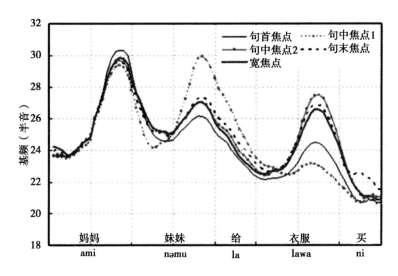

图 10 - 20　不同焦点条件下音高模式图

三　样本估计

研究中实际观测或调查的一部分个体称为样本（sample），研究对象的全部称为总体。为了使样本能够正确反映总体情况，对总体要有明确的规定；总体内所有观察单位必须是同质的；在抽取样本的过程中，必须遵守随机化原则；样本的观察单位还要有足够的数量。又称"子样"。按照一定的抽样规则从总体中取出的一部分个体。样本中个体的数目称为"样本容量"。抽样调查在社会语言学中应用较广泛，如表 10 - 2 是缅甸果敢地区果敢人语言使用情况调查抽样表（王玲，手稿 4）。本调查采用随机抽样法，在缅甸东枝郊区一村庄选取35 人进行一对一访谈式问卷调查，获取有效样本 35 个。

表 10 - 2　　　　　东枝郊区果敢人语言使用情况概览

（共 4 户，35 人，年龄：8—68 岁）

语言	调查人数	熟练		略懂		不会	
		人数	百分比	人数	百分比	人数	百分比
汉语果敢话	35	33	94	1	3	1	3
缅语	35	31	88	1	3	3	9
傣语	35	3	9	2	6	30	85
英语	35	3	6	4	11	29	83
景颇语	35	0	0	1	3	34	97
新加坡汉语	35	1	3	0	0	34	97
台湾闽南语	35	1	3	0	0	34	97
孟语	35	1	3	0	0	34	97

以上所列举的内容只是近年来在语言调查和语言研究中经常使用到的一些主要统计方法，概括并不全面，所涉及的一些实例目的是展示语言研究和田野调查中统计的方法和角度，以资借鉴，希望对语言调查和研究有所帮助。

第十一章

语言国情调查者应具备的素质

语言国情调查能否做好，能否符合既定的质量，关键是调查者的水平能否达到要求。通过近十几年语言国情调查的实践，有以下几点要求需要强调。

第一节　心理素质

一　对语言国情调查要有浓厚的兴趣

语言国情调查者对语言国情调查的意义要有充分的认识，才能有浓厚的兴趣去从事这项工作。所以，语言国情调查者必须认识语言调查的重要意义。

必须认识到，语言国情调查对认识国家的语言状况、制定科学的语言政策等都是不可缺少的，而且是不可替代的。它是我国语言工作的一项重要而紧迫的任务。我国现阶段各民族语言使用状况到底是什么样的，呈现哪些特点，有什么发展趋势；哪些语言充满活力，哪些语言处于濒危状态，对不同的语言应采取哪些不同的保护措施；跨境民族的语言使用状况有什么特点等；这些都是语言国情调查必须解决的问题。作为一名语言国情调查者，应对上述问题有强烈的求知欲和兴趣，并有对这些问题进行深入思考的意识。

比如，分布在我国西南边陲的茶山语，是景颇族的一个小支系的语言，属于汉藏语系藏缅语族彝缅语支。怒江州的片马、岗房、古浪一带是片马茶山人的聚居地，与邻邦缅甸只有一河之隔，这块地方的各族人民曾有过可歌可泣的反对外来侵略的历史，这块地方的归属，在历史上曾有过"拉锯"，直至 1960 年 1 月 28 日中、缅在北京签订《中缅边境协定》后，缅方才于 6 月 4 日正式将片马、古浪、岗房等地归还中国。这片土地上的茶山人，与德宏州景颇族主体长期失去联系，使用的语言成了一个"孤岛语言"。关于"孤岛语言"茶山语，外界人知之甚少，没有多少可供研究的资料。课题组成员了解了片马茶山语的奥妙后，个个都兴致勃勃，要到实地揭开这块神秘面纱。他们翻越层层大山，越过茂密的原始森林，来到了这片神奇的土地。一住下就开始实地调查，原本打算只写一篇调查报告，结果被片马茶山人的语言和文化深深吸引，最后完成了《片马茶山人及其语言》① 一书。如果不是对少数民族语言生活有着浓厚的兴趣，很难发现很多有价值的材料。

又如，2007 年 7 月至 8 月，云南"喀卓语调查课题组"在通海县兴蒙蒙古族乡进行了为期一个月的田野调查，写成《云南蒙古族喀卓人语言使用现状及其演变》② 一书。云南蒙古族是元朝时期从北方大草原南下征战来云南后落籍在通海的一个特殊群体，主要分布在兴蒙蒙古族乡，自称"喀卓"。原是使用属于阿尔泰语系语言的喀卓人，后来转用属于汉藏语系藏缅语族彝语支语言相近的喀卓语。喀卓语到底是一种什么样的语言，与蒙古语和彝语支的关系怎样？喀卓人使用喀卓语的现状如何？这部分蒙古族是怎样转用喀卓语的？20 世纪 80 年代，戴庆厦教授就曾对兴蒙蒙古族（喀卓人）的语言使用现状进行过调查。当时的结论是喀卓人普遍使用喀卓语，并普遍兼用汉语。二十年过去了，原本较为封闭落后的兴蒙乡全面走向开放，对外交流日益频繁，在经济、文化、教育等方面都有巨大的变化。面对强势语言汉语的持续影响，使用人数较少的喀卓语的生存状态是什么？使用前景怎样？这些问题强烈地吸引着语言国情调查者，成为驱动项

---

① 该书于 2010 年由商务印书馆出版。

② 该书于 2008 年由商务印书馆出版。

目完成的动力。

此外，诸如青海同仁县的"五屯话"、海南岛北部的"临高话"、四川省甘孜藏族自治州雅江县的"倒话"、广西省融水苗族自治县永乐乡的"五色话"、西藏察隅县下察隅的"扎话"、甘肃省的"唐汪话"等语言，都地处多民族聚居地或多种方言和语言的接触区，具有多种语言或方言的特点，这些有意思的"土语"也都成为当今语言工作者所注目的研究对象。

二 愿意到第一线做田野调查

语言国情的研究有多种途径，除了文献材料的整理使用外，更重要的是通过第一线的田野调查，获取最新鲜的第一手资料。立志于语言国情调查的人应该树立田野调查的意识，愿意到艰苦的语言生活第一线做实地调查。

语言田野调查能给我们新鲜的语言材料，能让我们发现语言变化的新规律和新特点，帮助我们及时清楚地认识语言社会生活的变化对社会、民族、文化的影响。正是因为语言国情调查的这些魅力，我国语言国情调查项目开始后，吸引了大批教师和研究生的目光，每年的寒暑假，就有不少老师和研究生报名参加假期田野调查，许多学者和学生心甘情愿、义无反顾地投身到语言国情的调查当中。现在更多学校的老师和学生愿意加入语言国情调查的队伍中来。

语言田野调查固然有其乐趣，但语言国情调查是件艰苦的事，所以要求调查者必须具有吃苦耐劳和不惧困难的精神。在少数民族地区进行语言田野调查，有些地方条件十分艰苦，我们要做好充分的准备。新中国成立之初，中国少数民族语言调查工作队曾赴全国各地调查少数民族语言，那时条件十分艰苦，许多地方没有宾馆住，要住在老乡家里，与老乡同吃、同住、同劳动，有许多地方不通公路，还得步行。但就是在这样艰苦的条件，调查者为了按时完成调查任务，白天下寨调查，晚上熬夜整理材料，日夜奋战。但他们不怕困难，"苦中找乐"，为我们树立了好的榜样。

即便是现代化进程不断发展的今天，语言国情调查者也会面临各种各样的困难：有的地区交通不便，还得步行到偏僻的村寨做调查；调查者还可能会由于水土不服而闹病；到老乡家调查，床铺不足，桌子一拼可以当床，小卖部可以睡觉等。遇到的这些困难后来都成了调查者甜蜜的回忆，大家都为有这样的经历而自豪。

三　具有亲和力，能和当地老乡打成一片

语言国情调查不仅要走到田野中，更要走进老乡们的心里。只有与被调查人搞好关系，与当地各方面协调好，才能使调查顺利进行，达到预期效果。为此，调查者必须真心地融入当地老乡生活中，只有这样，老乡才会敞开心扉，说出自己的所感所想。

与当地群众打成一片，还要真心为当地群众着想。20世纪50年代的语言调查，调查者与老乡同吃、同住、同劳动，关心群众生活，和父老兄弟关系融洽，亲如一家。如今的语言国情调查，还需继承老一辈语言调查工作者的经验，真心地与当地老乡交朋友，想老乡所想，急老乡所急。用心关怀，小处见真情。如果是农忙季节，要根据老乡的时间安排插空调查，别耽误老乡的活计。由于老乡不习惯坐在办公桌边工作，所以要在工作中分段休息，切莫使其过于劳累而出现烦躁情绪。这就是说，调查者不要单方面地只考虑自己的工作如何尽快完成，而要考虑对方的生活和生产。

和当地群众打成一片，必须入乡随俗，尊重当地群众的生活习惯。每到一处，要了解当地吃穿住行等生活方面的禁忌和喜好，了解当地老乡性格的特点，充分融入老乡们的生活中去。各地生活习惯不同，饮食特点不同，老乡往往会把自己认为最好的而你不习惯的饭菜请你品尝，你要考虑他们的一片好心而表示感谢，而不能有嫌弃之态。各地的节日是了解当地情况与群众交流感情的好机会，调查组必须争取参加，在节日的欢乐的场合中学习社会文化知识，并在载歌载舞的气氛中与群众建立情谊。

以往语言国情调查中与老乡结下深厚情谊的故事不胜枚举。2009

年，中央民族大学景颇族语言国情调查组深入孟定镇景信村委贺稳生产组调查语言，调查结束后，热情的景颇人执意不让课题组离开，要留课题组成员晚上与他们一起联欢。当晚，村民们让课题组每个成员都穿上景颇族服装，一起在欢快的锣鼓声中跳起了象脚鼓舞。他们说："你们穿上景颇族服装，都成了我们景颇人了。"课题组成员也深受感动，在载歌载舞的欢乐气氛中感受到景颇族的目瑙文化和服饰文化，在大雨中依依惜别。大雨中，村民开拖拉机送行，课题组成员和村民在一晃三摇的拖拉机上尽情歌唱，快乐得如同一家人。在调查中，大家不再以为自己是学校的教授、副教授，自己的知识有多渊博，而是把自己当成老乡中的一员。

此外，还要虚心向当地政府部门请教。每到一处调查，必须向当地政府说明来意，让政府人员对课题组成员组成、调查目的、调查计划、调查行程等做到心中有数，解释语言国情调查的必要性。与当地政府部门打好招呼，向他们了解当地经济、文化、教育、宗教等各方面的大致情况，做到心中有数，根据了解的情况及时调整调查计划。如有必要，再向具体部门人员了解情况。如想考察当地的双语教育情况，还要向教育局或者当地的学校领导做进一步调查。如果当地政府能够为调查提供资料、派遣合作人员、解决交通用具，那就再好不过了。

第二节　业务素质

业务方面，语言国情调查者应具备语言学理论知识和语言调查相关的技能。

一　具有较扎实的语言学理论知识

语言是一种社会现象，语言在社会中产生，为社会群体使用。考察语言国情，了解语言的使用状况和特点，就要具有社会语言学的理论知识。如：要学会使用社会语言学语言变异理论，考察语言使用者的年龄、性别、行业、社会阶层变异情况。如果在进行跨境语言调查时，还要应当考虑跨境语言在不同国别的变异情况。随着信息传递的便捷，语言间不同程度的接触越来越频繁。应仔细掌握所调查语言使用情况，与周边方言或语言的接触情况，语言各要素的历史演变情况。语言的接触导致语言的兼用、转用，如果语言接触的势力不对等，甚至会造成语言转用现象。

我们在语言国情调查中要思考如下一些问题："语言的兼用情况如何，在年龄、地区、职业分布上有哪些特点，母语的活力如何，母语和兼用语在功能上有何区别，兼用语在语音、词汇、语法等语言结构上是否产生了变异？什么情况下会发生语言转用，语言转用者的年龄、地区、职业分布有何特点，转用者使用转用语的语言系统有何特点？"① 哪些语言属于濒危语言，是否真的濒危，我们该采取哪些措施进行语言保护。进行语言国情调查，对这些问题进行解答，可以丰富社会语言学理论。

学会运用社会语言学方法进行田野调查，设计科学合理的调查问卷。此外，还要具有统计学的知识，运用统计学公式处理各种数据，根据数据分析语言使用特点。

在调查双语和双语教学情况时，我们需要运用应用语言学中关于语言教学的理论，尤其是第二语言教学的理论。为了全面地考察被调查地区语言的使用情况，我们还要了解国家的语文政策，当地的语言规划，制订可行的语言调查计划。

为了更好地保存和记录语言，还应当掌握计算语言学记录语料和建立语料库的知识和技术。现在很多研究机构都建立了语料库，便于保存濒危语言。如中央民族大学国家语言资源监测与研究中心少数民族语言分中心，主要负责对少数民族语言资源进行收集、整理、建库、加工和处理；并对少数民族语言资源实行动态监测与研究。

---

① 戴庆厦：《论新时期我国少数民族的语言国情调查》，《云南师范大学学报》2008年第 3 期。

　　语言是文化的重要载体，民族的语言即民族的精神。分析语言使用情况，要有文化语言学方面的知识，能够考察语言与宗教、语言与文化称谓、语言禁忌等各种语言现象。

　　如果所调查的语言是一种陌生的语言，调查者必须调查其与其他语言之间的关系，确定其系属关系。调查者应对我国各语系语言的特点有大致的了解，并对各语系语言之间的共性和个性有大概的认识。

　　此外，语言调查者还应具有一些与语言学相关的其他学科知识，如民族学、文化学、历史学、地理学的知识。了解民族起源和发展的历史对我们了解民族语言及其语言使用情况是有助益的。在进行跨境民族语言调查之前，掌握一些地理学知识也是必要的，便于认识民族或民族语言的地理分布轨迹，找出其语言演变的轨迹。

　　语言学理论日新月异，语言国情调查者需要不断地更新自己的知识，提高理论水平，调整调查方法，使语言调查获得有价值有意义的成果。

二　具有过硬的语言调查技能

　　语言国情调查除了要具有理论知识之外，还需要具有田野调查的必备技能。包括能使用国际音标记录语言材料，对语言现象有敏感力，能熟练使用电脑及各种相关软件，以及要有访谈能力和写作能力。课题负责人还要有一定的课题组织能力，包括设计调查计划、挑选调查人员等。

　　1. 能用国际音标记音的能力

　　记音不像语音软件那样总受到时间、空间以及物质条件的限制，只要有纸笔（携带方便），随时随地都能记录语言。语言国情调查要了解被调查人的语言掌握情况和代际语言变异情况，要求调查者能够准确听音、辨音，并能在实地用国际音标记录语料。

　　语音记录是"口耳之学"，也是一门"硬功夫"，需要我们在实际调查之前勤加练习，熟记国际音标及其辅助符号。在记音时，要认真听发音人的发音，确定哪些是音位区别，哪些是变体。遇到把握不准的发音，要反复听，还要模仿给发音人听，如果发音人觉得你模仿得对，那么说明你的记音是准确的，如果发音人觉得你模仿得不对，那么要调整发音部位、发音方法，观察发音人的发音唇形，直到你能够正确模仿，此时你的记录也会是准确的。记完后要向发音人核实。记音是记录语言的第一步，是否准确关系着整个语言调查的质量，所以语言国情调查者一定要练一手用国际音标记音的过硬本领。

调查者还要有整理语音系统的能力，处理好音位和音位变体的关系，学会辩证地使用记音符号。如："哈尼语墨江西摩洛话有唇齿元音 $v̩$，摩擦较重，不同于元音摩擦的元音 u，记音时记为 $v̩$ 较好。例如：$kv̩^{31}$ '嚼'、$sv̩^{33}$ '从' $tv̩^{33}$ '个（苞谷）'。"再如哈尼语绿春大寨话不送气的清塞音、清塞擦音声母只与紧元音韵母结合，二者的出现条件构成互补，可以归为一类。但送气与不送音两类，音位类别较大，记音时以记为两套为好。例如：pa^{31} "片（叶）" — pha^{31} "只（青蛙）"，ku^{31} "六" — khu^{31} "盛（饭）"[1]。

2. 对语言现象要有敏感力

语言国情调查不是在调查地走马观花，随便写写调查报告，而是要深入调查，发现问题、思考问题、解决问题，力求对某些现象能够深入探讨进而上升到理论层面。为此，我们要在调查当中培养自己对语言现象的敏感力。

培养语言现象敏感力，首先要做一个有心人。到田野去调查，各种现象都很新奇，很容易迷失在各种新鲜事物当中，抓不住重点。就拿拍调查照片来说，应该拍那些反映民风民情、与被调查人语言使用相关的照片。看到村民聊天，就要注意到老人和年轻人各使用什么语言；到市场上买东西，观察买卖双方各用什么语言交流，处处留意，用照片记录下这宝贵的瞬间。而不是每到一处，漫无目的地拍各种景色。

再如调查日志的书写，调查日志能够记录调查的过程，有助于帮

---

① 戴庆厦：《语言调查教程》，商务印书馆 2013 年版。

助读者了解全书的内容及调查情况。写调查日志的，要做个有心人。调查日志主要记录课题组成员每天的工作流程，不仅要记录去哪里调查，调查谁，调查什么问题，还应该记录被调查人的姓名、联系方式等，以便以后遇到问题时及时查找核对。如果课题组召开小组会议，开会讨论哪些问题等也需记录在案。

　　培养语言现象敏感力，还要做一个善于刨根究底的人。进行语言国情调查，课题组成员碰到一些特殊的语言现象，不要轻易放过，而要勤于思考问题、刨根究底。2011 年，课题组在老挝琅南塔省进行跨境语言调查，整理克木语音系时发现，孟高棉语系都有的浊塞音和浊塞擦音在琅南塔省的克木语中基本消失了，但还有少量存在，课题组成员认为这种现象很值得关注。通过和勐腊克木语以及亲属语言比较，发现琅南塔克木语在语音演变过程中浊音发生清化，但因语言接触，吸收了大量浊音借词。"带浊音的外来借词大量进入琅南塔克木语后，激活了即将走向衰亡的浊音音位。它填补了'浊变清'的空缺，巩固了浊音在音位系统中的地位，增强了浊音音位的功能，出现了'死灰复燃'。"① 从而再一次证明了语言演变的可逆性，为语言演变提供了"死灰复燃"的又一力证。

　　在 2012 年，在云南九河白族乡进行语言国情调查时，发现这里占人口优势的白族和纳西族都比较好地保留了自己的母语，多数人能够兼用两种以上语言。在和村里人聊天时发现，九河乡有一个被纳西族和白族包围的普米族村寨，几乎都能说白语和纳西语。他们是如何学会白语和纳西语的呢？他们还会不会说本民族语呢？这个号称有语言天赋的民族的语言生活又怎样呢？这些都强烈地吸引着课题组成员。为了了解该地普米族的语言生活，课题组成员专门抽出一天时间对他们的语言状况进行了调查。调查结果显示，人口处于少数的九河拉普寨金普小组的普米人全民熟练地使用自己的母语，无论大小，对自己的母语有深

---

　　① 戴庆厦、朱艳华：《琅南塔克木语浊塞音、浊塞擦音的死灰复燃》，《语言研究》2012 年第 1 期。

厚的民族情感，对母语的传承充满信心。如果不去调查，我们就不能发现拉普寨金普小组的普米人的母语能够如此好地传承。

意外的收获来自临时的谈话，理论的建设来自例外的现象。如果不是对语言现象的敏感性，就不能发现别人认为习以为常的现象下蕴含的本质。进行语言国情调查，要时刻用心，调动敏感的神经，发现问题，解决问题。

3. 熟练使用电脑及相关软件的能力

语言国情调查者应熟练使用电脑及必要的软件。随着科学技术的进步，越来越多的语音记录软件和分析软件问世，如：Prrat 语音分析软件、"斐风"语言田野调查及分析软件等，能够保存稍纵即逝的语音，能够运用实验语音的方法去分析语音，为语音研究提供了极大的方便。在语言国情调查语言使用情况时，还需要进行大规模的数据统计，应熟练使用 Excell、Easytable、Sas、Spss 等数据统计软件，灵活运用各种统计方法。此外，还要能够运用相关绘图软件制图，如 Smartdraw、Photshop 等。

4. 有较好的访谈能力

语言国情调查者要有良好的口头表达能力。调查者要得到自己想要的材料，就必须要有访谈的技能。怎样提问，如何表达，才能让受访者说出有价值的材料，这也是需要掌握的技能。

在谈话之前，最好先准备一个访谈提纲。在访谈过程中，受访者如果说到某个有价值的点，而访谈提纲中没有涉及的，要临时调整，增加访谈内容。还要根据调查对象的不同，调整自己的访谈策略。如果受访人比较内向，需从他感兴趣的问题入手，循循善诱，引出我们需要的材料。如果受访人特别健谈，容易刹不住车，偏离调查目的，需要巧妙引导，既不打击其积极性，还要把话题给拉回来。调查时还要注意语气语态，不要盛气凌人，一时问不到有价值的信息时，也不要不耐烦，时刻保持谦虚谨慎的态度。遇到受访者不理解问话时，要耐心地换一种通俗的说法。如果能用当地语言或方言调查就更好，可以加深感情，减少沟通时的障碍。

人物访谈法是语言国情调查的一个有效方法，要求我们调查者能够根据访谈对象身份、年龄的不同，不断调整自己的问话内容和方法，通过良好的表达，调查到有价值的材料。

5. 要有较强的写作能力

一堆零散的材料，如何变成漂亮的调查报告，需要调查者有良好的文字表达能力。调查者要能用文字准确地描述现象和数据，深入剖析现象和成因。

在写作过程中，作者既要遵循提纲，有一个大的方向，又不过分受提纲束缚，边写作边思考，充分发挥具体问题具体分析的能动精神。稿子写完之后，要通读几遍，看看文章标题与内容是否契合，材料是否能够支撑观点，论据是否充分，文字是否凝练等。

6. 课题组负责人要有必要的组织能力

语言国情调查需要进行严密的组织才能得以实施。田野调查之前，要确定调查初步意向、组建课题组成员，成员碰头分配收集文献材料。田野调查时，需要安排好行程，布置好每天的调查任务。吃住行等问题也必须考虑周全，安排一个人专门负责。调查结束后，要组织好调查报告的合稿、校对、出版等工作。

调查负责人应了解每位成员的特点，善于根据成员特长安排任务。

附　　录

附录一　汉语方言分类表

汉语	官话方言	北京官话（北京）①
		东北官话（黑龙江、辽宁、吉林）
		冀鲁官话（河北、山东）
		胶辽官话（山东、辽宁）
		中原官话（陕西、山西、河南、山东、安徽、甘肃、青海、宁夏、新疆）
		兰银官话（甘肃、宁夏、新疆）
		西南官话（四川、重庆、湖北、湖南、云南、贵州、广西）
		江淮官话（江苏、安徽、湖北）
	湘方言（湖南、广西、四川）	
	赣方言（江西、湖南、湖北、安徽、福建）	
	吴方言（江苏、上海、浙江、江西、福建、安徽）	
	粤方言（广东、广西、香港、澳门等）	
	客家方言（福建、江西、广东、广西、台湾、海南、湖南、四川、重庆等）	
	闽方言（福建、台湾、海南、广东等）	

---

① 括号内为该方言或语言主要分布点。

附录二　中国少数民族语言分类表

汉藏语系	藏缅语族	藏语支	藏语（西藏、青海、甘肃、四川、云南）
			门巴语（西藏）
			白马语（四川）
			仓洛语（西藏）
		彝语支	彝语（云南、四川、广西、贵州）
			傈僳语（云南、四川）
			拉祜语（云南）
			哈尼语（云南）
			基诺语（云南）
			纳西语（云南、四川、西藏）
			堂郎语（云南）
			末昂语（云南）
			桑孔语（云南）
			毕苏语（云南）
			卡卓语（云南）
			柔若语（云南、西藏）
			努苏语（云南、西藏）
			土家语（湖北、湖南、贵州、重庆）
			白语（云南）
		羌语支	羌语（四川）
			普米语（云南、四川）
			嘉戎语（四川）
			木雅语（四川）
			尔苏语（四川）
			纳木依语（四川）
			史兴语（四川）
			扎坝语（四川）
			贵琼语（四川）
			拉乌戎语（四川）
			却域语（四川）

汉藏语系	藏缅语族	景颇语支	景颇语（云南）
			独龙语（云南）
			格曼语（西藏）
			苏龙语（西藏）
			达让语（西藏）
			阿侬语（云南、西藏）
			义都语（西藏）
			崩尼—博嘎尔语（西藏）
			苏龙语（西藏）
			崩如语（西藏）
		缅语支	阿昌语（云南）
			载瓦语（云南）
			浪速语（云南）
			仙岛语（云南）
			波拉语（云南）
			勒期语（云南）
	壮侗语族	壮傣语支	壮语（广西、云南、广东、贵州、湖南）
			傣语（云南）
			布依语（贵州）
		侗水语支	侗语（贵州、湖南、广西、湖北）
			水语（贵州、广西）
			茶洞语（广西）
			毛南语（广西）
			莫语（贵州）
			佯黄语（贵州）
			拉珈语（广西）
			仫佬语（广西）
		黎语支	黎语（海南）
		仡央语支	仡佬语（贵州、广西、云南）
			拉基语（云南）
			普标语（云南）
			布央语（云南、广西）
	苗瑶语族	苗语支	苗语（贵州、湖南、云南、四川、广西、湖北、海南、重庆）
			布努语（广西）
			巴哼语（湖南、广西、贵州）
			炯奈语（广西）
		畲语支	勉语（广西、湖南、云南、广东、贵州、江西等）
			畲语（广东、广西、贵州、湖南、云南）

续表

阿尔泰语系	突厥语族	西匈奴语支	维吾尔语（新疆）
			哈萨克语（新疆、甘肃、青海）
			乌兹别克语（新疆）
			塔塔尔语（新疆）
			撒拉语（青海）
		东匈奴语支	图瓦语（新疆）
			柯尔克孜语（新疆）
			西部裕固语（甘肃）
	蒙古语族	满语支	蒙古语（内蒙古、辽宁、吉林、黑龙江、青海、新疆）
			土族语（青海、甘肃）
			达斡尔语（内蒙古、黑龙江）
			东乡语（甘肃、新疆）
			保安语（甘肃、青海）
			东部裕固语（甘肃）
			康家语（青海）
			满语（黑龙江等）
	满通古斯语族	通古斯语支	锡伯语（新疆）
			鄂温克语（内蒙古、黑龙江）
			鄂伦春语（黑龙江）
			赫哲语（黑龙江）
印欧语系	伊朗语族		塔吉克语（新疆）
	斯拉夫语族		俄罗斯语（新疆、内蒙古）
南亚语系	越芒语族		巴琉（俫）语（云南）
			莽语（云南）
	孟高棉语族		瓦语（云南）
			德昂语（云南）
			布朗语（云南）
			克木语（云南）
			克蔑语（云南）
			布兴语（云南）

		阿美语（台湾）
		排湾语（台湾）
		布农语（台湾）
		泰耶尔语（台湾）
		塞夏语（台湾）
		巴则海语（台湾）
南岛语系	印度尼西亚语族	邵语（台湾）
		鲁凯语（台湾）
		邹语（台湾）
		噶玛兰语（台湾）
		赛德克语（台湾）
		卑南语（台湾）
		雅美语（台湾）
		沙阿鲁阿语（台湾）
		卡那卡那富语（台湾）

附录三　中国少数民族文字分类表①

1. 根据文字结构类型分类

图画文字	东巴文、沙巴文		
象形文字	东巴象形文字、契丹大字、西夏文、女真文、水书、方块壮字、方块白字、方块瑶字等		
音节文字	彝文、哥巴文、傈僳竹书		
拼音文字	拉丁字母文字	黔东苗文、湘西苗文、川黔滇苗文、滇东北苗文、壮文、布依文、侗文、瑶文、白文、哈尼文、黎文、傈僳文、佤文、拉祜文、纳西文、景颇文、载瓦文、土文	
	非拉丁字母文字	印度字母	藏文、八思巴字、于阗文、焉耆—龟兹文、傣仂文、傣绷文、金平傣文
		叙利亚字母	粟特文、回鹘文、蒙古文、满文、锡伯文
		阿拉伯字母	察合台文、维吾尔文、哈萨克文、柯尔克孜文
		方块形拼音文字	朝鲜文、契丹小字、方块苗文
		斯拉夫字母	俄罗斯文
		如尼字母	突厥文

2. 根据文字的历史长短分类

老文字（传统文字）	蒙古文、藏文、维吾尔文、老彝文、朝鲜文、哈萨克文、傣文、柯尔克孜文、锡伯文
新文字（20世纪50年代以后）	苗文、壮文、布依文、侗文、瑶文、白文、哈尼文、傈僳文、佤文、拉祜文、纳西文、景颇文、载瓦文、土文

---

① 该部分主要参考戴庆厦《语言调查教程》，商务印书馆2013年版。

参考文献

语言国情调查报告

白碧波主编：《元江县因远镇语言使用现状及其演变》，商务印书馆 2010 年版。

戴庆厦、田静：《仙仁土家语研究》，中央民族大学出版社 2005 年版。

戴庆厦主编：《基诺族语言使用现状及其演变》，商务印书馆 2007 年版。

戴庆厦主编：《阿昌族语言使用现状及其演变》，商务印书馆 2008 年版。

戴庆厦主编：《云南蒙古族喀卓人语言使用现状及其演变》，商务印书馆 2008 年版。

戴庆厦等：《西摩洛语研究》，民族出版社 2009 年版。

戴庆厦主编：《西摩洛语语言使用现状及其演变》，商务印书馆 2009 年版。

戴庆厦主编：《泰国阿卡语研究》，中国社会科学出版社 2009 年版。

戴庆厦主编：《云南里山乡彝族语言使用现状及其演变》，商务印书馆 2009 年版。

戴庆厦主编：《元江县羊街乡语言使用现状及其演变》，商务印书馆 2009 年版。

戴庆厦主编：《耿马县景颇族语言使用现状及其演变》，商务印书馆 2010 年版。

戴庆厦主编：《片马茶山人及其语言》，商务印书馆 2010 年版。

戴庆厦主编：《中国少数民族语言使用现状及其演变研究》，民族出版社 2010 年版。

戴庆厦主编：《四川盐源县各民族的语言和谐》，商务印书馆 2011 年版。

戴庆厦主编：《云南德宏州景颇族语言使用现状及其演变》，商务印书馆 2011 年版。

戴庆厦主编：《勐腊县克木语及其使用现状》，商务印书馆 2012 年版。

戴庆厦主编：《绿春县哈尼族语言使用情况及其演变》，中国社会科学出版社 2012 年版。

戴庆厦主编：《云南玉龙县九河白族乡少数民族的语言生活》，中国社会科学出版社 2014 年版。

丁石庆主编：《莫旗达斡尔族语言使用现状与发展演变》，商务印书馆 2009 年版。

木乃热哈主编：《甘洛民族语言使用现状及其演变》，商务印书馆 2015 年版。

赵凤珠主编：《景洪市嘎洒镇傣族语言文字使用现状及其演变》，商务印书馆 2010 年版。

周国炎主编：《布依族语言使用现状及其演变》，商务印书馆 2009 年版。

跨境语言调查报告

白萍：《跨境俄罗斯——新疆俄罗斯族语言研究》，中国社会科学出版社 2014 年版。

戴庆厦主编：《跨境语言研究》，中央民族学院出版社 1993 年版。

戴庆厦主编：《泰国万伟乡阿卡族及其语言使用现状》，中国社会科学出版社 2009 年版。

戴庆厦主编：《泰国清莱拉祜族及其语言使用现状》，中国社会科学出版社 2010 年版。

戴庆厦主编：《老挝琅南塔省克木族及其语言》，中国社会科学出版社 2012 年版。

戴庆厦主编：《泰国优勉（瑶）族及其语言》，中国社会科学出版社 2013 年版。

哈斯额敦、包满亮主编：《蒙古国蒙古族语言使用现状》中国社会科学出版社 2014 年版。

力提甫·托乎提主编：《哈萨克斯坦维吾尔族及其语言》，中国社会科学出版社 2016 年版。

林涛主编：《东干语调查研究》，中国社会科学出版社 2012 年版。

刘玉兰：《泰国勉语参考语法》，中国社会科学出版社 2014 年版。

潘武俊英：《河内越语参考语法》，中国社会科学出版社 2015 年版。

宋正纯：《图瓦语和图瓦人的多语生活》，中国社会科学出版社 2015 年版。

论文

曹志耘：《中国语言资源保护工程的定位、目标与任务》，《语言文字应用》2015 年第 4 期。

陈章太：《语言国情调查研究的重大成果》，《语言文字应用》2007 年第 1 期。

陈章太：《我国的语言资源》，《郑州大学学报》（哲学社会科学版）2008 年第 1 期。

戴庆厦、刘菊黄、傅爱兰：《云南嘎卓语研究》，《语言研究》1987 年第 1 期。

戴庆厦、王远新：《新疆伊宁市双语厂的层次分析》，《语言和民族》，中央民族大学出版社。

戴庆厦、邓佑玲：《濒危语言研究中定性定位问题的初步思考》，《中央民族大学学报》2001 年第 2 期。

戴庆厦、田静：《从共时差异看语言濒危——仙仁土家语个案研究之

三 》,《中央民族大学学报》2004 年第 2 期。

戴庆厦、杨再彪、余金枝:《语言接触与语言演变——小陂流苗语为例》,《语言科学》2005 年第 4 期。

戴庆厦、张景霓:《濒危语言与衰变语言》,《中央民族大学学报》2006 年第 1 期。

戴庆厦、罗自群:《语言接触研究必须处理好的几个问题》,《语言研究》2006 年第 4 期。

戴庆厦、田静:《语言的外部影响与内部机制》,《民族语文》2007 年第 4 期。

戴庆厦:《论新时期我国少数民族的语言国情调查》,《云南师范大学学报》2008 年第 3 期。

戴庆厦:《语言关系与国家安全》,《云南师范大学学报》2010 年第 2 期。

戴庆厦、朱艳华:《琅南塔克木语浊塞音、浊塞擦音的死灰复燃》,《语言研究》2012 年第 1 期。

戴庆厦:《再论汉语和非汉语结合研究的方法论问题》,《民族语文》2013 年第 6 期。

戴庆厦:《"科学保护各民族语言文字"研究的理论方法思考》,《民族翻译》2014 年第 1 期。

戴庆厦:《论开展全国第二次民族语言使用情况大调查的必要性》,《民族翻译》2014 年第 3 期。

戴庆厦:《中国的语言国情及语言政策》,《黔南民族师范学院学报》2015 年第 2 期。

道布:《语言活力、语言态度与语文政策》,《学术探索》2005 年第 6 期。

段海凤:《藏语安多方言词重音对汉语普通话声调习得的影响》,博士学位论文,中央民族大学,2012 年。

范俊军、官齐:《语言活力与语言濒危》,《民族语文》2006 年第 3 期。

范俊军、肖自辉：《国家语言普查刍议》，《语言文字应用》2010 年第
　　2 期。

冯广艺：《论语言态度的三种表现》，《语言研究》2013 年第 2 期。

贺宁基：《实验语音学的作用及其与语言学的关系——〈实验语音学
　　知识讲话〉（选载)》，《湖南师范学院学报》1980 年第 2 期。

胡坦：《藏语（拉萨话）声调研究》，《民族语文》1980 年第 1 期。

黄行：《当前我国少数民族语言政策解读》，《中国社会语言学》2014
　　年第 1 期。

季永海：《濒危的三家子满语》，《民族语文》2003 年第 6 期。

江蓝生：《语言国情调查的价值和意义》，《语言科学》2006 年第
　　1 期。

孔江平：《现代语音学研究与历史语言学》，《北京大学学报》2006 年
　　第 2 期。

刘岩：《孟高棉语声调的发展》，《中央民族大学学报》1998 年第
　　2 期。

刘岩：《德昂语广卡话的双音节名词》，《民族语文》2002 年第 2 期。

田立新：《中国语言资源保护工程的缘起及意义》，《语言文字应用》
　　2015 年第 4 期。

王理嘉：《实验语音学与传统语音学》，《语文建设》1989 年第 1 期。

王莉宁：《中国语言资源保护工程的实施策略与方法》，《语言文字应
　　用》2015 年第 4 期。

王玲：《焦点的韵律编码方式——德昂语、佤语、藏语、汉语等语言
　　比较研究》，硕士学位论文，中央民族大学，2011 年。

王玲：《藏缅语族语言弱化音节试验研究》，博士学位论文，中央民
　　族大学，2015 年。

王远新：《青海同德县公务员语言使用、语言态度调查》，《中央民族
　　大学学报》2011 年第 6 期。

吴宗济：《实验语音学与语言学》，《语文研究》1981 年第 1 期。

意西微萨·阿错、向洵：《五屯话的声调》，《中国语文》2015 年第

6 期。

张天伟：《我国语言使用情况调查的回顾、问题和展望》，《中国社会
　语言学》2005 年第 1 期。

专著

陈章太：《语言规划研究》，商务印书馆 2005 年版。

戴庆厦：《社会语言学教程》，中央民族大学出版社 1993 年版。

戴庆厦、王远新：《语言和民族》，中央民族大学出版社 1994 年版。

戴庆厦：《景颇语参考语法》，中国社会科学出版社 2012 年版。

戴庆厦：《语言调查教程》，商务印书馆 2013 年版。

蒋颖：《大羊普米语参考语法》，中国社会科学出版社 2015 年版。

李小凡、项梦冰：《汉语方言学基础教程》，北京大学出版社 2014
　年版。

林焘、王理嘉：《语音学教程》，北京大学出版社 2007 年版。

木仕华：《卡卓语研究》，民族出版社 2003 年版。

吴宗济、林茂灿：《实验语音学概要》，高等教育出版社 1989 年版。

语言学名词审定委员会：《语言学名词》，商务印书馆 2011 年版。

张廷国、郝树壮：《社会语言学研究方法的理论和实践》，北京大学
　出版社 2008 年版。

中国语言文字使用情况调查领导小组办公室编：《中国语言文字使用
　情况调查资料》，语文出版社 2006 年版。

"中国语言生活状况报告"课题组编：《中国语言生活状况报告
　2005》，商务印书馆 2006 年版。

朱艳华：《遮放载瓦语参考语法》，中国社会科学出版社 2013 年版。

后　记

　　本书的作者都是当年与我一起参加过"985"工程"语言国情调查"项目调查的青年教师和博士生们。他们曾经在国内外少数民族地区语言生活的第一线"滚打摸爬"，与群众生活在一起，对什么是语言，什么是语言生活，都有一些实实在在的感受，他们满怀激情投入了这本书的撰写。如今，他们都已是高校的教师，多是副教授、教授。昔日的战友能聚在一起回忆总结当年的经验，十分难得，既是总结、交流，又是对我的语言学事业做贡献。这是我写后记时最想先说的几句话。

　　编写这本书的缘由和过程是这样的。

　　进入新时期以来，随着现代化进程的深入发展，语言使用情况和语言结构处在不断变化之中。语言的新变化，对语言调查研究提出了新的挑战和新的任务，一个新课题或一个新学科——语言国情学应运而生。我国的语言工作者敏锐地感到新任务、新挑战的来临，应该及时地应对国家的需要，自觉地开展不同地区、不同性质的语言国情调查。

　　2006年，中央民族大学获得国家"985"工程，为较大规模开展语言国情调查提供了契机，该工程的"中国少数民族语言研究中心"适时地将"语言国情调查"列入计划，从2006年7月的基诺族语言国情调查开始，在十多年时间里共完成了20多个语言国情个案研究，已多由商务印书馆出版了一系列名为《×××语言使用现状及其演变》的专著，受到学术界的广泛关注。随着个案调查的增多，我们对中国少数民族地区的语言生活状况比过去有了更多的了解，这促使我产生写一部论述语言国情调查的专书。

记得大约是 2012 年，我曾想到以后在语言国情调查的基础上，再写一本《语言国情调查概论》，以应社会的需要。事过四年了，由于几个项目缠身，这个念头逐渐冷淡了。今年七月，我在北京华文学院为国家语委组织的"中青年语言文字培训班"做"语言保护"的报告，遇到几位多年前随我一起去做语言国情调查的老学生黄平、戴宗杰、李春风诸君，他们对我说，最好能把这几年语言国情调查的经验写成一本书，这会满足大批想做语言国情调查的研究人员的需要，也能作为大学的语言学教材。后来我又征求余成林、金海月、王跟国、朱艳华、范丽君诸君的意见，没想到他们都表示赞同，而且还表示愿意参加这本书的撰写。

经反复考虑，我重新燃起了组织编写这本书的念头。认为现在来编写这本书是最适宜的时机，若现在不做，以后就不容易做成了。况且，有这些多次参加语言国情调查的"老战士"愿意参加，而且士气高，就好办了。趁热打铁吧！这样，一度几乎熄灭的火种又燃起了。

不久，我们就开始筹划。经过酝酿达成以下几个共识。该书的宗旨是：梳理、反映近十年来我国民族地区语言国情调查成果，总结调查经验和方法，为深入开展语言国情提供参考。目标是向"三新"努力：事实新，框架新，认识新。有多少，写多少，不随意拔高。写法是：深入浅出，有理有据，条理清楚，通俗易懂。对象主要是：广大语文工作者，大学语文专业的师生；也可供从事社会学、民族学、历史学研究和教学的工作者参考。编写方法是：分工负责，拿出初稿；主编把关，修改定稿。

本书的分工是：导言，戴庆厦；第一章，戴宗杰；第二章，余成林；第三章，王跟国；第四章，李春风；第五章，朱艳华；第六章，蒋颖；第七章，金海月；第八章，黄平；第九章，闻静；第十章，王玲；第十一章，范丽君；后记，戴庆厦。目录的英文翻译由黄平负责。我负责全书的框架设计，由我和余成林统稿。范丽君帮助我们做全书的编辑工作。各章写成后，作者们还分头交换修改。

　　感谢中国社会科学出版社为此书所做的努力；感谢任明主任的策划和细心编辑。

戴庆厦

2017 年 3 月 8 日

于中央民族大学 507 工作室